한글판

웹툰의 확장
3D부터 AI까지

웹툰 클립스튜디오 2.0

엘프화가 조지훈 저

DIGITAL BOOKS
디지털북스

| 만든 사람들 |

기획 IT·CG기획부 | 진행 양종엽 | 집필 조지훈
표지디자인 원은영 · D.J.I books design studio | 편집디자인 이기숙 · 디자인숲

| 책 내용 문의 |

도서 내용에 대해 궁금한 사항이 있으시면
저자의 홈페이지나 디지털북스 홈페이지의 게시판을 통해서 해결하실 수 있습니다.
디지털북스 홈페이지 digitalbooks.co.kr
디지털북스 페이스북 facebook.com/ithinkbook
디지털북스 인스타그램 instagram.com/digitalbooks1999
디지털북스 유튜브 유튜브에서 [디지털북스] 검색
디지털북스 이메일 djibooks@naver.com
저자 이메일 labica@gmail.com

| 각종 문의 |

영업관련 dji_digitalbooks@naver.com
기획관련 djibooks@naver.com
전화번호 (02) 447-3157~8

※ 잘못된 책은 구입하신 서점에서 교환해 드립니다.
※ 이 책의 일부 혹은 전체 내용에 대한 무단 복사, 복제, 전재는 저작권법에 저촉됩니다.
※ 유튜브 [디지털북스] 채널에 오시면 저자 인터뷰 및 도서 소개 영상을 감상하실 수 있습니다.

머리말

안녕하세요. 엘프화가입니다.

클립스튜디오 2.0이 새롭게 등장하였습니다.

전작인 클립스튜디오 마스터의 경우, 클립스튜디오의 A부터 Z까지 담으려 노력했었습니다. 이번 작의 경우 2.0으로 새롭게 추가된 기능, 그리고 클립스튜디오와 다른 툴의 연계하는 방법, 모델러 등 이전 작에 담지 못했지만, 필요한 부분에 대해 이야기하였습니다. 게임에 비유하면, 일종의 DLC 개념이라고 생각하시면 좋을 것 같습니다. 이 책이 많은 도움이 되셨으면 합니다.

- 예제 파일 링크: https://www.webtoonus.com/125/?idx=422

목차

머리말 … 03

클립스튜디오란

- SECTION 01 　클립스튜디오의 특징 … 09
- SECTION 02 　클립스튜디오의 종류와 구매방법 … 12
- SECTION 03 　2.0만의 새로운 기능 … 14
- SECTION 04 　클립스튜디오 설치하기 … 40
- SECTION 05 　클립스튜디오의 첫 화면 … 44
- SECTION 06 　클립스튜디오의 인터페이스 … 47
- SECTION 07 　(팁) 클립스튜디오 배색 테마 변경하기 … 52
- SECTION 08 　클립스튜디오 페인트의 인터페이스 … 54
- SECTION 09 　사용하기 편하도록 설정 변경하기 … 59
- SECTION 10 　환경 설정 창 … 62
- SECTION 11 　새 파일 만들기 … 69
- SECTION 12 　원고용 파일 준비하기 … 72
- SECTION 13 　웹툰 작업의 기본 흐름 … 75
- SECTION 14 　출력하기 … 77

기본 기능을 익혀봅시다.

- SECTION 01 　팔레트 창 조작하기 … 81
- SECTION 02 　워크스페이스 관리하기 … 84
- SECTION 03 　커맨드 바 설정하기 … 89
- SECTION 04 　스마트폰을 이용한 컴패니언 모드 사용하기 … 90
- SECTION 05 　도구 팔레트의 기본 툴 익히기 … 94
- SECTION 06 　클립스튜디오의 보조도구들 … 100
- SECTION 07 　클립스튜디오의 팔레트 … 114
- SECTION 08 　클립스튜디오만의 벡터 레이어 살펴보기들 … 120

CHAPTER 03 3배 멋진 대사를 위한 말풍선과 폰트 선정

- **SECTION 01** 말풍선이란 … 123
- **SECTION 02** 효과음이란 … 125
- **SECTION 03** 폰트 다운로드하기 … 127
- **SECTION 04** 클립스튜디오 폰트 설치하기 … 129
- **SECTION 05** 말풍선과 대사 만들기 … 131
- **SECTION 06** 스토리 에디터 사용법 … 134

CHAPTER 04 복잡한 포즈도 간단히! 인체 소재 사용해보기

- **SECTION 01** 인체 소재란 … 137
- **SECTION 02** 인체 소재 사용하기 … 139
- **SECTION 03** 소재 조정해보기 … 141
- **SECTION 04** 소재로 인체 소재 포즈 빠르게 설정하기 … 145
- **SECTION 05** 포즈 저장해보기 … 147
- **SECTION 06** 여러 개의 인체 소재 동시 사용하기 … 149

CHAPTER 05 웹툰 연출에 바로 쓰는 이펙트 제작 방법

- **SECTION 01** 바위 이펙트 브러시 만들기 … 153
- **SECTION 02** 바람 이펙트 만들기 … 166
- **SECTION 03** 홀로그램 이펙트 만들기 … 175

목차

CHAPTER 06 스케치업

- SECTION 01 스케치업을 이용한 웹툰 배경 … 185
- SECTION 02 스케치업 이미지를 이용한 다양한 스타일의 배경 만들기 … 188
- SECTION 03 10배 어울리는 배경 만드는 4가지 … 189
- SECTION 04 흐린 원경 만들기 … 194
- SECTION 05 강렬한 흑백 펜터치 배경 만들기 … 199
- SECTION 06 파스텔 톤의 배경 만들기 … 205

CHAPTER 07 이런 게 공짜? 무료 3D 소스 이용하기

- SECTION 01 무료로 3D 소재를 구할 수 있는 곳 … 209
- SECTION 02 무료 3D 소재 다운로드 받아 사용하기 … 211

CHAPTER 08 근손실 없는 인체, DAZ를 이용한 인체 작업

- SECTION 01 DAZ3D를 이용한 인체작업 … 215
- SECTION 02 DAZ CENTRAL 설치하기 … 216
- SECTION 03 DAZ STUDIO 기본 사용법 … 219
- SECTION 04 DAZ 모델 추출하기 … 222
- SECTION 05 클립스튜디오에서 불러오기기 … 224

CHAPTER 09 나만의 3D소재 만들기. 클립스튜디오 모델러

- SECTION 01 클립스튜디오 모델러란 … 227
- SECTION 02 클립스튜디오 모델러 설치하기 … 229
- SECTION 03 클립스튜디오 모델러 기본 사용법 … 231

모델러로 움직이는 소품 만들기

SECTION 01 소품이 움직이는 방식 … 235
SECTION 02 모션데스크 파일 준비하기 … 236
SECTION 03 모션데스크 텍스쳐 추가하기 … 239
SECTION 04 모션데스크 색상 추가하기 … 244
SECTION 05 모션데스크 높낮이 조절 동작 추가하기 … 247
SECTION 06 모션데스크 소재 저장하기 … 252
SECTION 07 모션데스크 소재 클립 스튜디오에서 사용하기 … 255

내가 안 만들어도 돼! 웹툰 리소스 시장

SECTION 01 웹툰 리소스 시장이란 … 259
SECTION 02 각 사이트 소개 … 262
SECTION 03 어디에서 구매해야 할까 … 264
SECTION 04 리소스 시장의 어두운 부분 … 265

웹툰의 미래

SECTION 01 웹툰 기술의 진화 … 267
SECTION 02 AI를 이용한 배경 작업 … 270
SECTION 03 최신 기술을 이용한 표지 일러스트 작업 … 272

CHAPTER 01
클립스튜디오란

SECTION 01 클립스튜디오의 특징
SECTION 02 클립스튜디오의 종류와 구매방법
SECTION 03 2.0만의 새로운 기능
SECTION 04 클립스튜디오 설치하기
SECTION 05 클립스튜디오의 첫 화면
SECTION 06 클립스튜디오의 인터페이스
SECTION 07 (팁) 클립스튜디오 배색 테마 변경하기
SECTION 08 클립스튜디오 페인트의 인터페이스
SECTION 09 사용하기 편하도록 설정 변경하기
SECTION 10 환경 설정 창
SECTION 11 새 파일 만들기
SECTION 12 원고용 파일 준비하기
SECTION 13 웹툰 작업의 기본 흐름
SECTION 14 출력하기

SECTION. 01 클립스튜디오의 특징

클립스튜디오는 일본의 셀시스(CELSYS)에서 제작한 만화 제작 프로그램입니다. CELSYS는 만화 강국인 일본에서 만화 관련 프로그램을 지속적으로 만든 회사입니다. 그만큼 만화 제작에서는 그 어떤 프로그램보다 강력한 프로그램입니다. 국내의 웹툰 작업 역시 대부분 포토샵에서 클립스튜디오로 전환되고 있습니다.

▲ 클립스튜디오_웹사이트_기본

Unit 01 클립스튜디오의 장점

❶ 만화와 웹툰에 최적화된 기능들

클립스튜디오는 만화와 웹툰에 최적화된 기능을 제공합니다. 포토샵과는 달리, 처음부터 만화에 필요한 기능을 중심으로 개발되었습니다. 벡터 펜선 기능과 페이지 관리 등 포토샵에는 없는 기능들이 제공되어 사용자가 편리하게 작업할 수 있습니다. 최근에는 웹툰용 페이지 관리와 컬러링 관련 기능이 강화되었습니다. 클립스튜디오는 더욱 웹툰 작업에 필수적인 도구로 발전하고 있으며, 웹툰 작업에 없어서는 안 될 필수품이 되고 있습니다.

❷ 가벼움

클립스튜디오는 웹툰 작업에 필요한 다양한 기능을 제공하면서도 포토샵 등 다른 그래픽 프로그램에 비해 가벼운 특징을 가지고 있습니다. 이로 인해 상대적으로 낮은 사양의 컴퓨터에서도 부담 없이 사용할 수 있습니다. 포토샵은 다양한 기능이 추가됨에 따라 시스템 사양이 높아지는 경향이 있지만, 클립스튜디오는 가벼운 사용감을 유지하면서도 기능을 향상시킴으로써 부담 없는 환경을 제공합니다. 이는 클립스튜디오의 강점 중 하나입니다.

❸ 다양한 플랫폼 지원

클립스튜디오는 윈도우와 맥과 같은 컴퓨터 플랫폼 뿐만 아니라, 갤럭시탭과 아이패드와 같은 안드로이드 및 iOS 디바이스에서도 사용이 가능합니다. 무거운 노트북 없이도 웹툰 작업이 가능하다는 점은 상당히 큰 장점입니다.

❹ 저렴한 가격과 선택권

클립스튜디오는 완전히 구독제로 전환된 포토샵과는 달리, 일회성 구매와 구독제를 모두 선택할 수 있습니다. 이러한 선택권이 있을 뿐만 아니라, 구독을 선택하더라도 상대적으로 저렴한 가격대 때문에 부담이 적습니다. 스마트폰만을 사용하는 경우에는 월 1,000원 수준에서 사용이 가능합니다.

종류		월정액(1대기준)	일회성 구매
포토샵(1대기준)		11,000원	✘
클립스튜디오 PRO		4.49$(약6000원)	53,000원
클립스튜디오 EX		8.99$(약11000원)	243,000원
클립스튜디오 PRO	스마트폰 플랜	0.99$(약1100원)	✘

자세한 구매방법에 대한 이야기는 12쪽 클립스튜디오의 종류와 구매 방법에서 다룰 예정입니다.

❺ 3D 툴 지원

포즈를 참고할 수 있는 3D 인체 인형과, 배경 및 소도구용 3D 모델을 사용할 수 있습니다. 간단한 동작이나, 색상 변경 등을 지원해 웹툰 작업에서 편리하게 사용할 수 있습니다.

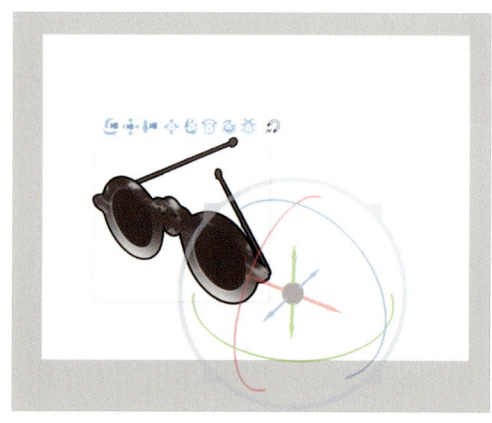

❻ 네이버웹툰과 기술제휴

클립스튜디오 제작사 셀시스(CELSYS)는 2021년에 네이버 웹툰과 기술 제휴를 맺었습니다. 그 이후 클립스튜디오에는 웹툰 관련 기능이 정기적으로 추가되고 있습니다. 앞으로도 기술제휴가 계속될 것으로 보이는만큼, 웹툰작업에 편리한 기능이 더욱 늘어날 것이라 생각됩니다.

Unit 02 클립스튜디오의 단점

웹툰 작업에 많은 장점을 가지고 있는 클립스튜디오지만 조금씩 거슬리는 부분이 아직 남아있습니다.

❶ PSD 텍스트 레이어 호환

클립스튜디오가 1.21.0 버전으로 업데이트되면서 드디어 포토샵으로 TEXT 레이어를 내보낼 수 있게 되었습니다. (자세한 사용 내용은 77쪽 출력하기 섹션을 살펴보세요) 하지만, 포토샵의 PSD 파일을 가지고 오는 것은 여전히 문제가 발생하며, 결국 포토샵 PSD와의 호환은 여전히 문제를 일으키고 있습니다.

❷ GPU을 지원하지 않음

필터 등 복잡한 기능은 성능향상을 위해 그래픽카드의 GPU를 사용하게 됩니다. 하지만, 클립스튜디오는 상당 부분 CPU에 기대는 편입니다. 포토샵과 동일한 동일한 필터 작업 등을 할 때 상대적으로 속도가 느린 점은 아쉬운 부분입니다.

❸ 아쉬운 3D 기능

클립스튜디오는 3D 오브젝트를 사용할 수 있으나, 자체 제작은 불가능해서 결국 외부의 툴을 사용해야 하는 아쉬움이 있습니다. 또한 렌더링 엔진의 기능이 단순해서, 3D 퀄리티가 상대적으로 낮은 편입니다. 그래서 3D를 그대로 가져다 사용하기보단, 한번 리터칭을 거쳐야 하는 불편함이 있습니다. 이러한 아쉬운 부분은 스케치업 등 외부 툴을 이용하는 방법으로 해결해야 합니다.

선과 명암이 명확한 스케치업에 비해 상대적으로 퀄리티가 낮은 것을 볼 수 있습니다

SECTION. 02 클립스튜디오의 종류와 구매 방법

■ 클립스튜디오의 두 가지 버전. PRO vs EX 가벼움

클립스튜디오는 PRO 버전과 EX 버전 두 가지를 제공합니다. PRO 버전은 일러스트 혹은 한 페이지 만화와 같은 단일 컷이나 일부 컷 작업에 적합합니다. 반면, EX 버전은 여러 페이지의 출판 만화나 웹툰을 한번에 작업하고 관리할 때 사용됩니다. 이런 이유로, EX 버전은 PRO 버전보다 더욱 다양한 기능을 제공합니다. 예를 들면, EX 버전에는 다중 페이지 작업과 LT

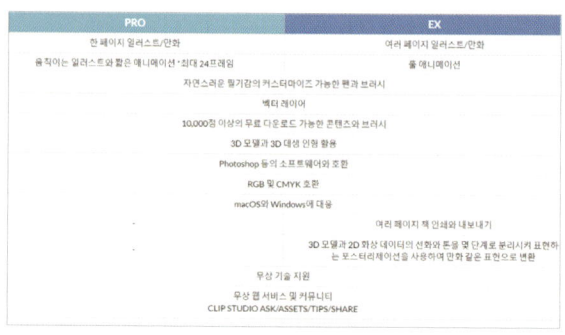

기능 등이 포함되어 있습니다. EX 버전이 더 많은 기능을 제공하므로, 사용을 계획하신다면 EX 버전을 추천드립니다. 그렇지만 작업에 따라 그림 작업만을 클립스튜디오에서 수행하고, 통합 작업은 포토샵 등 다른 플랫폼을 이용하는 경우, PRO 버전만 사용하는 작가도 있습니다.

■ 월정액 플랜

클립스튜디오는 일시구매와 구독제 모두를 지원합니다. 하지만, 아이패드 등의 모바일기기를 함께 사용하기 위해서는 구독 모델로 구매해야 합니다.

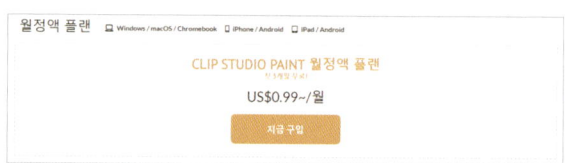

구독모델은 구매페이지의 월정액 플랜으로 들어가면 됩니다.

지금 구입을 선택해서 들어가면 다양한 옵션을 볼 수 있습니다. 4대의 기기를 지원 + EX 옵션을 선택할 경우 포토샵에 버금가는 꽤 높은 가격대를 형성합니다.

■ 기기별 플랜

스마트폰 플랜을 제외한 구독 플랜은 기기 제한 외에는 큰 차이가 없습니다. 다양한 플랫폼을 오가며 작업할 수 있습니다. 갤럭시탭등의 안드로이드 탭기기, 아이패드 등을 지원하는 앱은 모바일 앱이지만, 대형 모바일 플랫폼을 대상으로 한 만큼 컴퓨터용 UI와 큰 차이가 없습니다. 다만, 저장은 클라우드를 이용해야 한다는 번거로움이 있습니다.

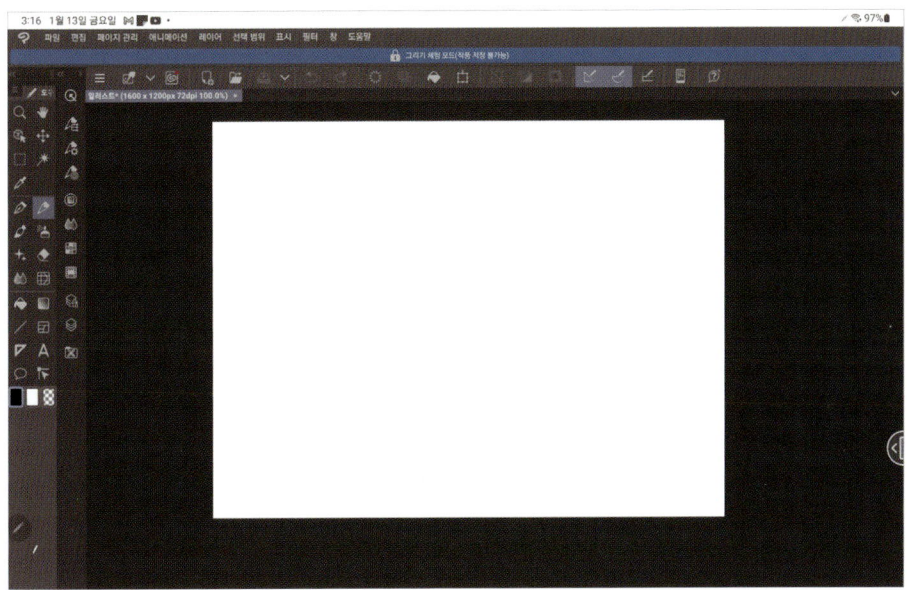

PC와 유사한 UI를 가지고 있습니다.

■ 스마트폰 플랜

연결제를 하면 6.49달러라는 파격적인 비용과 휴대폰에 알맞은 간편한 UI가 강점입니다. 반면, 펜 압력이 지원되지 않는다는 치명적인 단점이 있습니다.

연간 이용액 US$6.49

▲ 휴대폰 앱의 모습

SECTION. 03   2.0만의 새로운 기능

2023년 3월 14일. 클립스튜디오가 2.0으로 버전업하면서 상당히 강력한 기능들이 생겼습니다. 한번 살펴보도록 합시다.

❶ 브러시 혼색 구현

클립스튜디오는 색을 섞을 수 있는 혼색 기능이 있습니다. 다만, 보색 계열이 섞이면 색이 탁해지는 등의 문제가 있었습니다. 이번에 2.0 업데이트되면서 '지각적'이라는 새로운 혼색 모드가 추가되었습니다. 말 그대로 사람의 인식에 가깝게 색이 섞이는 느낌을 줄 수 있습니다.

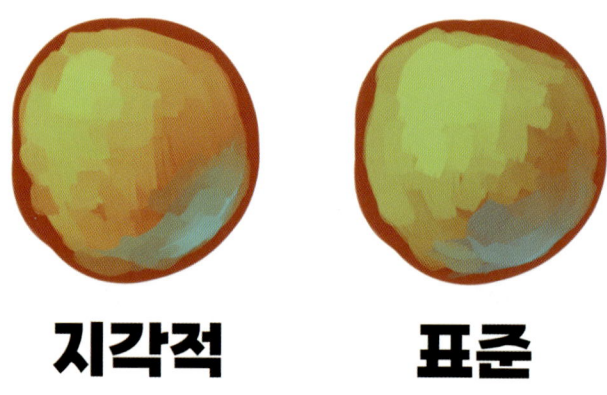

 **Tip**

기존 1.0에서 업데이트하면 기존 브러시의 혼색 모드가 자동 변경되지 않습니다! 변경 방법은 18쪽 2.0 기존 유저의 새로운 혼색 모드 설정법을 참고하세요.

❷ 3D 데생 인형 두상 모델

2.0에서는 새로운 데생 인형 두상 모델이 추가되었습니다. 마치 게임 캐릭터를 만들듯이 3D 인체 두상을 만들고 저장할 수 있습니다. 이를 통해 웹툰 캐릭터 머리를 개인화하여 생성하면서 사용하기 편리해졌습니다.

자세한 사용 방법은 20쪽 2.0 3D 데생 인형 두상 모델 사용해서 나만의 캐릭터 헤드 만드는 방법을 살펴봅시다

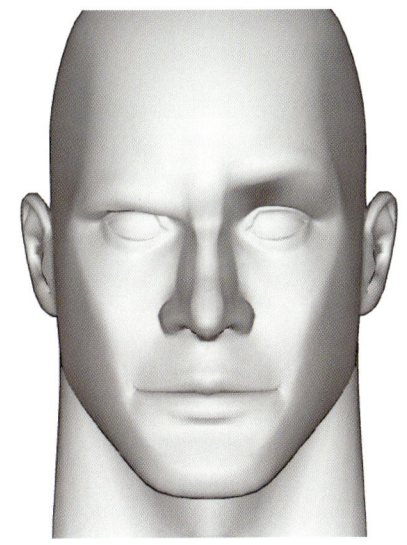

❸ 핸드 스캐너

휴대폰과 연동해 작업하기 어려운 손 포즈를 손쉽게 만들 수 있는 획기적인 기능입니다. 손 모양을 일일이 조정하기 힘들었던 만큼, 큰 도움이 되는 기능입니다. 그래서인지 SNS에서도 굉장히 인기를 끌었던 기능입니다.

자세한 내용은 39쪽 2.0 핸드 스캐너를 이용한 손 포즈 만드는 방법을 참고하세요

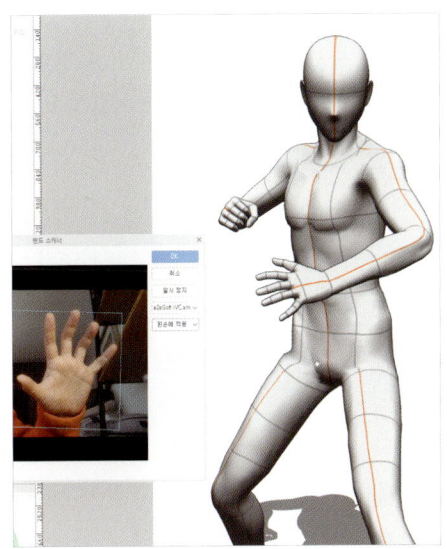

❹ 자동음영

만화의 음영 작업은, 덩어리감에 대한 이해와 공부가 많이 필요한 부분입니다. 실제 작업에도 많은 시간이 걸리기 마련입니다. 클립스튜디오 2.0의 자동음영은 귀찮은 작업을 빠르게 처리할 수 있습니다. 아직, 아주 정확하거나 아주 매력적인 결과물을 내지는 못하는 정도라는 게 아쉽습니다. 하지만, 점점 기능이 발전하기를 기대해봅니다. 자세한 내용은 25쪽 새롭게 추가된 자동 음영 사용해 보기를 참고하세요.

❺ 어안 퍼스 자

일본의 출판만화, 나루토에서는 멋진 어안구도를 이용한 장면이 많이 나옵니다. 어안렌즈는 좀더 인간의 시각과 유사해 현실감과, 많은 공간을 압축해 넣어 공간감을 살릴 수 있는 멋진 방법입니다. 하지만, 일반적인 자 가이드로는 제대로 표현할 수 없어 구현에는 많은 노력이 필요합니다. 클립스튜디오 2.0에는 어안 퍼스 자가 추가되었습니다. 잘 다루기 위해서는 노력이 필요하지만, 여러모로 유용하게 사용할 수 있으리라 생각됩니다.

자세한 내용은 27쪽 2.0 어안 퍼스를 참고하세요.

❻ 픽셀 유동화 도구 여러 레이어 적용

개인적으로 매우 기다려왔던 기능이군요. 픽셀 유동화는 이미지를 편하게 수정할 수 있는 기능입니다. 하지만, 선과 명암 레이어 등을 분리해서 작업해야 하는 웹툰 특성상 사용하기 어려운 편이었습니다. 레이어를 합치지 않는 한 사용하는 순간 선과 명암이 산산조각나 버릴테니까요. 클립스튜디오 2.0으로 업데이트되면서 픽셀 유동화를 여러 레이어에 동시에 사용할 수 있게 되었습니다. 포토샵이나, 크리타 등에서도 없는 독보적인 기능이라 많은 인기를 끌 것 같습니다.

❼ 정렬 및 분포 기능

포토샵, 일러스트레이터 등에서 사용가능했던 정렬 및 분포 기능이 추가되었습니다. 매번 알맞게 정렬하는 작업은 번거로운 만큼, 많은 도움이 되는 기능일 듯 합니다.

자세한 내용은 35쪽 2.0 정렬 기능을 참고하세요.

❽ 추가 언어

기존의 언어에 추가로 중국어 간체, 태국어, 포르투갈어, 인도네시아어가 새로 지원됩니다. 이미 오래전부터 한국어 지원이 이루어져 있어 우리에게는 큰 변화가 없지만, 이렇게 사용자 수가 늘어나는 것은 클립스튜디오의 발전 가능성을 높여줍니다. 이는 매우 긍정적인 일입니다.

❾ 강화된 3D 기능

3D 기능도 여러모로 강화되었습니다. 전반적인 속도가 빨라졌으며, 뼈대와 메쉬가 많은 3D 소재도 이전보다 원활하게 불러옵니다. 특히 눈에 띄는 기능은 2점 투시 퍼스 기능입니다. 일반적인 웹툰에 사용하기 좋은 2점 퍼스를 사용할 수 있어 좀더 만화에 어울리는 화면연출이 가능하게 되었습니다. 새롭게 적용된 fog 기능 역시 원근 표현에 매우 매력적입니다.

자세한 내용은 32쪽 2.0 강화된 3D 기능을 참고하세요.

❿ 회전 흐리기 필터

움직이는 표현을 하기 위한 회전 흐리기 필터가 추가되었습니다. 액션 연출에 매우 도움이 되리라 생각됩니다.

자세한 내용은 30쪽 2.0 회전 흐리기 필터를 참고하세요

Unit 01 2.0 기존 유저의 새로운 혼색 모드 설정법

클립스튜디오 2.0에는 새로운 혼색 모드가 추가되었습니다. 다만 기존 클립스튜디오 1.0에서 업그레이드 한 유저들은 설정이 변경되지 않아, 직접 설정을 변경하셔야 합니다. 저자 역시, 같은 경우라 '오오~ 좋아졌는데?'라고 하고 설정을 봤더니, 이전 버전을 쓰고 있었더라구요.

■ 설정 변경하는 방법

평소에 자주 사용하는 도구 중 색이 섞이는 타입을 하나 선택해서 복사합니다. 필자는 유채 평붓을 선택하였습니다. 유채 평붓에서 마우스 우클릭 → 보조 도구 복제를 선택한 다음 이름을 '유채 평붓 지각적'으로 설정하였습니다.

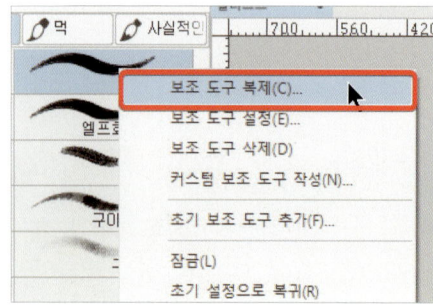 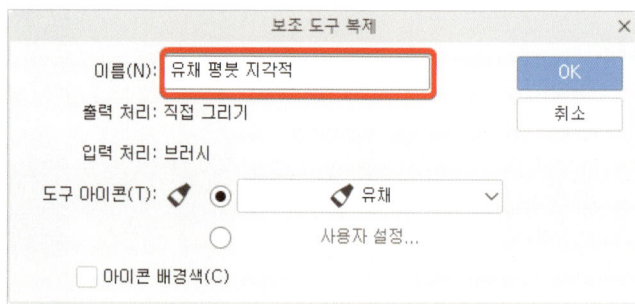

도구 속성에서 보조 도구 상세 팔레트 열기 버튼을 눌러 보조 도구 상세 팔레트를 엽니다. 잉크 탭의 혼색 항목을 보면 이전과 달리 혼색 모드를 선택할 수 있도록 되어있습니다. 혼색 모드를 '지각적'으로 바꾸어봅시다.

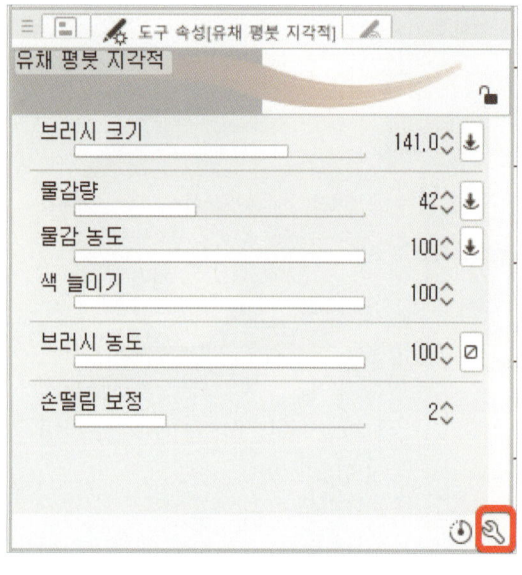 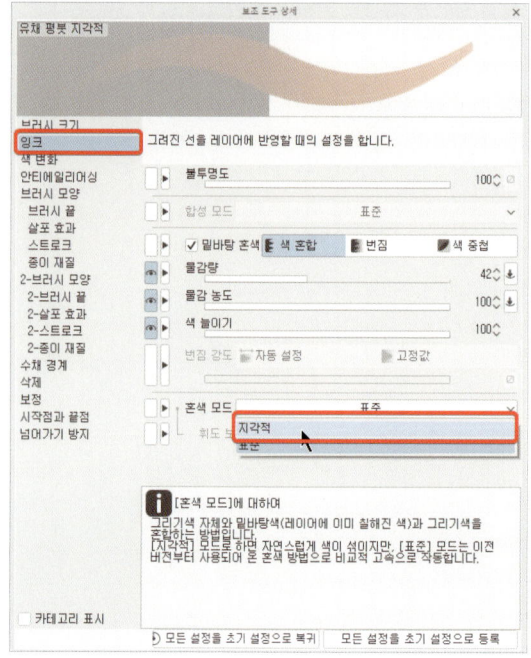

바꾼 다음에는 브러시의 속성을 고정하시는 것도 잊지 마세요. 브러시 도구 → 마우스우클릭 → 초기 설정에 등록을 하셔야 설정대로 등록됩니다.

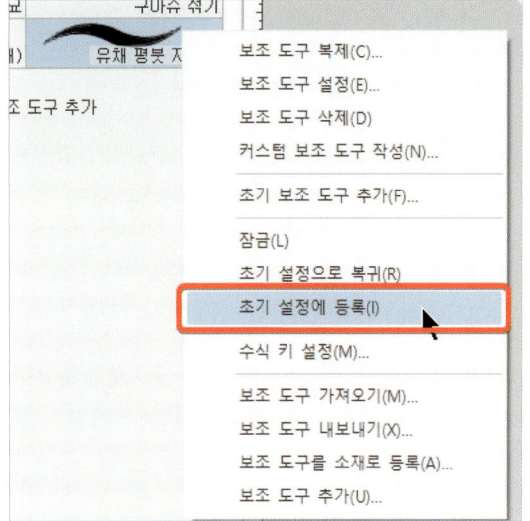

실제 테스트해보면, 색이 섞이는 느낌이 꽤 달라지는 것을 알 수 있습니다. 보색 관계에서 특히 색감 변화가 두드러지며, 좀더 자연스러운 배색이 됩니다. 다만, 취향에 따라 이전 형태를 더 좋아하는 사람도 있을테니, 적절히 사용하시기 바랍니다.

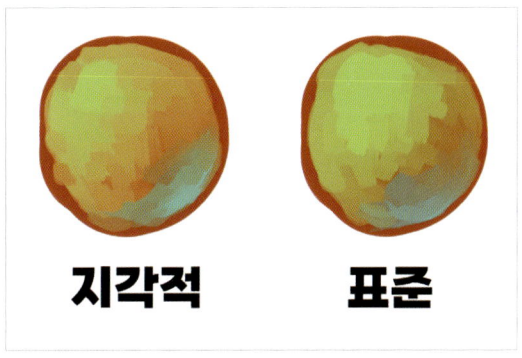

Unit 02 2.0 3D 데생 인형 두상 모델 사용해서 나만의 캐릭터 헤드 만드는 방법

클립스튜디오 2.0에서는 웹툰에 사용하기 편리한 헤드 모델이 제공됩니다. 그냥 사용해도 될 정도로 잘 만들어진 헤드가 9종 제공되며, 자유롭게 조정 및 저장이 가능합니다. 이를 통해 나만의 캐릭터 헤드를 만드는 것이 더욱 쉬워졌습니다.

■ 소재 폴더 살펴보기

클립스튜디오 2.0의 소재 폴더 → 3D 폴더를 살펴봅시다. 1.0에는 없던 Head라는 새로운 폴더가 보입니다. 폴더를 열면, 새로운 다양한 헤드들을 볼 수 있습니다. 2.0부터 추가된 헤드 모델들입니다.

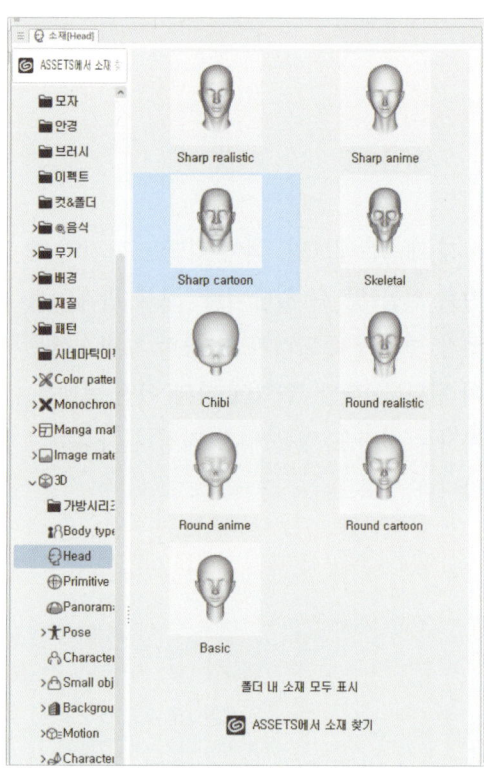

■ 헤드 사용하기

헤드를 캔버스로 하나 드래그해봅시다. 다른 3D 오브젝트처럼 3D 레이어에 배치되며, 회전 및 확대 축소가 가능합니다.

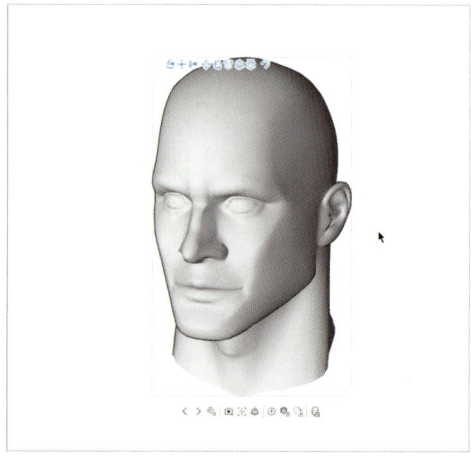

▪ 헤드 속성 조정하기

헤드 오브젝트의 속성은 도구 속성에서 관리할 수 있습니다. 다른 속성은 비슷하지만, 3D 헤드의 경우 얼굴 합성 / 얼굴 파츠 조작 2가지 항목이 추가되어 있습니다. 이 부분이 얼굴을 자유롭게 변형할 수 있는 설정들입니다. 자세히 살펴봅시다.

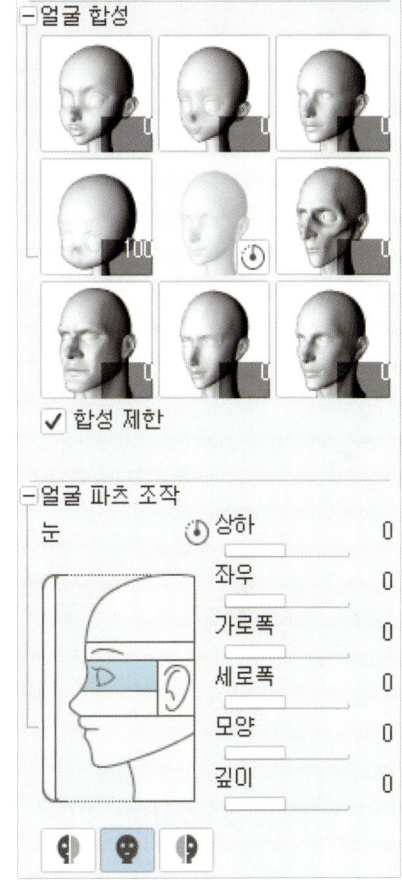

▪ 얼굴 합성 알아보기

얼굴 합성 항목은 여러 항목의 헤드 모양을 섞어 적절한 나만의 모양을 만들 수 있는 방법입니다. 눈으로 보면서 손쉽게 변형 정도를 확인할 수 있어 편리합니다. 자세히 보면 소재 폴더의 헤드들의 썸네일이 모두 포함되어 있습니다.

사실, 소재 폴더에 들어있는 9개의 헤드는 다른 헤드가 아닌, 한가지 헤드의 변형이라는 의미입니다. 그만큼 다양한 변형이 가능하다는 것을 알 수 있습니다.

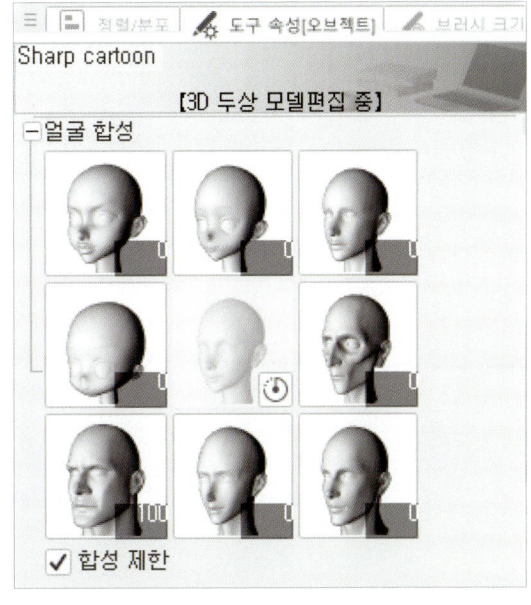

썸네일을 클릭하면, 슬라이드가 보이며 조정이 가능합니다. 원하는 얼굴 형태에 맞춰 적절히 조정해보시기 바랍니다.

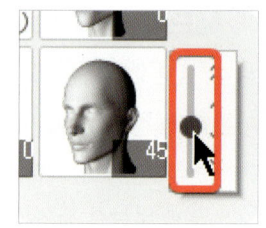

합성 제한 옵션은 얼굴의 변형이 과하지 않도록 조정하는 역할입니다. 체크를 해제하면, 얼굴이 과하게 일그러지는 것을 확인할 수 있습니다. 아주 특이한 얼굴을 만드는 것이 아니라면, 체크를 해 두시는 것이 편리합니다.

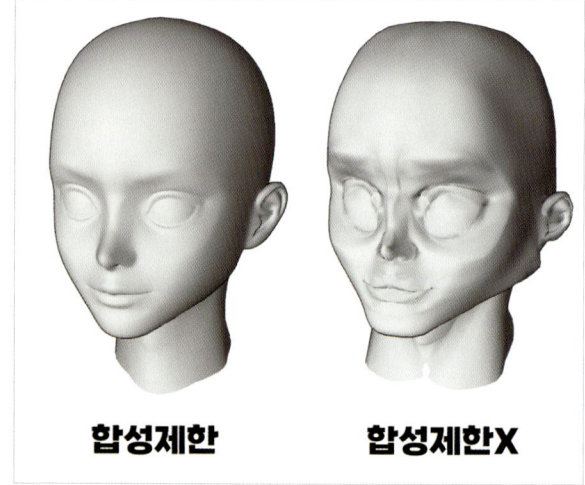

■ 얼굴 파츠 조작 알아보기

앞서 얼굴 합성이 여러 얼굴을 섞어 새로운 얼굴을 만드는 방법이라면, 얼굴 파츠 조작은 얼굴의 각 부분을 세밀하게 조정할 수 있는 항목입니다. 온라인 RPG게임 등에서 종종 사용되는 방법이므로 익숙한 분들이 많으리라 생각됩니다.

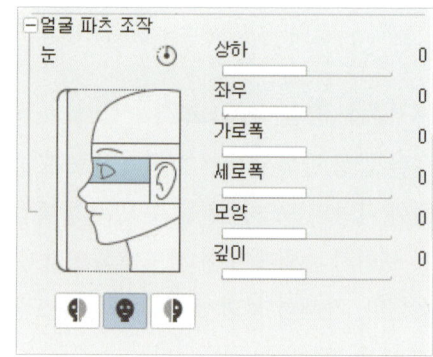

재미있는 점은 얼굴을 중심으로 양쪽 다 조정하거나, 한쪽만 조정하는 것이 가능하다는 점입니다. 잘 이용하면, 한쪽 눈썹이 올라가는 등 독특한 얼굴을 만들 수 있습니다.

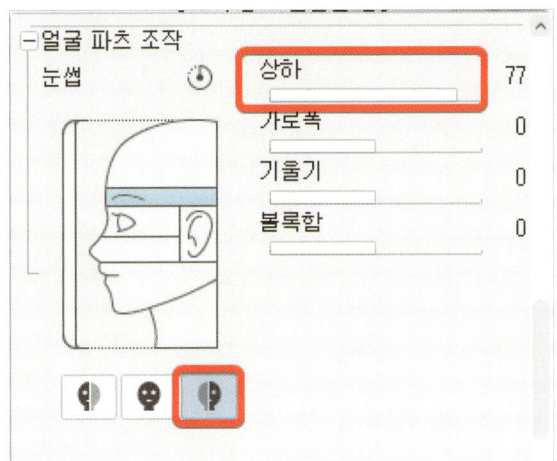
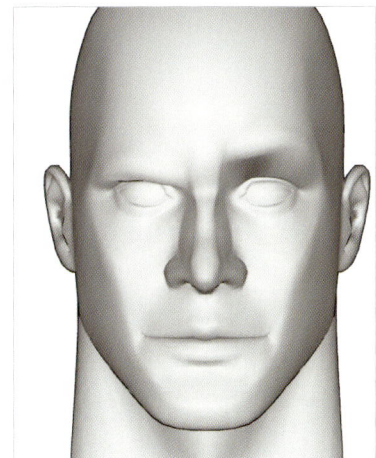

■ 나만의 헤드 저장하기

화면을 돌려가며 자신이 원하는 캐릭터를 만들어 봅시다.

조절이 끝났다면, 도구 속성에서 두상 모델 '소재 등록'을 눌러 등록합시다.

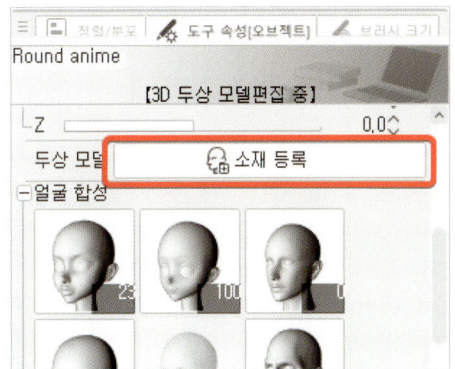

등록방식은 다른 3D 소재와 동일합니다.

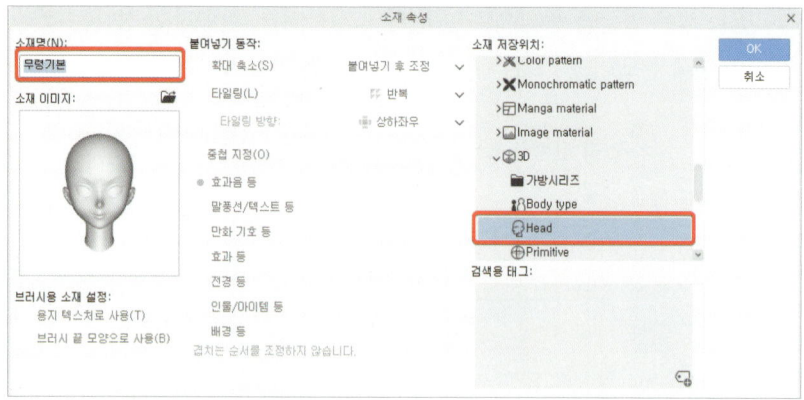

등록하면 새로운 헤드가 추가된 것을 볼 수 있습니다.

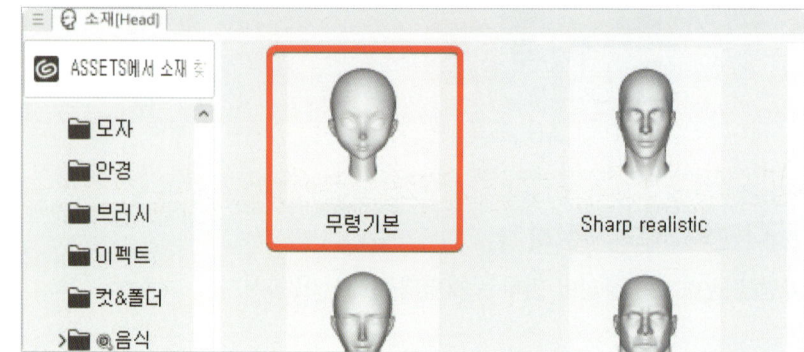

■ 3D 헤드의 장점과 아쉬운점

3D 헤드는 손쉬운 조작과 다양한 변형이 장점입니다. 리소스 시장에서 유료로 구매해야 할 정도의 퀄리티를 새로운 기능으로 넣어주었다는 것만으로 환영할 일입니다. 3D 헤드의 아쉬운 점 하나는 입을 벌리는 것이 불가능하다는 점입니다. 아무래도 입안 구현이나, 벌렸을 때의 일그러짐 등의 문제로 일부로 뺀 것이 아닐까 생각됩니다. 얼굴 연출에서 꽤 중요한 부분인데 상당히 아쉬운 점이 아닐 수 없습니다. 욕심이겠지만 헤어 부위가 없다는 점도 살짝 아쉬운 점입니다. 외부에서 만들어 합치는 방법이 있긴 합니다만, 이왕이면 헤어도 조절할 수 있었다면, 웹툰 작업에 더욱 유용하지 않았을까 합니다.

Unit 03 2.0 새롭게 추가된 자동 음영 사용해보기

클립스튜디오 2.0에는 자동 음영 기능이 추가되었습니다. 선과 면의 형태를 기반으로 덩어리감을 추측한 다음, 이를 토대로 명암을 생성하는 편리한 기능입니다.

■ 자동 음영 사용해보기

펜터치와 밑색만 적용된 컷 이미지를 준비하였습니다.

자동음영은 밑색 레이어와 선화 레이어를 모두 지원합니다. 선화는 참조 레이어(등대 모양)로 설정하고, 밑색 레이어를 선택합니다.

메뉴에서 편집 → 자동음영을 선택하면 화면에 기즈모와 함께 자동음영 메뉴가 등장합니다. 미리보기용 음영도 적용됩니다.

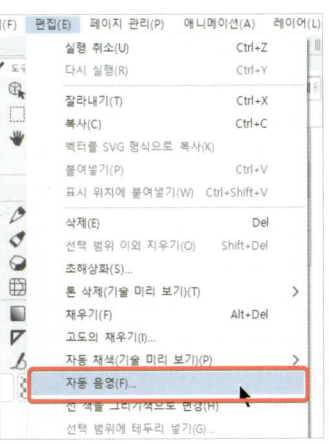

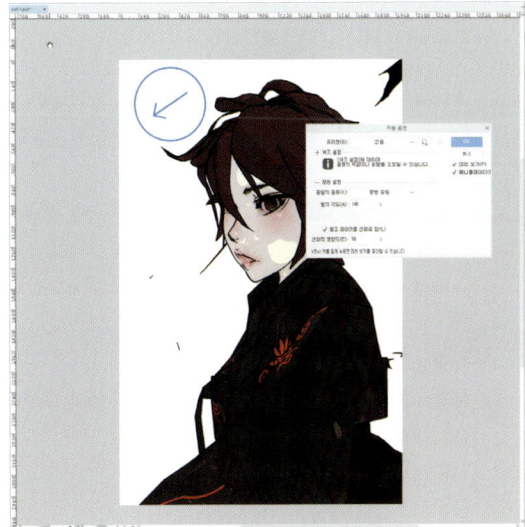

■ 자동 음영 창

자동 음영 창에서는 음영에 관련된 다양한 속성을 설정할 수 있습니다

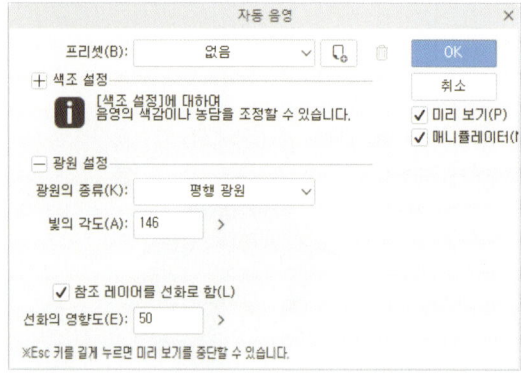

■ 프리셋

미리 설정한 다양한 음영 스타일을 선택하고, 저장할 수 있습니다.

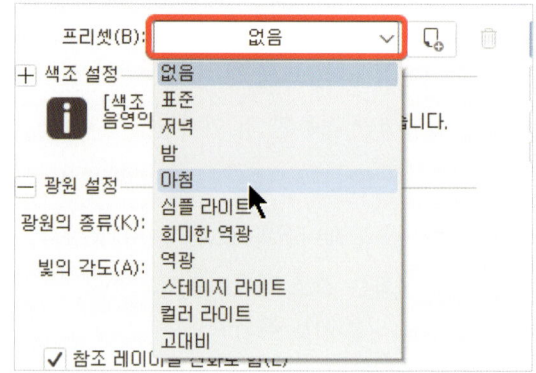

■ 색조 설정

그림자와 밝은 면의 세부 설정을 할 수 있습니다. 그림자 색상부터, 어떤 합성 모드로 설정할지도 결정할 수 있습니다. 자주 사용하는 세팅이 있다면 맞춰서 사용할 수 있어 편리합니다.

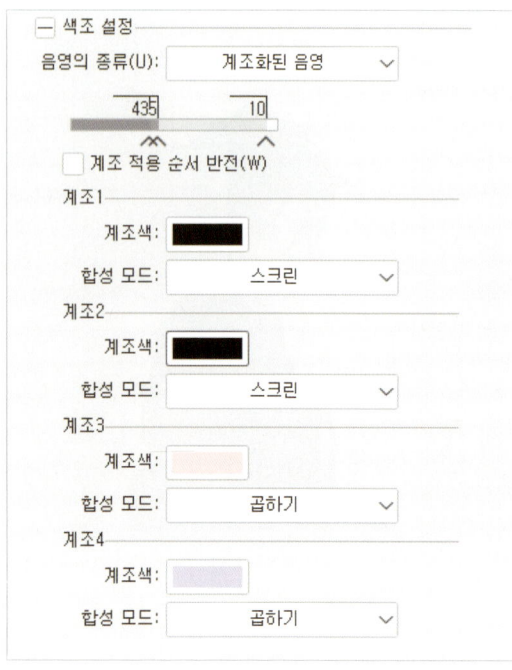

■ 광원 설정

광원은 빛의 종류와 각도를 설정합니다.

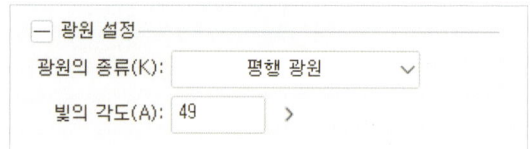

빛의 방향과 강도는 기즈모에서도 조정 가능합니다.

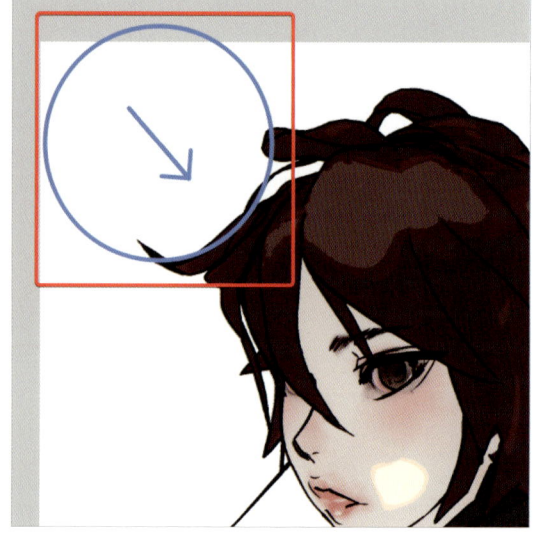

■ 참조 레이어를 선화로 합니다.

참조 레이어(등대 모양)를 기반으로 덩어리감을 분석합니다. 가능하다면 해 두시는 쪽을 추천합니다.

■ 적용 결과

적용하면 색조 설정에서 설정한대로 톤 레이어들이 생성됩니다. 일반적인 레스터 레이어 형태이므로 추가 편집을 통해서 퀄리티를 높일 수 있습니다. 웹툰 작업의 번거로운 과정을 꽤 많이 해결해 줄 수 있을 듯 합니다.

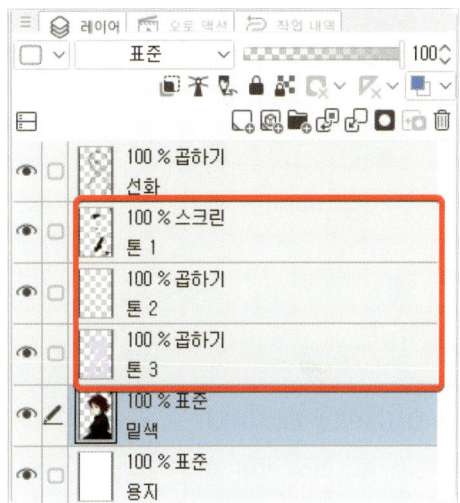

Unit 04 2.0 어안 퍼스

■ 어안 퍼스(Fish Eye Perspective)란?

어안퍼스는 카메라 렌즈 중에서 주변이 휘어 보이는 렌즈 효과를 그리는 데 사용됩니다. '어안퍼스'라는 용어는 직역하면 '물고기의 눈'이라는 의미로, 물고기가 물 속에서 세상을 바라보는 시각을 표현합니다.

실제로, 물고기뿐만 아니라 우리 자신들도 세상을 완벽한 직선 형태로 보는 것이 아니라, 완만한 곡선 형태로 보게 됩니다. 그러나 시각의 중심부는 왜곡이 적어 일반적인 소실점 기법으로 표현이 가능합니다. 따라서 어안퍼스 형태로 작업할 경우, 일반적인 시각보다 훨씬 넓은 공간을 자연스럽게 표현할 수 있게 됩니다. 이는 나X토 등의 만화에서 멋진 액션을 표현하는 데 사용되는 기법이기도 합니다. 그러나 이 방식은 일반적인 컴퓨터의 소실점 계산 방식으로는 표현하기 어려우므로, 지원하는 프로그램이 많지 않았습니다.

▪ 어안퍼스 사용하기

어안퍼스는 자 도구 중 퍼스자의 옵션으로 포함되어 있습니다.

퍼스 자의 도구 속성에서 어안 추가를 체크하는 방식으로 적용 가능합니다.

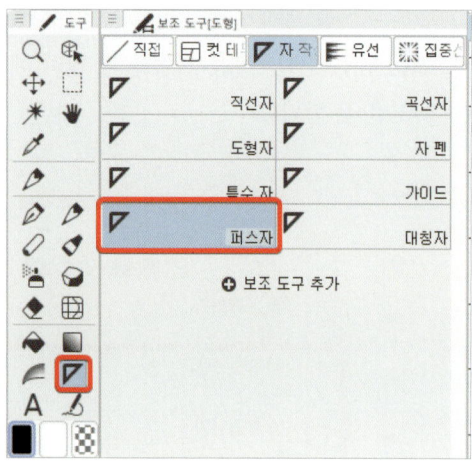

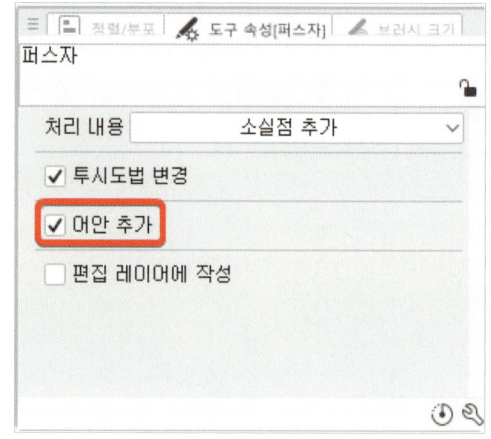

▪ 이미지에 배치하기

자를 사용하기에 앞서 적당한 느낌으로 왜곡된 컷을 스케치합니다.

퍼스에 맞춰 자선을 긋습니다. 원하는 선에 맞춰 곡선을 맞추어주세요.

참고할 곡선이 많을 수록 좋습니다. 이미지를 따라 다른 곡선을 찾아 그려줍니다.

곡선은 필요에 따라 추가하셔도, 처음에 충분히 만들어도 좋습니다. 다만, 너무 많을 경우 가이드가 꼬이는 경우가 있으므로 필요한 오브젝트 위주로 진행하세요.

어안 퍼스가 적용된 경우 그에 맞춰 선을 그을 수 있습니다.

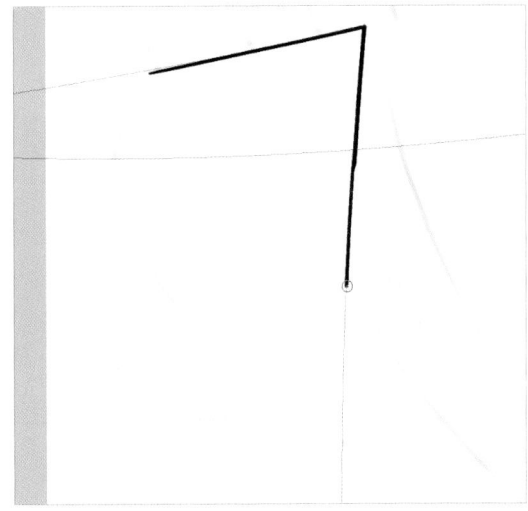

■ 퍼스 자선 조절하기

퍼스 자선은 언제든지 다시 조정이 가능합니다. 조작 → 오브젝트 툴을 선택한 다음, 캔버스 위 자선을 선택하면 조정할 수 있는 기즈모가 보입니다.

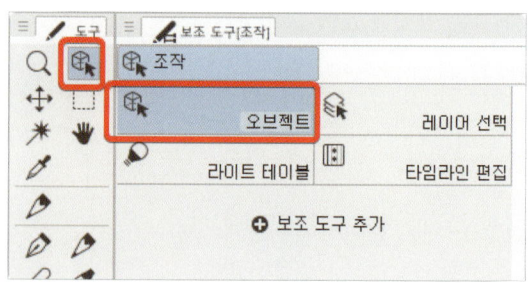

이를 조정해서 자선을 조정할 수 있습니다.

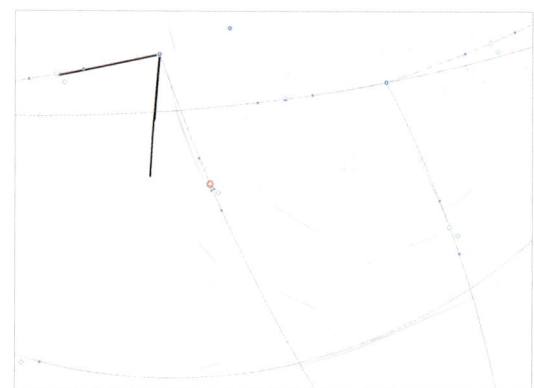

어안퍼스는 다루기 까다로운 편이지만 잘 사용한다면 매력적인 원근 작업이 가능한 툴입니다.

Unit 05 2.0 회전 흐리기 필터

이번 시간에는 클립스튜디오 2.0에 추가된 회전 흐리기 필터에 대해 알아보도록 하겠습니다.

■ 필터 사용하기

회전 흐리기 필터는 메뉴의 필터 → 흐리기 → 회전 흐리기 에 있습니다.

실행하면 이미지가 변형되며 회전 흐리기 설정 창이 열립니다.

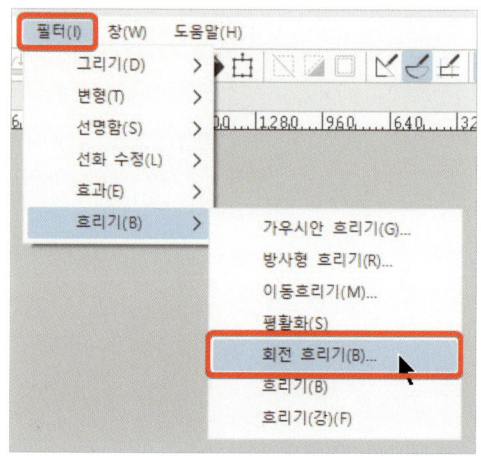

■ 회전 흐리기 필터 기능

기본 사용법은 방사형 흐리기와 유사합니다. 캔버스의 x자 표시를 조정해서 중심점을 이동할 수 있으며, 흐리기 효과량으로 정도를, 효과 방향으로 회전 정도를 정합니다. 재미있는 것은 타원의 종횡비 및 기울기로 타원 형태의 회전을 적용할 수 있습니다. 축구공이 날아가는 등의 연출에 사용하기 유용할 듯 합니다.

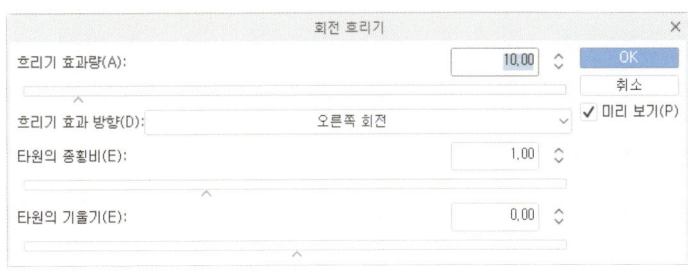

아래는 회전 흐리기 기본 형태와 종횡비를 조정해본 모습입니다.

Unit 06 2.0 강화된 3D 기능

클립스튜디오가 2.0으로 업데이트되면서 3D 기능이 좀 더 강화되었습니다.

■ 강화된 3D 기능 확인하기

강화된 3D 기능은 일반적으로는 확인할 수 없습니다.

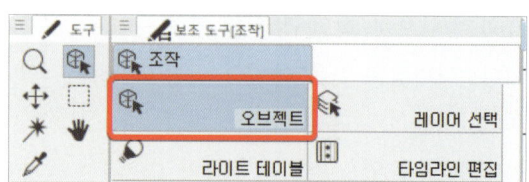

조작 툴의 오브젝트 보조 도구 속성에서 도구 속성 → 보조 도구 상세 팔레트를 열어야 합니다.

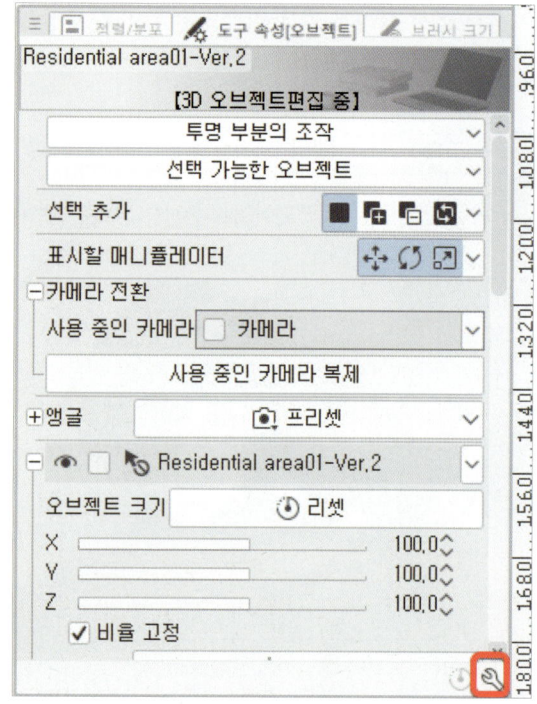

■ **수직 보정 기능**

수직 보정 기능은 3점 투시인 3D 화면을 만화에 유용한 2점 투시로 바꾸는 기능입니다. 스케치업에서 유용하게 사용했던 기능인데, 포함이 되었습니다. 사용 방법은 도구 상세 팔레트에서 렌즈 탭 → 수직으로 보정을 선택하시면 됩니다.

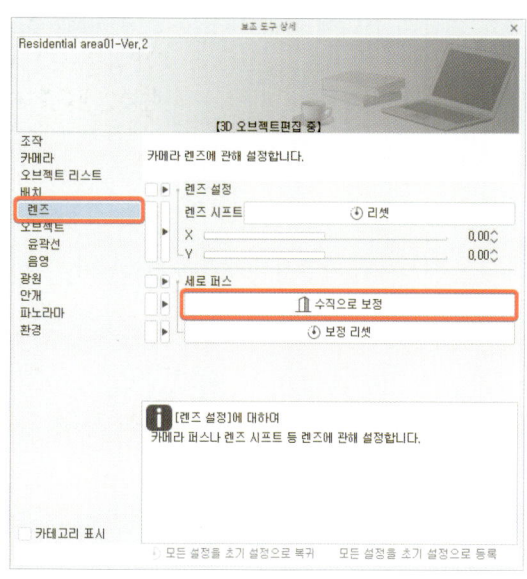

아래는 수직 보정 적용 전과 적용후 모습입니다. 원근으로 어긋나 있던 수직 라인이 보정된 것을 확인할 수 있습니다.

▲ 수직 보정_적용 전

▲ 수직 보정_적용 후

■ 안개 기능

안개 기능은 거리에 따라 색상을 넣어, 안개 효과를 만드는 3D 기법입니다. 안개 기능 역시 스케치업에도 있던 기능으로, 자연스러운 거리감을 표현하는데 유용합니다. 안개 기능 역시 보조 도구 상세 팔레트에서 찾을 수 있습니다. 안개 탭 → 안개 유효화를 체크하면 화면에 안개가 추가됩니다.

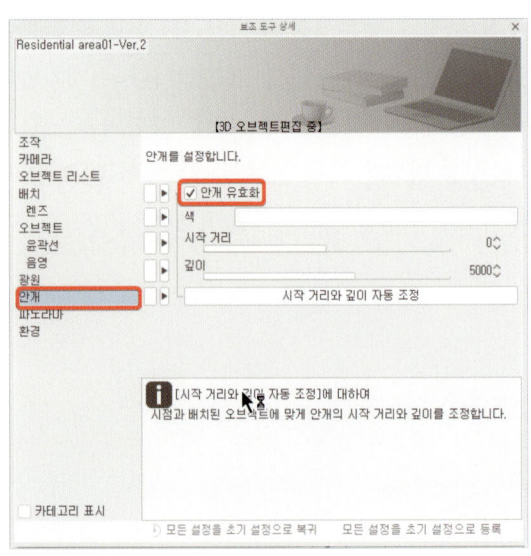

설정 탭을 통해 안개의 시작거리와 깊이, 색상 등을 조정할 수 있습니다

▲ 안개 기능_적용 전

▲ 안개 기능_적용 후

Unit 07 2.0 정렬 기능

클립스튜디오 2.0에는 정렬 기능이 추가되었습니다. 포토샵, 일러스트레이터 등에 기본으로 있던 기능이고, 자주 사용되던 기능이기도 합니다. 그동안 없어서 아쉬웠던 기능인데, 드디어 들어갔네요.

■ 사용 방법

정렬하기 원하는 레이어들을 먼저 선택합니다.

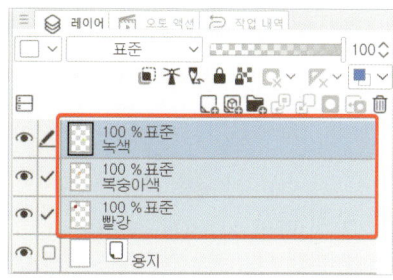

정렬 기능은 편집 → 정렬/분포에 있습니다. 기능별로 다양하게 있습니다.

❶ 수직 정렬

위 아래로 정렬하는 기능들입니다.

- **상단 정렬**: 가장 위에 위치한 레이어를 기준으로 정리합니다.
- **수직 방향 중앙 정렬**: 중앙을 기준으로 정리합니다.
- **하단 정렬** : 가장 아래에 위치한 레이어를 기준으로 정리합니다.

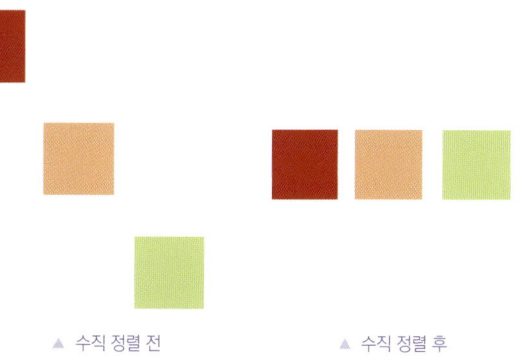

▲ 수직 정렬 전　　　　　▲ 수직 정렬 후

❷ **수평 정렬**
좌우로 정렬하는 기능들입니다.

- **좌단 정렬**: 가장 위에 위치한 레이어를 기준으로 정리합니다.
- **수평 방향 중앙 정렬**: 중앙을 기준으로 정리합니다.
- **우단 정렬** : 가장 아래에 위치한 레이어를 기준으로 정리합니다.

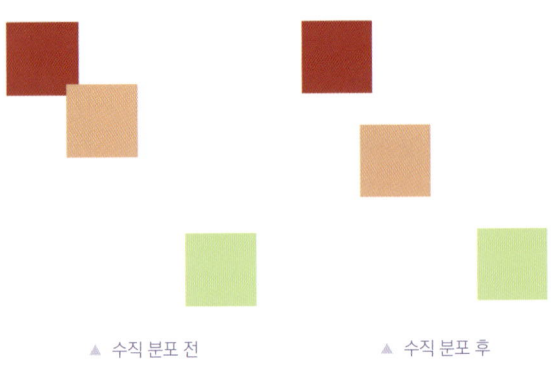
▲ 수평 정렬 전 　　　　▲ 수평 정렬 후

❸ **수직 분포**
수직 방향으로 분포하는 기능입니다. 간격을 동일하게 유지합니다.

- **상단 분포** : 상단의 레이어 위치를 기준으로 분포합니다.
- **수직 방향 중앙 분포** : 중앙 지점을 기준으로 분포합니다.
- **하단 분포**: 하단의 레이어 위치를 기준으로 분포합니다.

▲ 수직 분포 전 　　　　▲ 수직 분포 후

❹ **수평 분포**
수평 방향으로 분포하는 기능입니다. 간격을 동일하게 유지합니다.

- **좌단 분포** : 상단의 레이어 위치를 기준으로 분포합니다.
- **수평 방향 중앙 분포** : 중앙 지점을 기준으로 분포합니다.
- **우단 분포**: 하단의 레이어 위치를 기준으로 분포합니다.

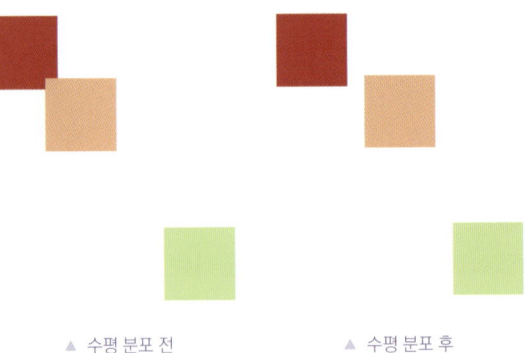
▲ 수평 분포 전 　　　　▲ 수평 분포 후

❺ 등간격 분포

레이어 사이의 간격을 유지하는 방향으로 분포합니다.

- **수직 방향 등간격 분포**: 수직 방향의 간격을 중심으로 분포합니다.
- **수평 방향 등간격 분포**: 수평 방향의 간격을 중심으로 분포합니다.

❻ 기준 설정

어떤 위치를 기준으로 정렬 / 분포할지 설정하는 기능입니다.

- **정렬대상을 기준으로**: 레이어 이미지를 기준으로 합니다.
- **캔버스 기준**: 전체 캔버스를 기준으로 합니다.
- **선택 범위 기준**: 선택 영역을 기준으로 합니다.
- **가이드 기준**: 가이드를 기준으로 합니다.
- **기준을 자동으로 설정**: 정렬/분포 기준을 클립스튜디오에서 판단합니다.

❼ 기타 설정

- **텍스트의 그리기 경계 정렬**: 텍스트의 경계 정렬을 적용할지 결정합니다.
- **벡터 중심선 정렬**: 벡터 레이어의 중심선으로 정렬할지 결정합니다.

Unit 08 2.0 픽셀 유동화 여러 레이어 설정

픽셀 유동화는 그림의 디테일을 빠르게 수정할 수 있는 멋진 기능입니다. 클립스튜디오 2.0에서 이 픽셀 유동화가 여러 레이어를 지원하게 변경되었습니다. 다만, 별다른 옵션이나 표시가 없어 당황하신 분들이 많으셨을 것 같습니다.

■ 사용 방법

사용하는 방법은 2가지 입니다. 폴더를 선택한 다음, 유동화 툴을 사용하면, 해당 폴더 안의 레이어가 모두 적용됩니다. 임의의 레이어를 함께 선택하고 싶다면, 레이어창에서 [Shift] 키나 [Ctrl] 키를 눌러 여러 개의 레이어를 선택한 다음 유동화 툴을 사용하시면 됩니다.

픽셀 유동화로 선만 선택했을 경우, 일부분만 적용되어, 선이 어긋나게 됩니다. 반면, 폴더를 선택하면, 전체가 함께 적용되는 것을 확인할 수 있습니다.

▲ 픽셀 유동화 _ 선만 선택

▲ 픽셀 유동화 _ 폴더 선택

> **주의사항**   벡터 레이어는 안돼요~
>
> 벡터 레이어는 아쉽게도 유동화 적용이 되지 않습니다. 폴더 안에 있을 경우, 벡터 레이어만 어긋나게 보이므로, 사용에 유의하시기 바랍니다.

Unit 09 | 2.0 핸드 스캐너를 이용한 손 포즈 만드는 방법

클립스튜디오 2.0에는 핸드 스캐너 기능이 추가되었습니다. 웹캠이 있다면, 실시간으로 손의 움직임을 스캔할 수 있습니다. 컴퓨터에 웹캠이 없더라도 ivCam 등의 휴대폰 연동 웹캠앱을 이용하는 방법도 있으니, 다양하게 사용해봅시다.

■ 핸드 스캐너 사용하기

핸드 스캐너는 오브젝트 도구의 도구 속성에서 찾을 수 있습니다. 인체 소재를 사용할 때만 보이니, 유의하세요.

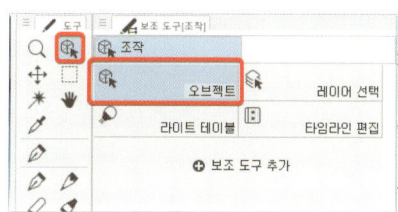
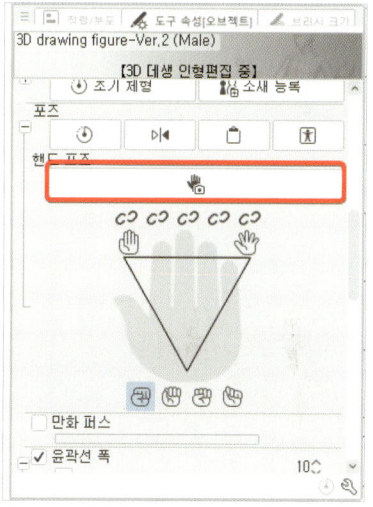

실제로 손을 움직이는 것과 동시에, 캐릭터의 손이 움직입니다. 꽤 다양한 포즈가 가능합니다. 손바닥이 보이게 하는 쪽이 좀더 자연스러운 트래킹이 되는 편입니다.

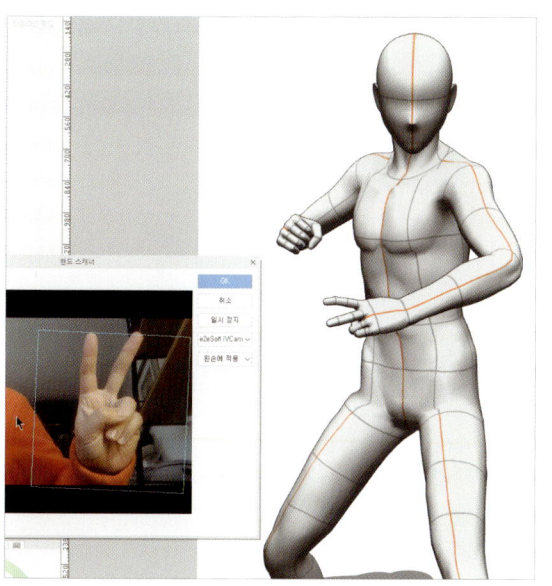
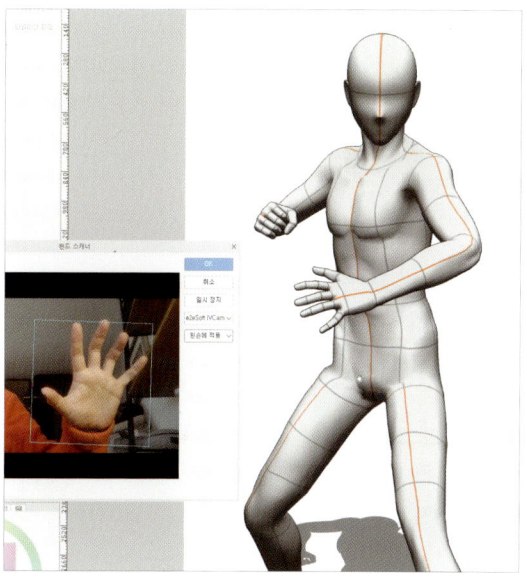

SECTION. 04 클립스튜디오 설치하기

클립스튜디오를 설치해봅시다. 윈도우의 설치방법을 기본으로 합니다.

■ 사이트 접속하기

클립스튜디오 공식사이트(https://www.clipstudio.net/kr/)에 접속합니다.

▲ 클립스튜디오_웹사이트_기본

■ 다운로드 페이지

화면 상단의 '다운로드' 버튼을 눌러 다운로드 페이지를 이동하세요. 다운로드 화면이 보입니다.

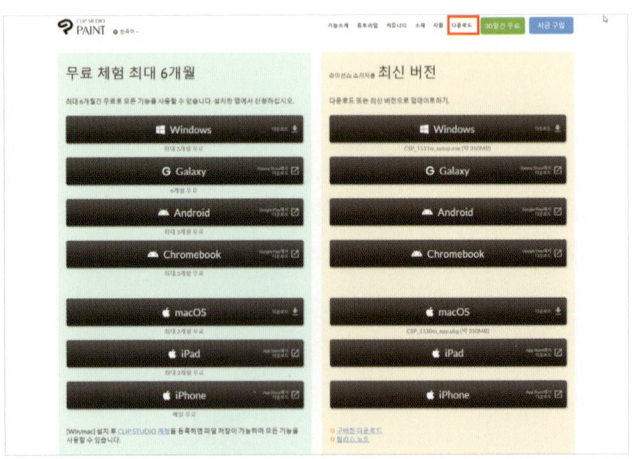

▲ 웹페이지_다운로드_무료_최신

■ 설치 파일 다운로드 받기

설치 파일은 무료 체험과 라이센스 소지자용으로 나뉩니다. 구매를 하셨다면 라이센스 소지용을 다운로드 받아 설치합니다. 안드로이드,

갤럭시, 크롬북 등 다양한 OS를 지원하고 있습니다. 무료 체험 중 본인의 OS에 맞는 링크를 클릭해 다운로드 합니다. 여기서는 Windows 버전을 기준으로 설명합니다.

■ **설치하기**

파일이 성공적으로 다운로드되었습니다. 파일 이름은 버전에 따라 다를 수 있으며, 사용하고 계신 환경에서는 더 높은 버전의 숫자가 보일 것입니다.

다운로드 받은 파일을 실행하면 설치가 시작됩니다.

라이센스 화면입니다.

링크를 클릭해서 라이센스를 한번 읽어보세요.

그리고 I accept the terms of the license agreement 를 선택해 라이센스를 확인합니다.

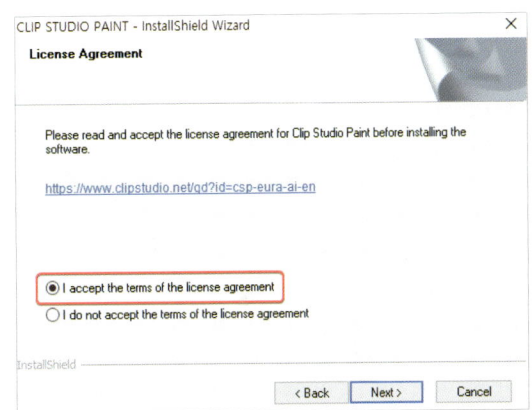

설치 위치를 설정합니다. 크게 변경할 것은 없으며 Next를 눌러 진행합니다.

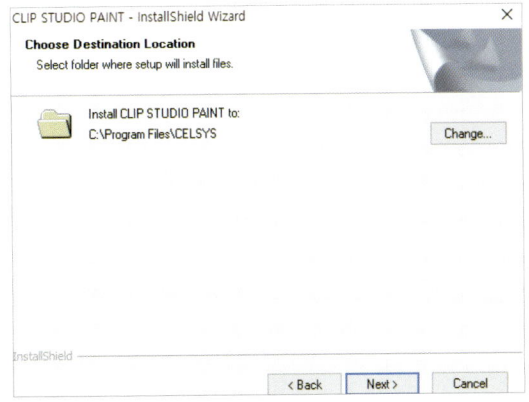

언어 설정입니다. 취향대로 선택하세요.

저희는 한국어로 진행합니다.

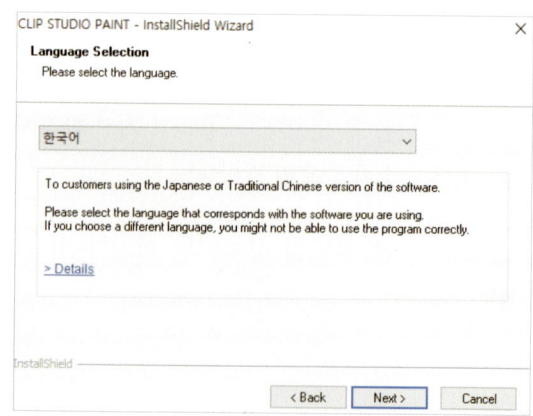

이어서 계속 설치해주세요.

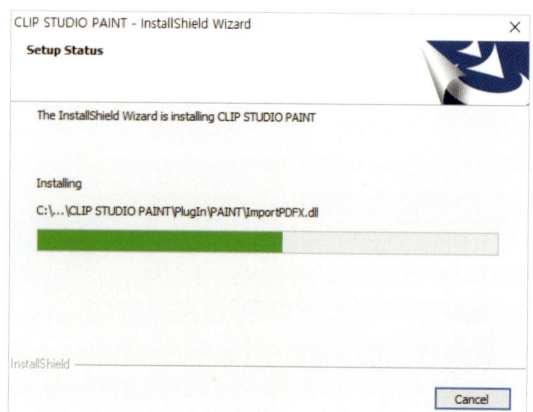

■ **설치하기**

바탕화면에 아이콘이 생성되었습니다.

더블클릭해 실행합니다. 첫 실행하면 오류 개선 / 품질 개선 등 참여에 대한 화면이 보입니다. 오류가 생겼을때 자동으로 관련 정보를 Celsys사에 보내는 기능입니다. 켜는 것이 차후 문제를 해결할 가능성이 높긴 하겠으나, 개인정보를 보내는 부분이므로 사용자의 결정이 필요한 부분입니다.

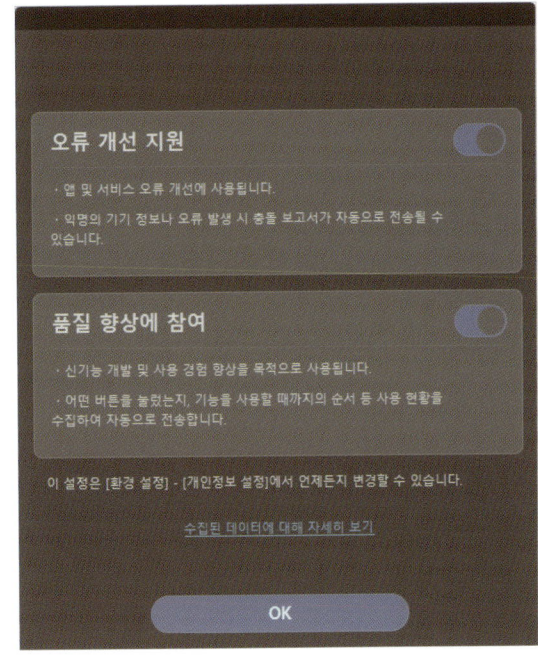

■ **클립스튜디오 첫 화면**

몇가지 준비과정이 진행됩니다.

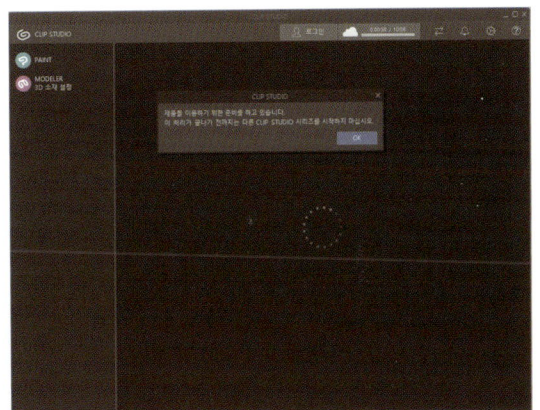

드디어 클립스튜디오 첫 화면이 등장하였습니다.

이어서 설명하도록 하겠습니다.

SECTION. 05 클립스튜디오의 첫 화면

앞서 설치를 마치고, 드디어 클립스튜디오 첫 화면이 등장하였습니다.

처음 클립스튜디오를 사용하시는 분들은 당황하실 수 있을 듯 합니다. 그림 그릴 수 있는 화면이라기 보다는, 웹페이지 같은 화면입니다.

■ 클립스튜디오의 분류

클립스튜디오라는 이름을 사용하고 있지만, 사실 그림을 그리는 기능은 클립스튜디오 페인트 CLIP STUDIO PAINT라는 앱이 담당하고 있습니다. 클립스튜디오는 클립스튜디오 페인트, 클립스튜디오 모델러를 실행할 수 있는 프론트앤드 앱입니다.

그 외에 라이센스 등록, 소재 다운로드, 사용법 강좌 등 작업에 간접적으로 필요한 자잘한 기능들도 담당하고 있습니다.

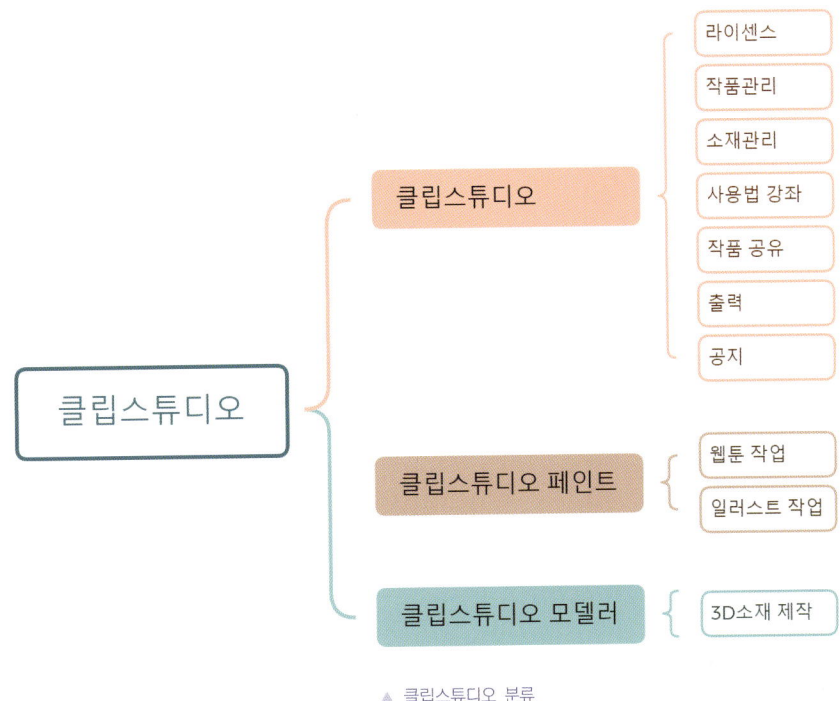

▲ 클립스튜디오_분류

클립스튜디오 화면에서는 도움이 되는 많은 정보가 있으니, 한번씩 읽어보시기 바랍니다.

■ 클립스튜디오 페인트 실행하기

그림을 그릴 수 있는 클립스튜디오 페인트 툴은 PAINT 버튼을 누르면 실행됩니다.

■ 체험 버전의 첫 화면

첫 설치후 30일간 사용할 수 있는 체험 버전의 경우 매번 어떤 기능을 사용할지에 대한 도움화면이 뜹니다. EX 버전과 PRO 버전을 선택할 수 있습니다.

두 버전의 차이는 (2) 클립스튜디오의 플랫폼과 구매 방법 을 참고하세요. 체험 동안 모든 기능을 사용하기 위해서는 EX 버전을 추천드립니다.

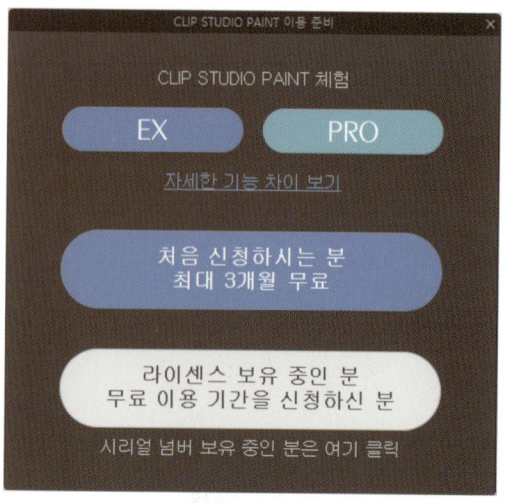

■ 클립스튜디오 페인트 첫 화면

드디어 그림을 담당하는 클립스튜디오 페인트 첫 화면입니다. 처음 실행할 경우, 도움말이 함께 보입니다. 가볍게 읽어보고 닫기를 누르시면 됩니다.

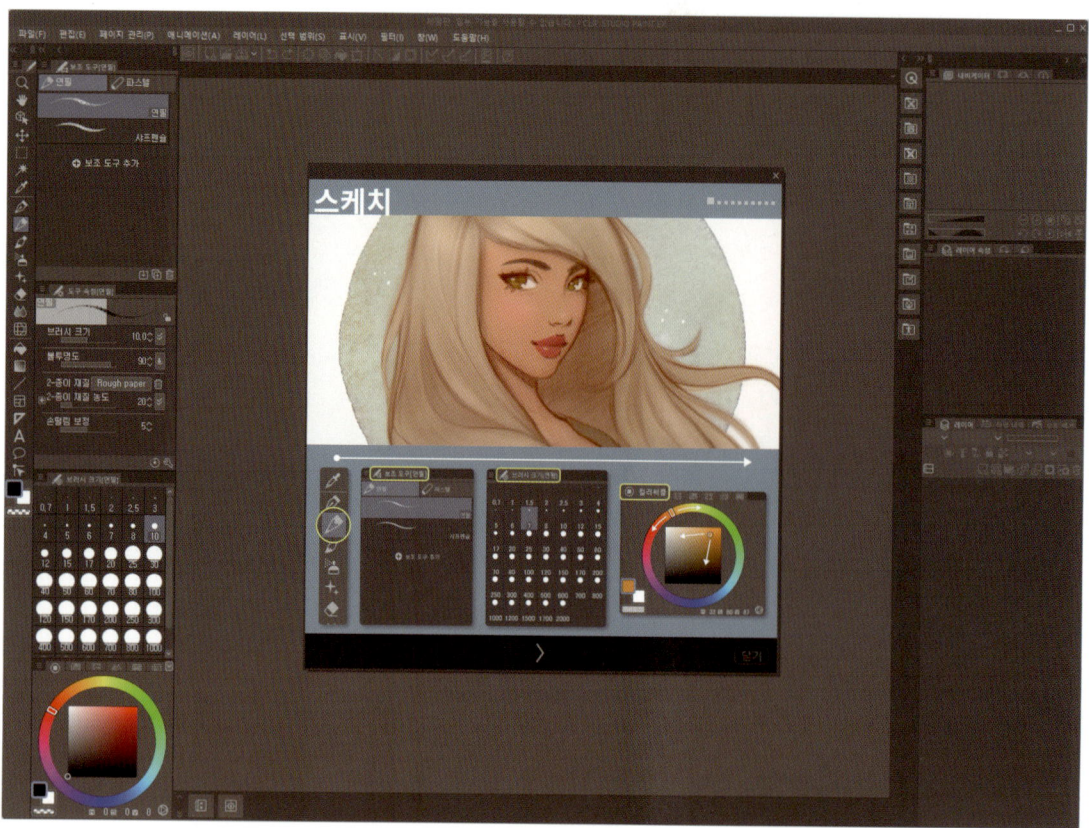

SECTION. 06 클립스튜디오의 인터페이스

이번 시간에는 클립스튜디오의 인터페이스에 대해 알아보겠습니다. 클립스튜디오는 클립스튜디오 페인트와 달리 실제 그림 그리는 역할을 하지는 않습니다

그래서, 클립스튜디오 페인트(ClipStudio Paint) 나 클립스튜디오 모델러(ClipStudio Modeler)에 비해 관심이 덜한 앱이기도 합니다. 하지만 의외로 도움이 되는 정보들이 많습니다. 하나씩 살펴봅시다.

❶ 로그인 영역

클립 스튜디오에 가입한 아이디로 로그인할 수 있습니다. 로그인을 하지 않아도 페인트의 기본적인 기능은 사용이 가능하지만, 로그인을 해야 로그인 보너스나 동기화 등 편리한 기능을 사용할 수 있으므로 로그인을 해 두시는 것을 권해드립니다.

▲ 로그인 전 화면입니다.

❷ PAINT

실제 웹툰 원고를 만들 수 있는 클립스튜디오 페인트(ClipStudio Paint)를 실행할 수 있는 버튼입니다.

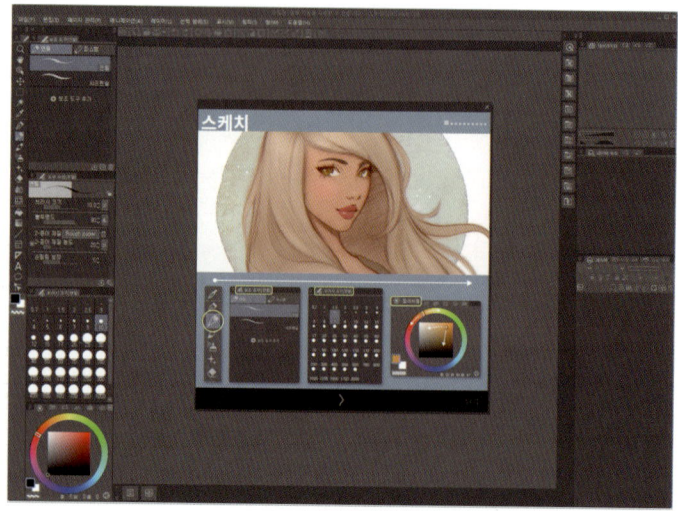

❸ MODELER

3D 소재를 만들고 관리할 수 있는 클립스튜디오 모델러(ClipStudio Modeler)를 실행할 수 있는 버튼입니다.

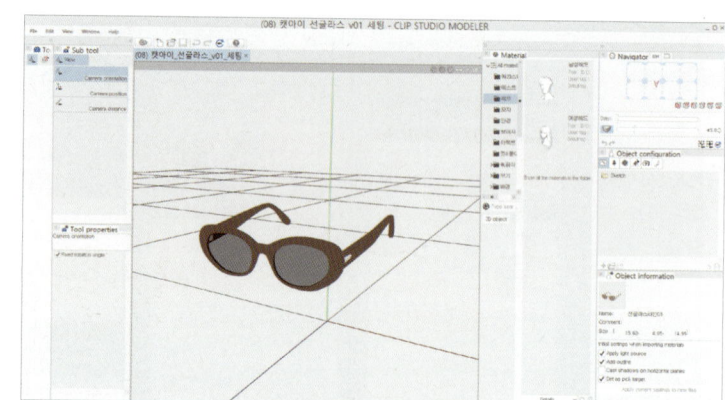

❹ 관리

클립스튜디오 페인트에 관련된 다양한 요소를 관리하는 카테고리입니다. 클립스튜디오 구매, 활성화 등의 인증 관리와 함께, 작업한 원고 및 소재를 관리할 수 있는 편리한 곳입니다.

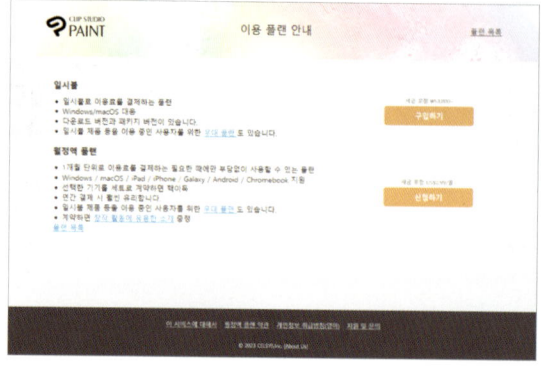
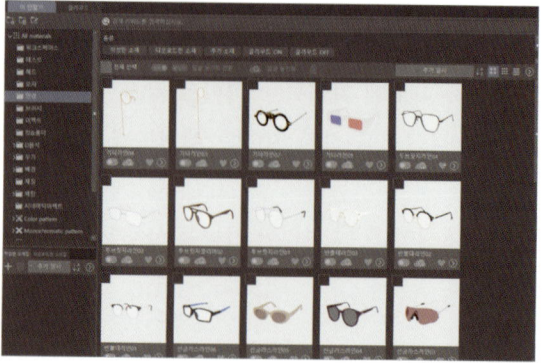

❺ 캠페인

셀시스(CELSYS)에서 운영하는 캠페인을 볼 수 있는 곳입니다. 로그인 서비스에서는 ASSET에서 유료 소재를 다운받을 수 있는 CLIPPY 통화를 얻을 수 있습니다.

❻ 서비스

사용법, 튜토리얼, 어셋 등 편리한 정보를 얻을 수 있는 곳입니다. 알아두면 유용한 정보가 무료로 제공되며, 소재를 얻을 수 있는 어셋도 있습니다. 실력을 키울수 있는 좋은 공간이므로 체크해 두세요.

소재를 다운받을 수 있는 ASSET은 50쪽 CLIPSTUDIO ASSETS 소개에서 다룰 예정입니다.

❼ 출력 공개

동인지 및 이북 포맷인 EPUB 방식으로 출력할 수 있는 곳입니다. 이북 위주의 시스템으로 웹툰 위주의 국내에서는 큰 의미는 없을 듯 합니다. 해외 진출이나 출판만화를 고려하고 계신다면 참고하세요.

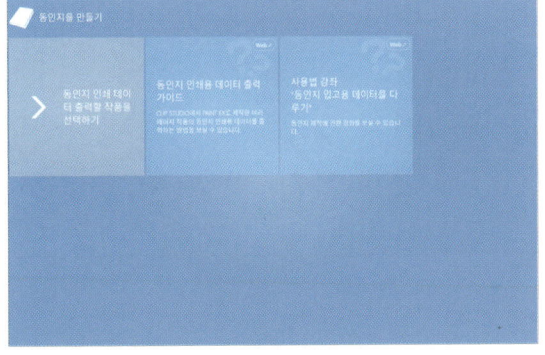

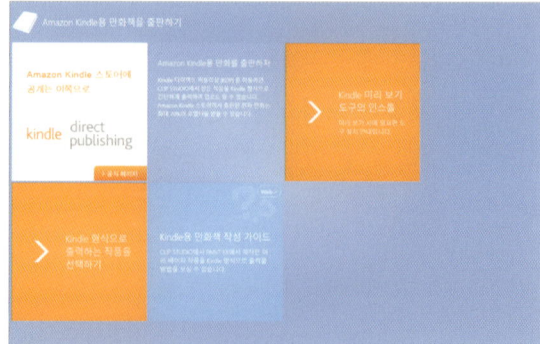

❽ 공지

클립스튜디오를 실행했을 때 가장 먼저 보이는 화면입니다. 클립스튜디오 페인트(ClipStudio Paint)의 다양한 정보를 한 눈에 볼 수 있습니다.

Unit 01 2.0 CLIPSTUDIO ASSETS 소개

■ CLIPSTUDIO ASSETS란?

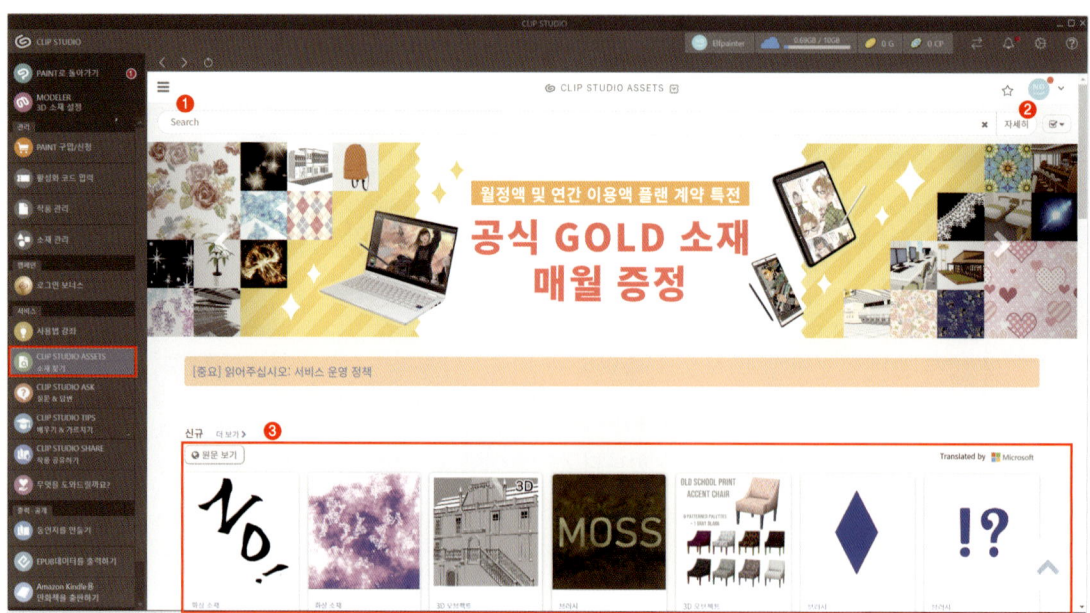

▲ 클립스튜디오_어셋_메인 페이지

클립스튜디오에 익숙해질수록 자주 사용하게 되는 어셋 공간입니다. 클립스튜디오 사용자들이 업로드한 다양하고 유용한 소재들이 올라와 있고, 다운로드 받아 사용할 수 있습니다. 무료, 유료 소재가 있습니다. 무료 소재라고 해도, 무료라고 믿을 수 없을만큼 퀄리티가 좋은 소재가 많기도 하고, 가끔 유료 소재가 무료로 풀리기도 하므로, 종종 살펴보시기 바랍니다.

❶ 검색해보자!

원하는 소재를 찾는 가장 좋은 방법은 검색하는 것입니다. 검색창에 원하는 내용을 검색해봅시다.

❷ 자세히 버튼을 눌러보자!

클립스튜디오 어셋에는 매우 매우 많은 소재가 있습니다. 그래서 원하는 걸 쉽게 찾기 힘든 경우가 많습니다. 이때, 검색 창 옆, 자세히 버튼을 누르면 말풍선, 브러시, 워크스페이스 등 다양한 카테고리를 확인하고 선택할 수 있어 편리합니다.

지나치기 쉽지만, 매우 유용한 버튼이므로 꼭 활용하시기 바랍니다.

❸ 썸네일을 눌러보자!

다양한 사용자가 올린 소재들은 썸네일을 통해 매력을 엿볼 수 있습니다. 마음에 드는 썸네일을 발견하면 눌러봅시다. 디테일한 설명을 볼 수 있습니다.

❹ 다운받아보자!

마음에 드는 소재를 발견하셨나요? 오른쪽 위에 빨간색 다운로드 버튼을 클릭해 다운로드 받습니다. 다운받은 소재는 클립스튜디오 페인트(ClipStudio Paint)의 소재 폴더 안 Download 폴더에서 찾을 수 있습니다.

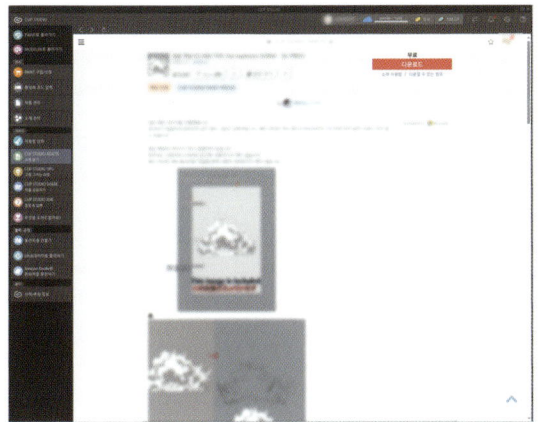
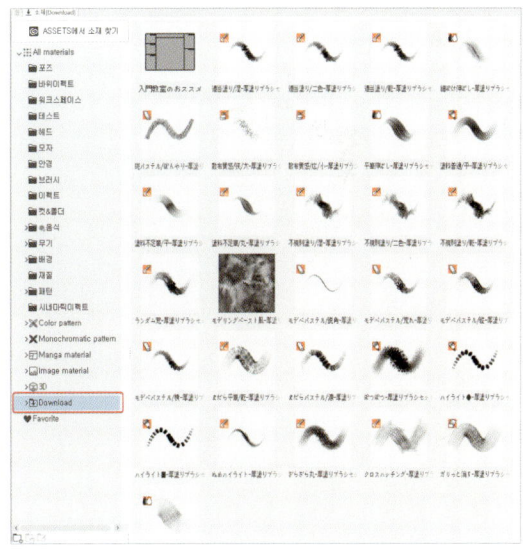

SECTION. 07 (팁) 클립스튜디오 배색 테마 변경하기

클립스튜디오의 배색 테마는 첫 설치시 짙은 회색입니다. 하지만, 사람에 따라 밝은 색을 선호하는 사람도 있습니다.

필자는 밝은 색 배경이 좋아, 클립스튜디오를 처음 설치하면 가장 먼저 컬러부터 변경하는 편입니다. 취향에 맞게 화면 색상을 바꿔봅시다.

■ 변경 방법

메뉴 → 파일 → 환경 설정을 선택해 환경 설정 창을 엽니다.

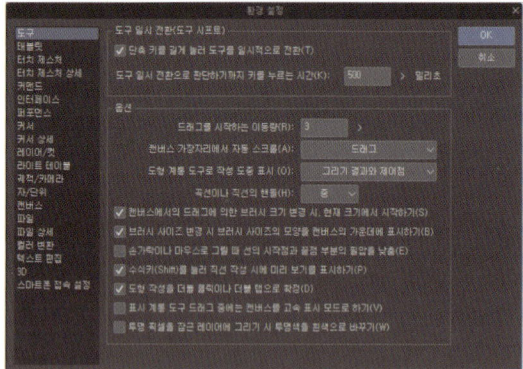

▲ 환경 설정_기본 화면_짙은 색

인터페이스 탭을 선택합니다.

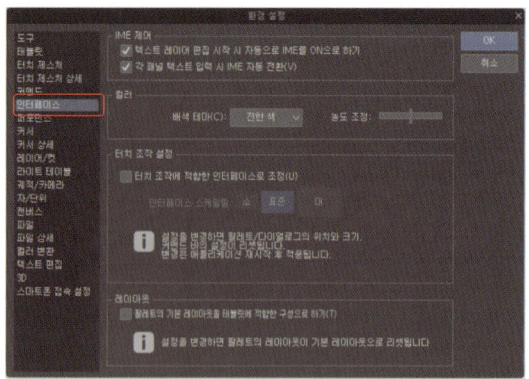

컬러 – 배색 테마에서 '연한 색'을 선택하면 밝은 색으로 변경됩니다.

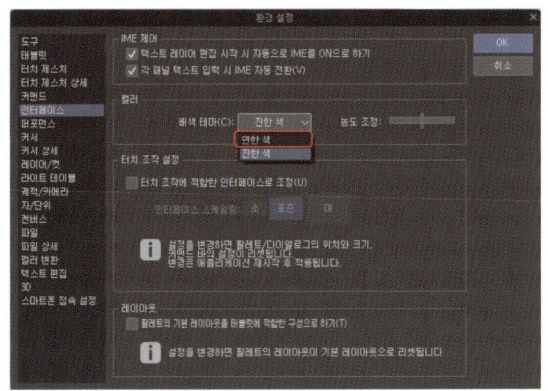 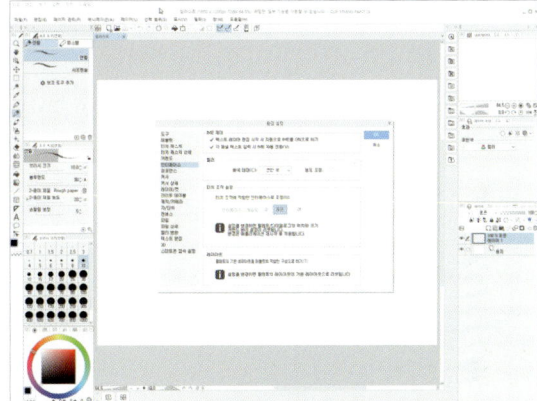

배색 테마 메뉴 오른쪽의 '농도 조정'을 통해 밝은 정도, 진한 정도를 변경할 수 있습니다.

> **(i) Info**
>
> 그 외에 다양한 설정 변경을 통해, 원활한 작업 환경을 만들 수 있습니다. 자세한 내용은 62쪽 환경 설정 창 항목을 참고하세요.

SECTION. 08 클립스튜디오 페인트의 인터페이스

클립스튜디오페인트를 실행하면 다음과 같은 화면이 보입니다.

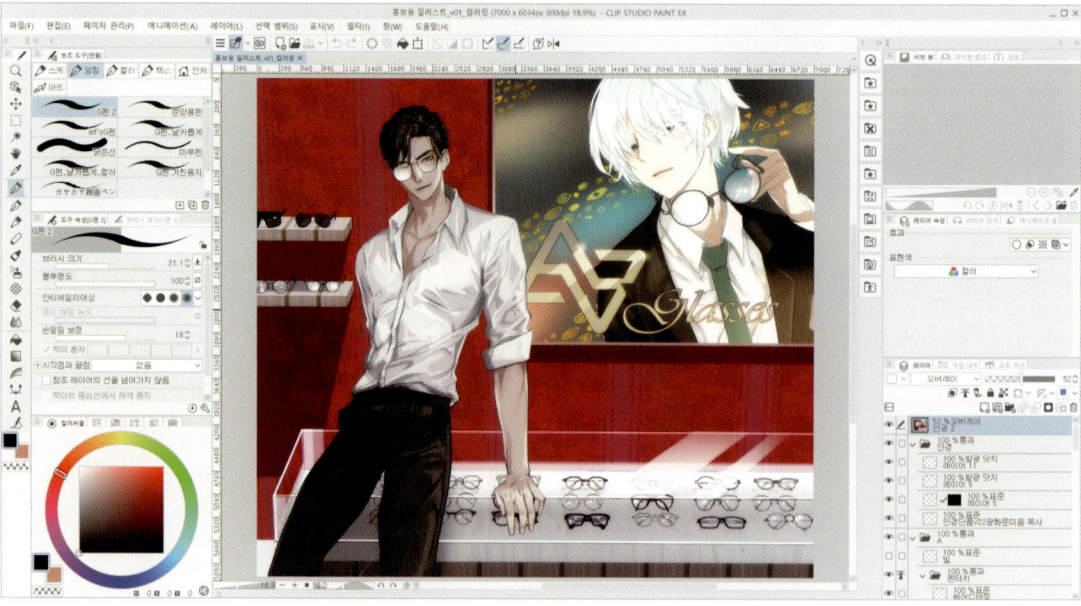

클립스튜디오의 창들은 팔레트라고 부릅니다. 각각의 팔레트는 웹툰 작업에 유용한 다양한 것들을 담고 있습니다. 자주 사용하는 팔레트 중심으로 간단히 살펴봅시다.

❶ 캔버스 영역

실제 그림을 그리는 영역입니다. 탭 기능을 이용해서, 여러 이미지를 선택해가며 작업할 수 있습니다. 하단에는 이미지의 크기와 각도 등을 조정할 수 있는 바가 있습니다.

❷ 툴 팔레트 영역

인터페이스의 왼쪽에는 툴 팔레트가 있습니다. 작업에 필요한 브러시 등의 툴을 사용할 수 있습니다.

❸ 도구 속성 팔레트

도구의 속성을 조절할 수 있는 도구속성 팔레트입니다. 사용하는 도구에 따라 보이는 속성이 달라집니다.

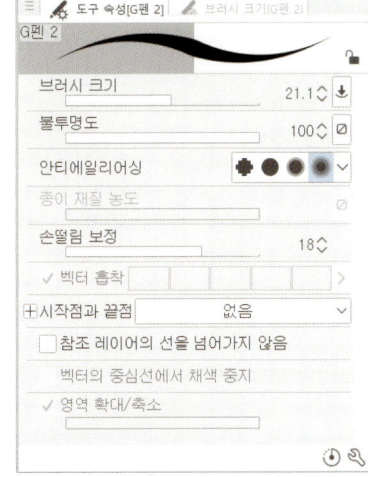

❹ 컬러 써클 팔레트

색상을 조절하는 컬러써클 팔레트입니다. 색상환이 포함되어 있어 쉽게 색상을 선택할 수 있습니다.

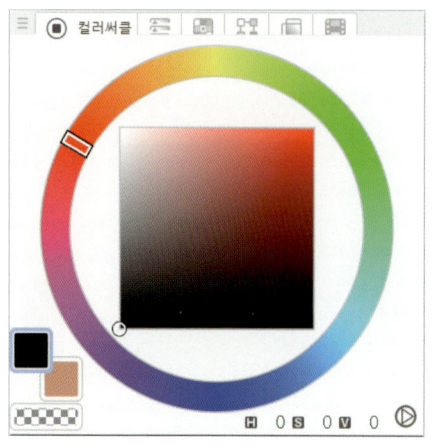

❺ 네비게이터 팔레트

캔버스의 전체화면을 살펴볼 수 있는 팔레트입니다. 캔버스에서는 부분에 집중하면서, 네비게이터 팔레트를 통해 전체 균형을 파악할 수 있습니다.

❻ 레이어 속성 팔레트

레이어의 속성을 결정할 수 있는 팔레트입니다. 사진을 흑백으로 바꾸는 등의 작업을 할 수 있습니다.

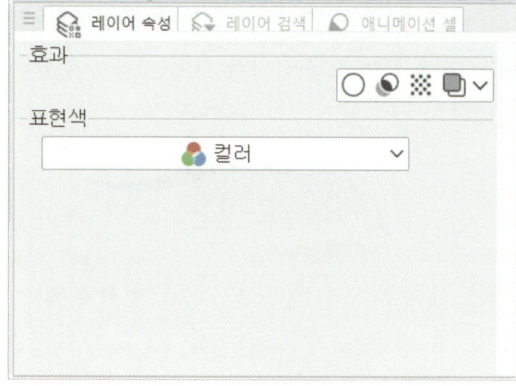

❼ 레이어 팔레트

인터페이스의 오른쪽에는 레이어 팔레트가 있습니다. 여기서는 레이어를 관리하고, 새로운 레이어를 만들거나, 이름을 변경할 수 있습니다.

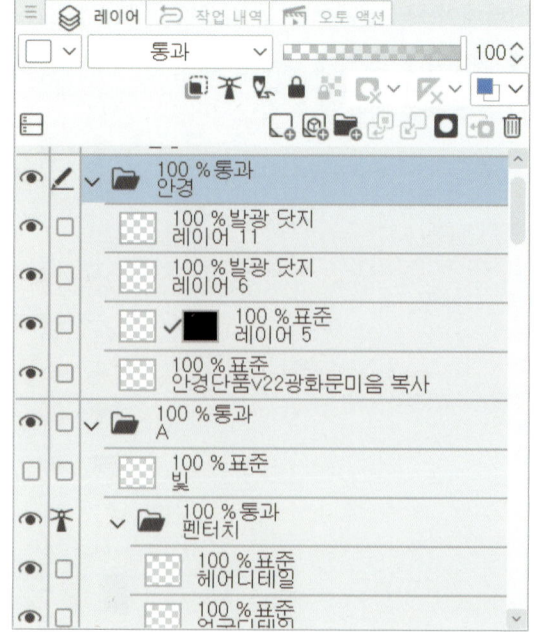

❽ 작업 내역 팔레트

지금까지 진행한 내역을 기록한 팔레트입니다. 작업이 잘못 되었을 경우, 이전의 작업을 선택해 되돌릴 수 있습니다.

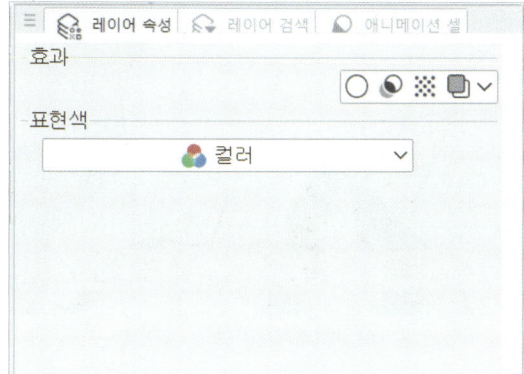

되돌리는 횟수는 64쪽~65쪽 환경 설정 창의 퍼포먼스 탭 실행 취소 항목에서 조정할 수 있습니다.

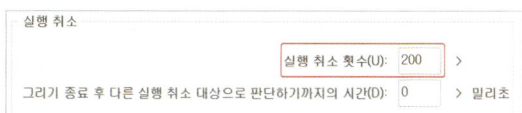

❾ 소재 폴더

클립스튜디오는 외부의 2D, 3D 소재를 보관해 두고 필요할 때 꺼내어 쓸 수 있습니다. 이러한 소재는 소재 폴더에서 관리하게 됩니다.

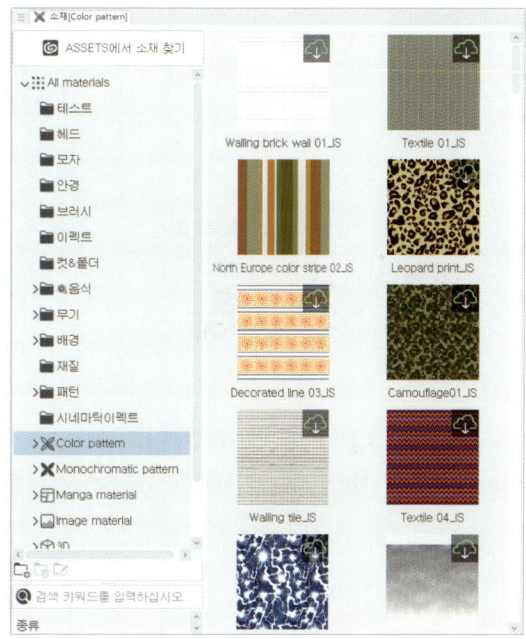

❿ 그 외

여기서 언급한 팔레트 이외에도 많은 팔레트가 있습니다. 하나씩 살펴보고, 기능을 익혀보시기 바랍니다

Unit 01 (팁) 선택 영역 런처

> ⓘ **Info** 선택 영역 런처란?
>
> 선택 영역을 만들면, 영역 아래에 툴바가 보이는 것을 알 수 있습니다. 이 툴바를 선택 영역 런처라고 합니다. 선택 영역에 관련된 다양한 기능이 있으므로, 빠르게 원하는 작업이 가능합니다.

■ 선택 영역 런처 사용하기

선택 영역 런처는 선택 영역을 만들면 그 아래에 표시됩니다. 선택 영역은 선택 영역 안에서 할 수 있는 다양한 기능을 수행합니다.

각 런처에 마우스를 올리면, 기능이 표시되므로 손쉽게 기능을 파악할 수 있습니다.

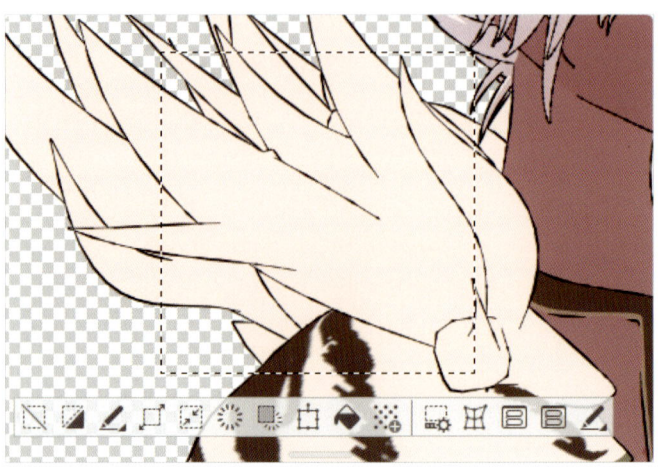

▲ 선택 영역_런처표시

■ 선택 영역 런처 기능 추가하기

선택 영역 런처는 원하는 기능을 추가할 수 있어 편리합니다. 런처에서 마우스 우클릭 → 선택 범위 런처 설정을 선택합니다.

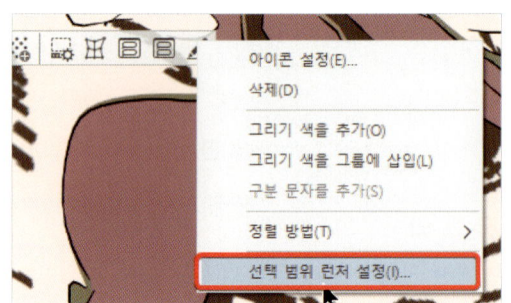

선택 영역 런처 설정 창이 열립니다. 이 창을 통해 선택 영역 런처에 다양한 기능을 추가할 수 있습니다. 필자는 '화상 소재 등록'을 등록해 편리하게 사용중입니다.

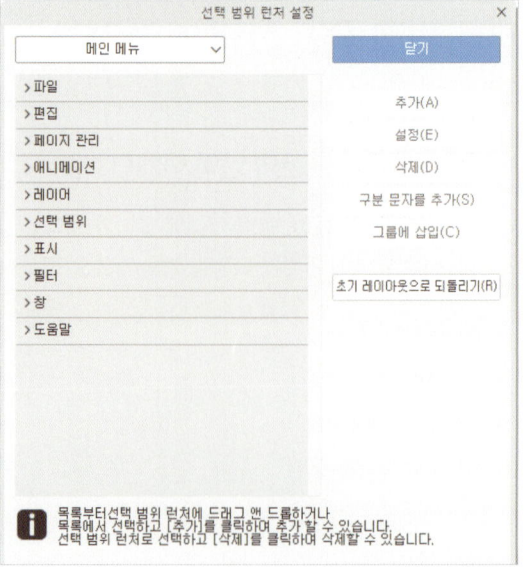

SECTION. 09 사용하기 편하도록 설정 변경하기

클립스튜디오 페인트는 사용하기 편하도록 다양한 설정변경이 가능합니다.

클립스튜디오의 창들은 팔레트라고 부릅니다. 각각의 팔레트는 웹툰 작업에 유용한 다양한 것들을 담고 있습니다. 자주 사용하는 팔레트 중심으로 간단히 살펴봅시다.

■ 메뉴별 기능 소개

각 메뉴별 기능은 다음과 같습니다.

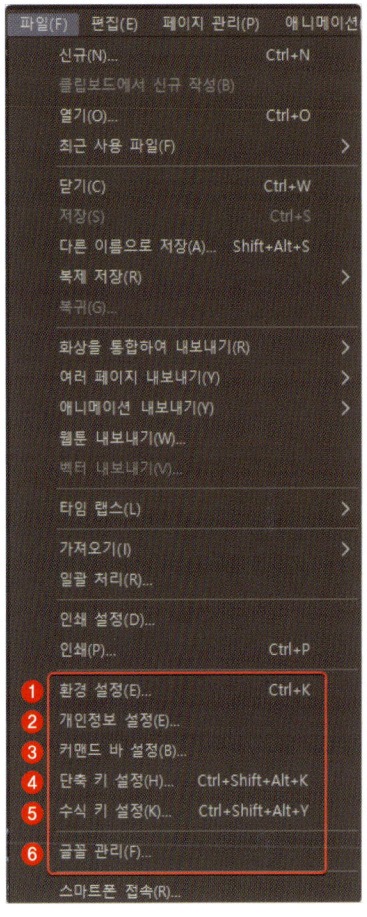

종류	기능
❶ 환경 설정	태블릿 설정, 퍼포먼스, 화면 배색 등 기본적인 작업 환경을 설정합니다.
❷ 개인정보 설정	작업시 오류 등의 정보를 CELSYS에 보낼지 여부를 결정합니다.
❸ 커맨드 바 설정	작업 환경 상단의 커맨드 바를 설정합니다.
❹ 단축키 설정	전반적인 단축키를 설정합니다.
❺ 수식 키 설정	Ctrl, Alt, 마우스 휠 등 특수키들의 작업을 설정합니다.
❻ 글꼴 관리	사용할 글꼴을 선택합니다. ttf/otf/zip을 지원합니다.

❶ 환경 설정 창

태블릿 설정, 퍼포먼스, 화면 배색 등 기본적인 작업 환경을 설정합니다.

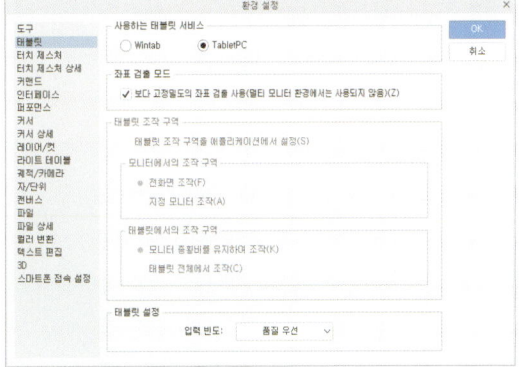

❷ **개인정보 설정 창**
작업시 오류 등의 정보를 CELSYS에 보낼지 여부를 결정합니다.

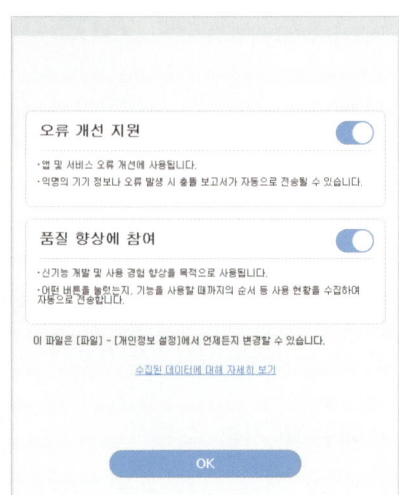

❸ **커맨드 바 설정 창**
작업 환경 상단에 있는 커맨드 바의 내용을 설정합니다.

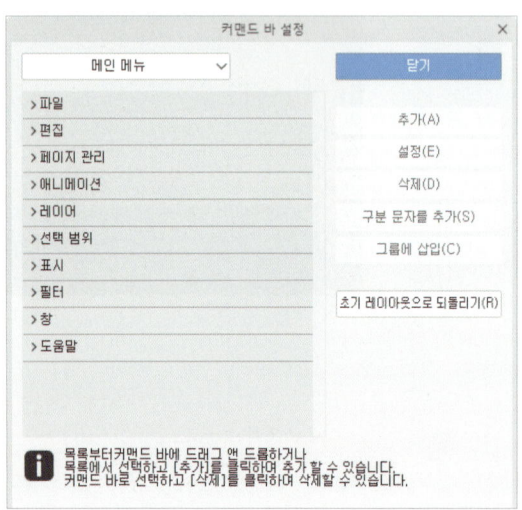

❹ 단축키 설정 창

전반적인 단축키를 설정합니다.

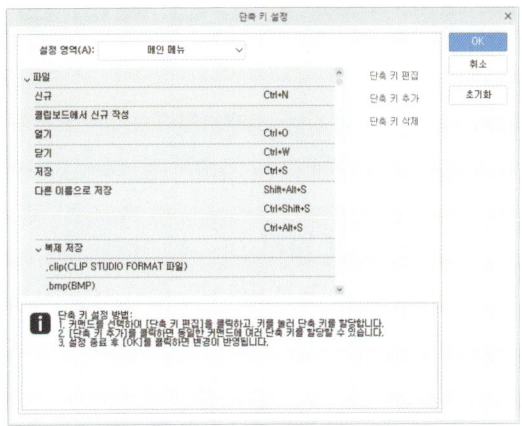

❺ 수식키 설정 창

Ctrl, Alt, 마우스 휠 등 특수키들의 작업을 설정합니다.

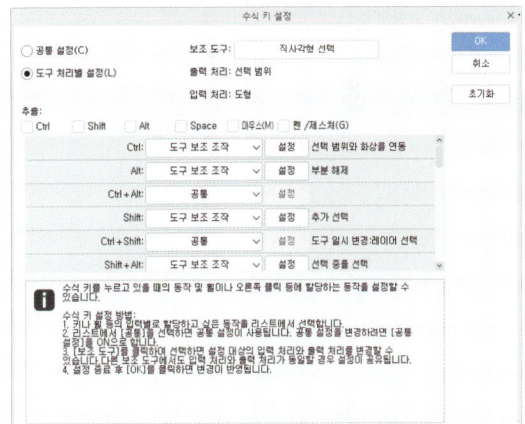

❻ 글꼴 관리 창

사용할 글꼴을 선택합니다. ttf/otf/zip을 지원합니다. 자세한 내용은 129쪽 클립스튜디오 폰트 설치하기를 참고하세요.

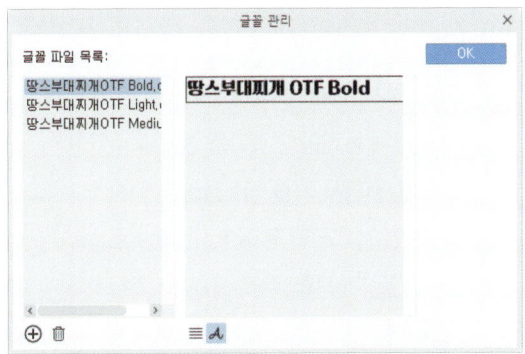

SECTION. 10 환경 설정 창

앞서 다양한 설정 창을 소개하였습니다. 그중 가장 많이 사용하는 것은 아무래도 환경 설정 창입니다. 환경 설정 창에 대해 좀 더 자세히 설명하도록 하겠습니다.

■ 환경 설정 창 열기

단축키 [Ctrl] + [K]를 누르거나 메뉴에서 파일 → 환경 설정을 선택합니다.

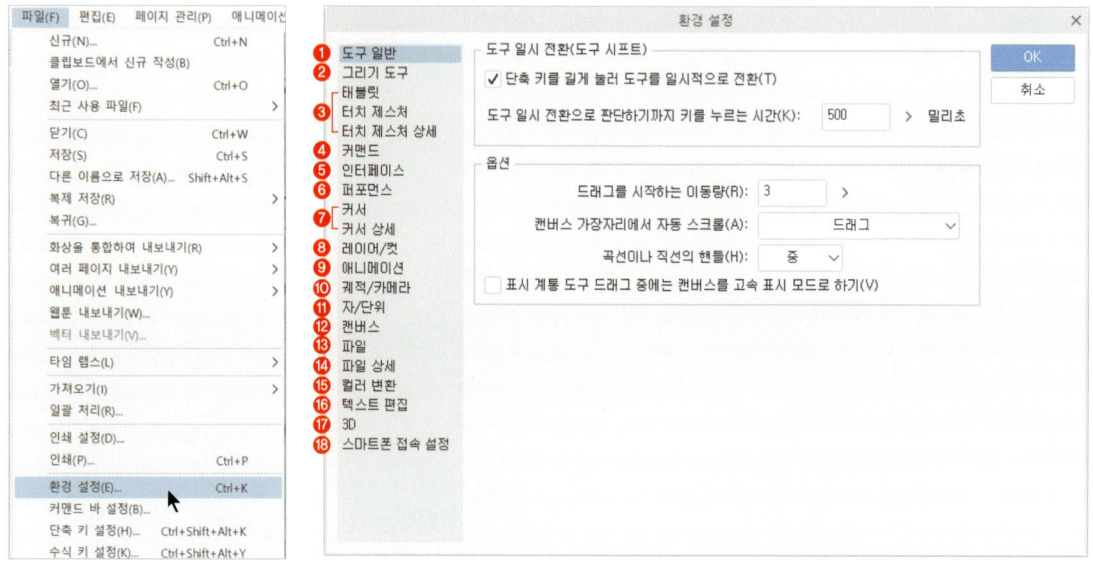

다양한 옵션들이 보입니다. 각 항목에 대해 알아봅시다.

❶ 도구 탭

도구 탭에는 도구 팔레트의 다양한 기능을 조정할 수 있습니다.

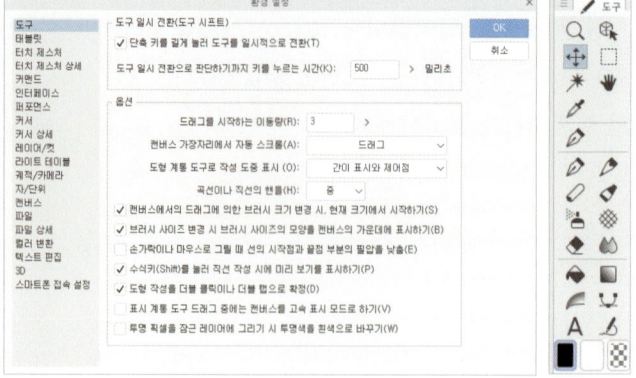

- **도구 일시 전환**: 클립스튜디오는 여러 도구에 동일한 단축키를 적용할 수 있으며, 전환시 키를 꾹~ 눌러서 전환할 수 있습니다. 단축 여부 및 꾹 누르는 시간을 조정할 수 있습니다. 기본은 500밀리초(0.5초) 입니다.

- **옵션**: 그 외 다양한 옵션을 지원합니다. 꽤 종류가 많으므로 직접 살펴보세요.

❷ 타블렛 탭

타블렛 설정을 변경하는 탭입니다. 보통 한번 세팅하면 다시 볼 일이 없는 탭입니다. 다만 모바일 작업과 데스크탑 작업을 병행하는 사람에게는 종종 필요한 탭이기도 합니다.

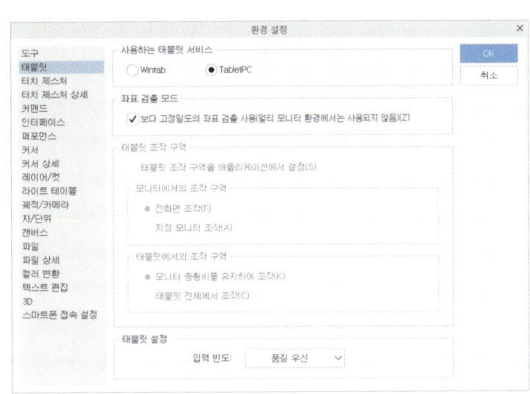

- **사용하는 타블릿 서비스**: 타블렛 환경을 설정할 수 있습니다.
- **좌표 검출 모드**: 체크하면 좌표 검출 밀도를 높일 수 있습니다.
- **타블렛 조작 구역**: 타블렛이 동작하는 범위를 조정할 수 있습니다.
- **타블렛 설정**: 컴퓨터 사양에 따라 품질 및 속도를 선택할 수 있습니다.

> 🔥 **Tip** 타블렛 동작이 이상할 경우!
>
> PC와 모바일 환경을 오가다보면 가끔 타블렛이 동작하지 않는 경우가 있습니다. 이 때 타블렛 서비스를 바꿔보면 되는 경우가 종종 있습니다. 이유는 모르겠지만!

❸ 터치 제스처 & 상세 탭

일부 타블렛은 화면을 손가락으로 터치해서 기능을 실행하는 '터치 제스쳐' 기능을 사용할 수 있습니다. 터치 제스처 및 상세 탭은 해당 기능에 대한 기능을 조정할 수 있습니다.

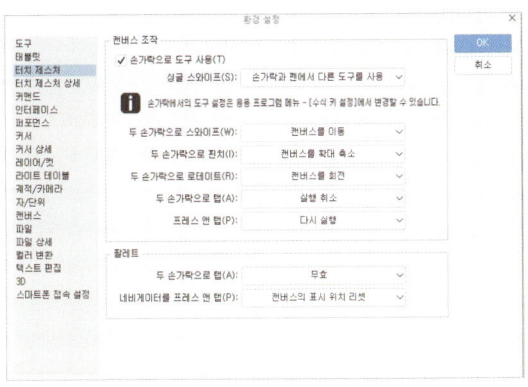 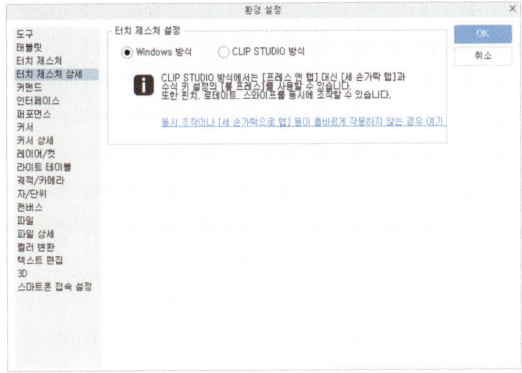

❹ 커맨드 탭

커맨드 기능을 어떤 식으로 적용할지에 대한 설정을 할 수 있습니다.

❺ 인터페이스 탭

전체 인터페이스에 대한 사항을 설정할 수 있습니다. 화면 배색이나, 터치조작, 레이아웃 등을 설정 가능 합니다. 일본에서 만든 프로그램이라 영문 프로그램에서는 잘 지원하지 않는 IME 설정 등이 눈에 띕니다.

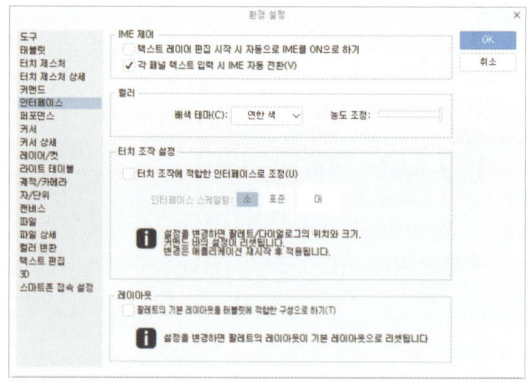

 **Tip**

화면 배색 변경에 대한 자세한 설명은 52쪽 (팁) 클립스튜디오 배색 테마 변경를 참고하세요

❻ 퍼포먼스 탭

성능을 어느 정도 높일지 설정하는 부분입니다. 성능을 높일수록 작업하기 좋지만, 컴퓨터가 힘들 수 있으므로 자신 컴퓨터의 사양에 맞게 설정합니다.

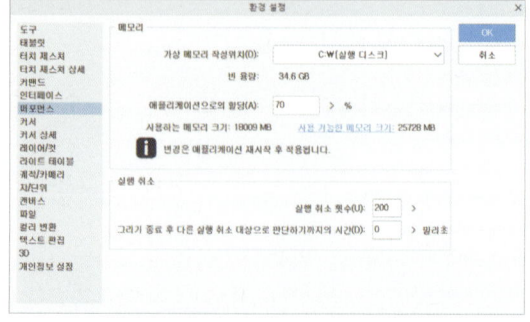

- **가상 메모리 작성위치**: 자원을 자주 사용하지 않는 자료용 드라이브를 선택하는 것이 좋습니다.
- **애플리케이션으로의 할당**: 클립스튜디오에 메모리를 얼마나 할당할지 정하는 부분입니다. 클수록 좋지만, 스케치업이나 포토샵 등 다른 프로그램과 함께 사용하실 경우에는 적정수준으로 맞추시는 것이 좋습니다.

- **실행 취소**: 실행 취소 횟수를 결정합니다. 클수록 실수에 더 잘 대응할 수 있지만, 메모리 사용이 커집니다. (작업 파일 용량에 따라 달라집니다)

❼ 커서 & 커서 상세 탭

커서 & 커서 상세탭은 커서의 모양이나 크기 등을 조절할 수 있는 탭입니다.

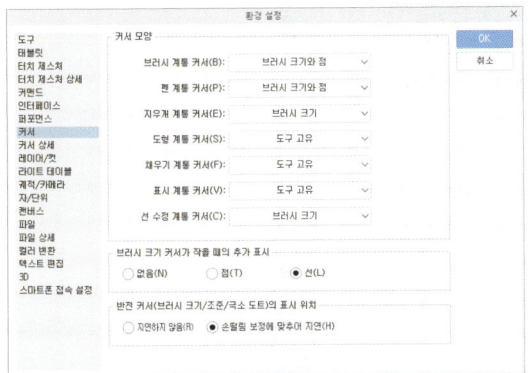 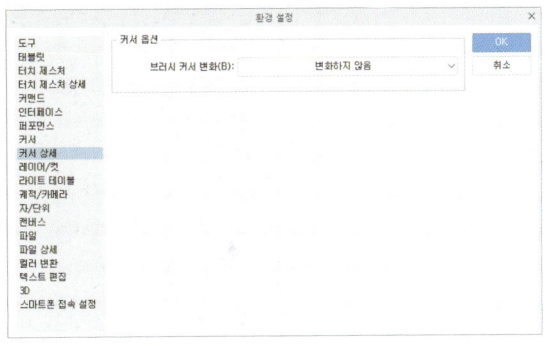

상당히 다양한 종류를 선택할 수 있습니다.

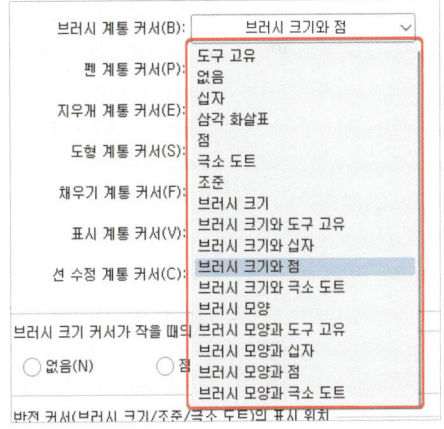

❽ 레이어/컷 탭

레이어/컷 탭은 레이어의 다양한 속성을 결정하는 곳입니다. 자신만의 작업프로세스를 위해 조정할만한 부분이 많은 편입니다.

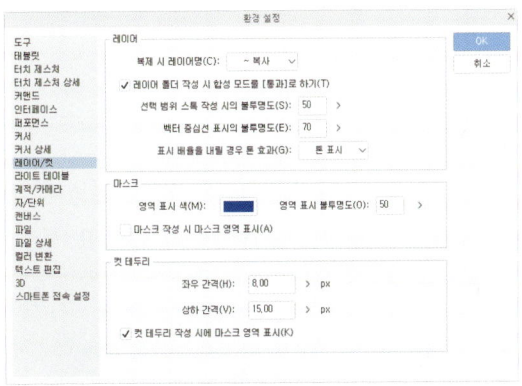

- **복제시 레이어명**: 레이어를 복제할 때 뒤에 붙는 용어를 설정하는 부분입니다. '복사'라고 붙는 것이 거슬리셨던 분들은 수정하시면 스트레스를 줄일 수 있습니다.
- **마스크 영역 표시색**: 마스크의 색상을 변경할 수 있습니다.
- **컷 테두리**: 기본 컷 테두리 크기를 조절할 수 있습니다.

❾ 라이트 테이블 탭

애니메이션 기능에 사용되는 환경 설정입니다. 이전 장면의 투명도를 조절할 때 사용합니다.

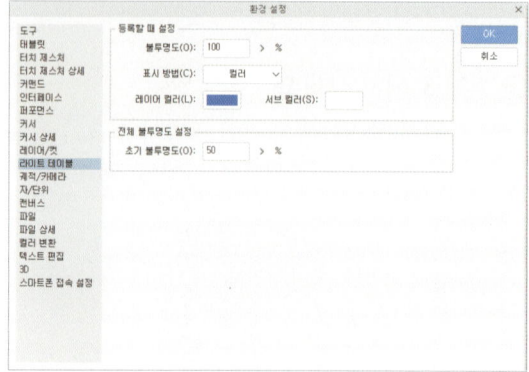

❿ 궤적/카메라 탭

라이트 테이블과 마찬가지로, 애니메이션 기능에 필요한 설정입니다.

⓫ 자/단위 탭

스냅, 그리드, 등의 색상과 길이 단위를 설정하는 탭입니다.

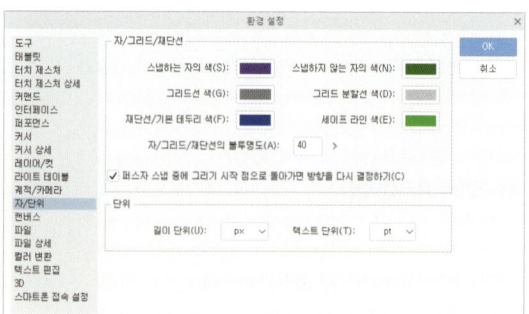

⓬ 캔버스 탭

캔버스의 속성을 설정하는 탭입니다. 투명격자의 색상, 표시 배율, 디스플레이 해상도 등을 설정할 수 있습니다.

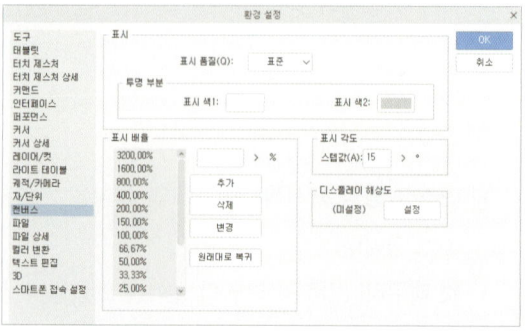

⑬ 파일 탭

작업 파일을 설정하는 설정탭입니다. 설정을 자신에게 맞게 조정하면 편리한 곳입니다. 셀시스(CELSYS)사의 다른 프로그램 파일 가져오기 설정 등도 가능합니다.

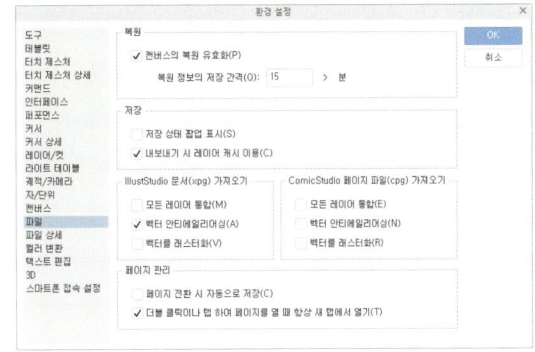

⑭ 파일 상세 탭

PNG 압축 레벨 및 버전 정보 관련 탭입니다. 다른 버전의 클립스튜디오를 사용하는 사람과 공동 작업할 경우 '버전 호환 정보 저장'을 저장으로 세팅하는 것이 좋습니다.

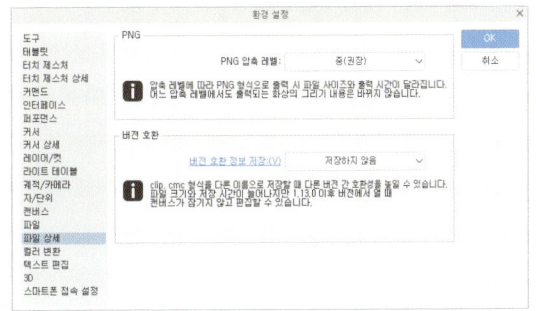

⑮ 컬러 변환 탭

화면 색상을 통일 및 출력을 위한 프로파일을 조절할 수 있습니다. 단행본 제작이 진행될 경우, 미리 확인해야 하는 설정입니다.

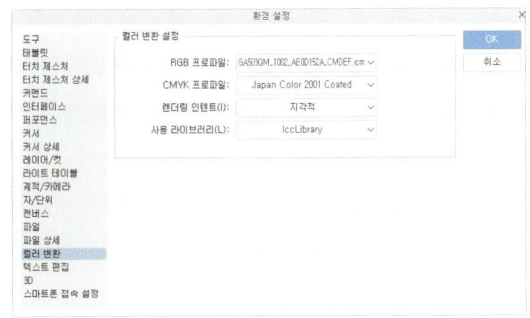

⑯ 텍스트 편집 탭

텍스트 편집에 관한 설정을 조절할 수 있습니다. 웹툰 작업 특성상 텍스트를 입력할 일이 많습니다. 미리 확인하고 설정을 체크해 두는 것이 좋습니다.

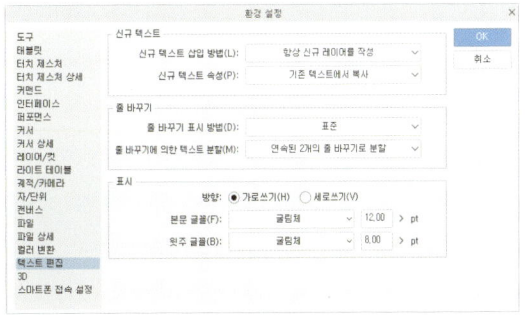

⑰ 3D 탭

3D 기능과 관련된 설정을 조정할 수 있습니다. 포즈 소재 및, 반투명 텍스쳐의 불투명 적용 정도를 조정할 수 있습니다. 편리한 기능이지만 컴퓨터 성능에 영향을 미치는 부분이 많으므로 주의해서 다루어야 합니다.

⑱ 스마트폰 접속 설정 탭

스마트폰을 입력도구로 사용할 수 있는 컴패니언 모드 관련 설정입니다. 특수한 환경이 아니라면, 굳이 사용할 필요는 없습니다.

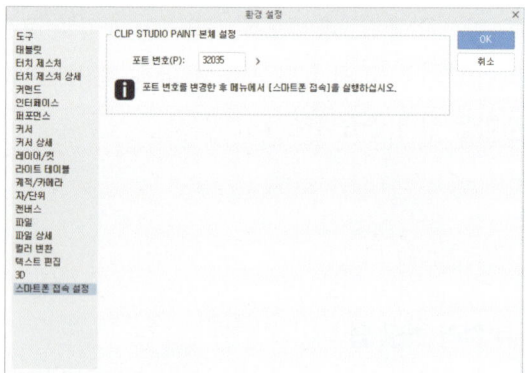

> 🔥 **Tip** 컴패니언 모드 사용하기
>
> 스마트폰을 사용하는 컴패니언 모드에 대한 자세한 설명은 90쪽 스마트폰을 이용한 컴패니언 모드 사용하기를 참고하세요.

SECTION. 11 새 파일 만들기

이번 시간에는 새 CLIP을 만드는 방법을 알아볼 예정입니다.

■ 신규 창

메뉴에서 파일 → 신규 를 선택하거나 단축키 Ctrl + N을 누르면 '신규' 창이 열립니다.

포토샵 등의 툴에 비해 옵션이 많습니다. 클립스튜디오는 일러스트와, 출판만화, 웹툰, 애니메이션 등 다양한 스타일을 작업할 수 있습니다. 하지만, 각 특성에 따라, 조금씩 양식이나 파일 구조가 다릅니다. 그래서, 클립스튜디오에 익숙하지 않은 상태에서는 조금 복잡하게 느껴질 수 있습니다. 각 항목에 대해 천천히 살펴봅시다.

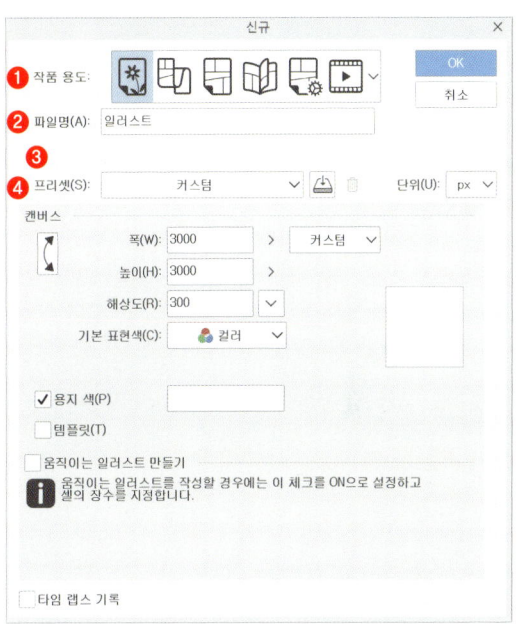

❶ 작품 용도

작품용도는 어떤 스타일의 작업을 할지를 결정하는 부분입니다. 작품용도에 따라 보이는 옵션들이 바뀌게 됩니다.

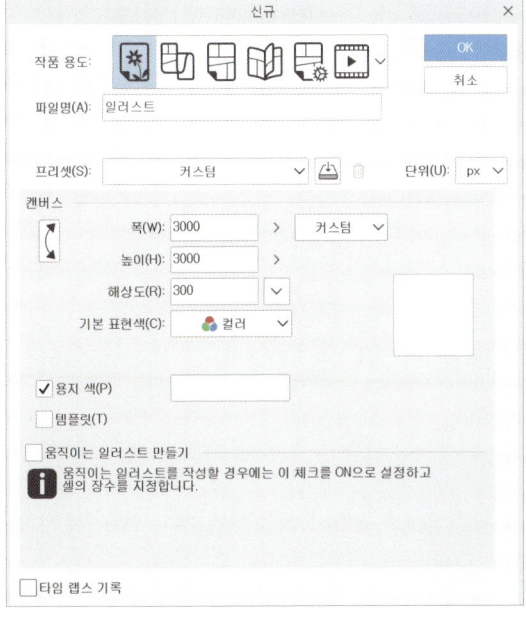

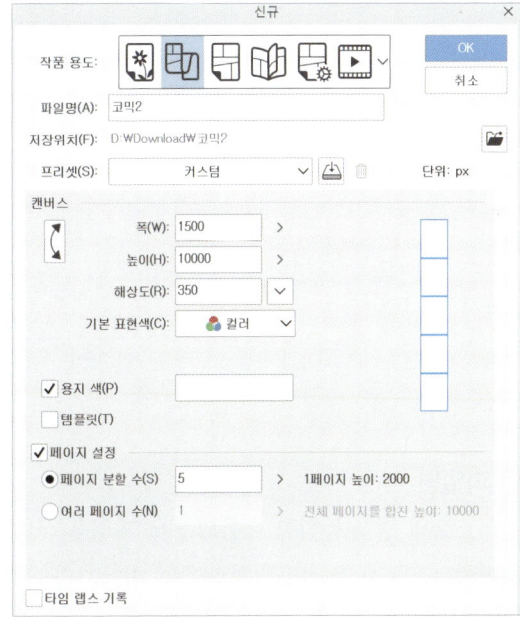

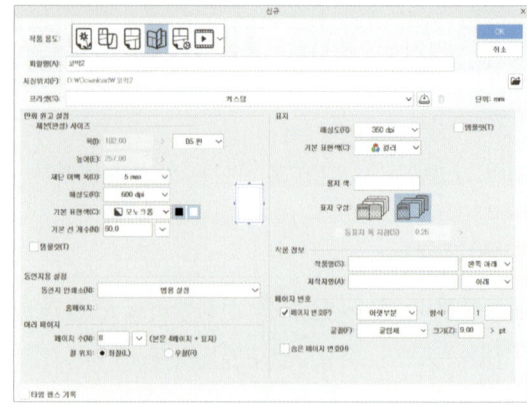
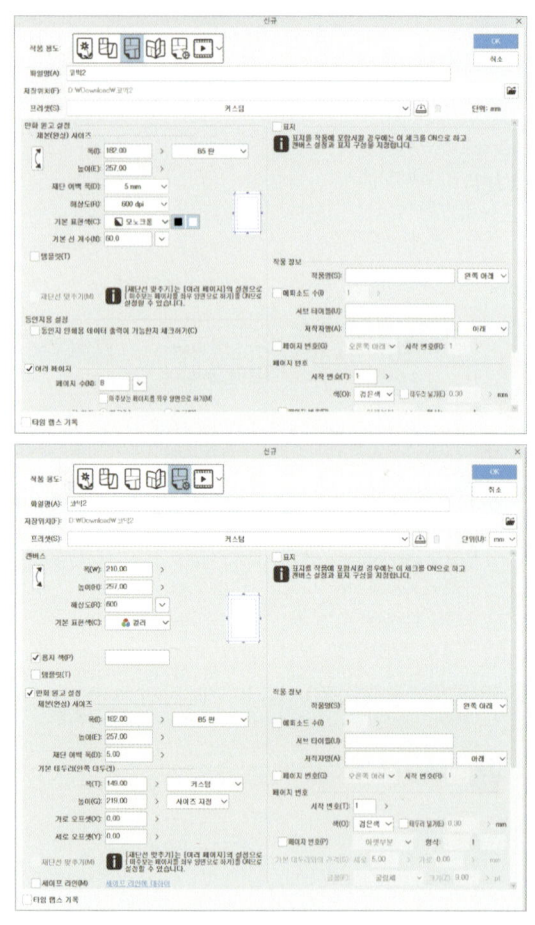
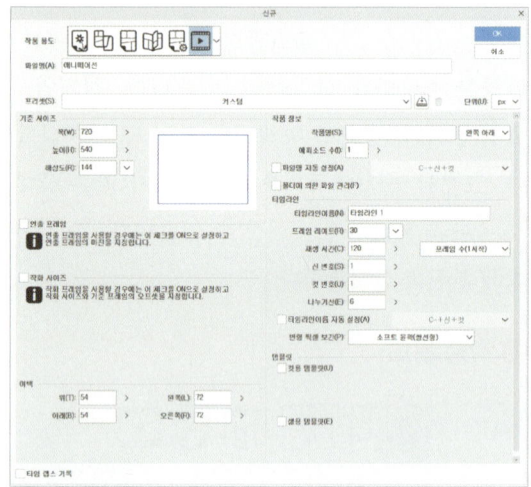

전체 작품 용도는 화살표 아이콘을 클릭해서 확인할 수 있습니다.

이름	용도
일러스트	단일 페이지의 일러스트를 만들 때 사용합니다.
웹툰	여러 페이지 파일로 된 웹툰을 만들 때 사용합니다
코믹	출판 원고를 만들 때 사용합니다
동인지 입고	동인 원고를 만드는 데 사용합니다
모든 코믹 설정 표시	사용할 수 있는 모든 옵션을 보여줍니다
애니메이션	여러 프레임으로 된 애니메이션을 만들 때 사용합니다

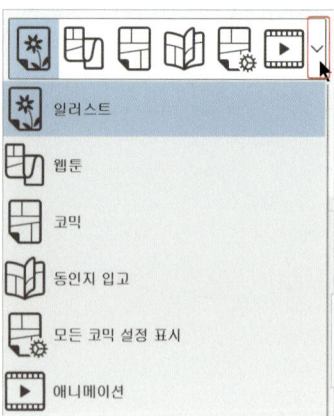

❷ **파일명**

일러스트의 경우 동일한 이름의 clip 파일을, 코믹, 웹툰 등은 cmc 파일이 만들어집니다. 왜 이렇게 만들어지는지는 아래 저장위치와 함께 이야기하도록 하겠습니다.

❸ 저장위치

저장위치에 대해 설명하기에 앞서, 클립스튜디오의 파일 구조에 대해 먼저 이야기를 해야 할 것 같습니다. 클립스튜디오는 원고용과 일러스트용의 파일 구조가 다릅니다.

일러스트용은 하나의 CLIP 파일로 되어 있으며, 작업을 진행하다가 저장하는 방식입니다. 반면, 웹툰, 코믹 등 여러 페이지로 된 작업의 경우, 먼저 폴더를 선택하고, 그 폴더 안에 원고용 CLIP 파일을 여러 개 만들게 됩니다. 그리고 그 CLIP 파일들을 관리하는 CMC 파일이 생깁니다. 저장위치는 이 Clip 파일들과 cmc 파일을 저장하는 폴더이름을 결정하는 곳입니다. 그래서, 일러스트에서는 보이지 않습니다. 미리 파일위치를 정한다는 것이 조금 번거롭긴 합니다. 클립스튜디오 특유의 방식이므로, 익숙해지는 것이 좋습니다.

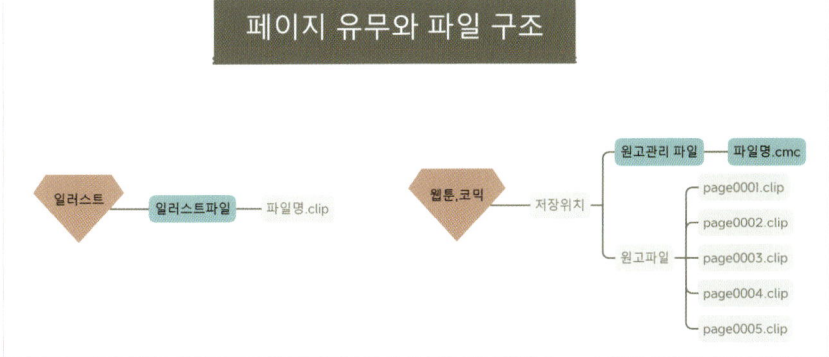

 Tip 기존 파일 원고에 합치기

만약 원고의 일부를 다른 원고로 합치거나, 그렸던 일러스트 등을 넣을 경우에는 이러한 구조가 불편할 수 있습니다. 다행히 클립스튜디오의 원고관리 과정에서 외부의 파일을 가져올 수 있는 기능이 있습니다.

❹ 프리셋

다양한 세팅을 제공하고 있으며, 본인이 자주 사용하는 항목을 저장할 수 있습니다

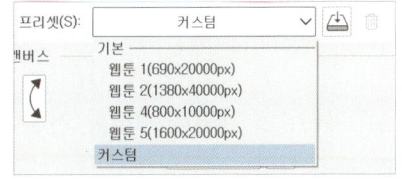

■ 기타 설정

각 속성은 작품용도에 따라 매우 달라집니다. 크기 정도를 제외하면 기본적으로 제공해주는 세팅을 사용하셔도 무방합니다. 자세한 사항은 앞으로 클립스튜디오를 다뤄가며 사용해볼 예정입니다.

SECTION. 12 원고용 파일 준비하기

클립스튜디오는 네이버와 기술 협약을 통해 웹툰 제작에 관련된 기술지원을 늘렸으며, 웹툰용 원고도 지원하고 있습니다. 이번 시간은 클립스튜디오에서 웹툰용 원고를 만들어보도록 하겠습니다.

■ 원고 세팅하기

메뉴에서 파일 → 신규 를 선택하거나 Ctrl + N 을 눌러 신규 창을 엽니다.

작품용도 중 '웹툰'을 선택합니다. 세팅화면이 바뀝니다.

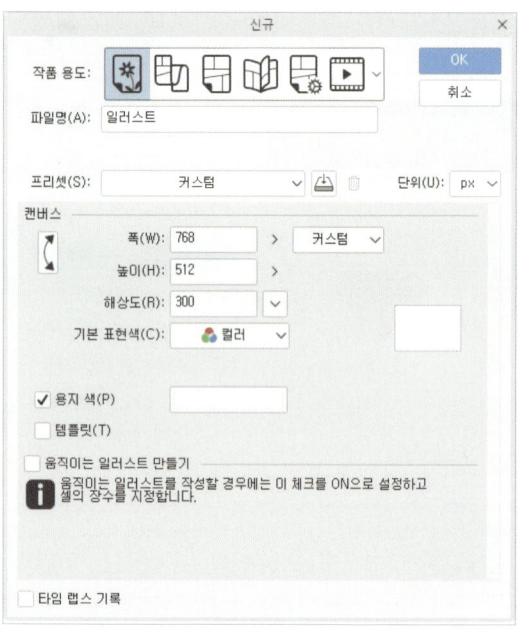
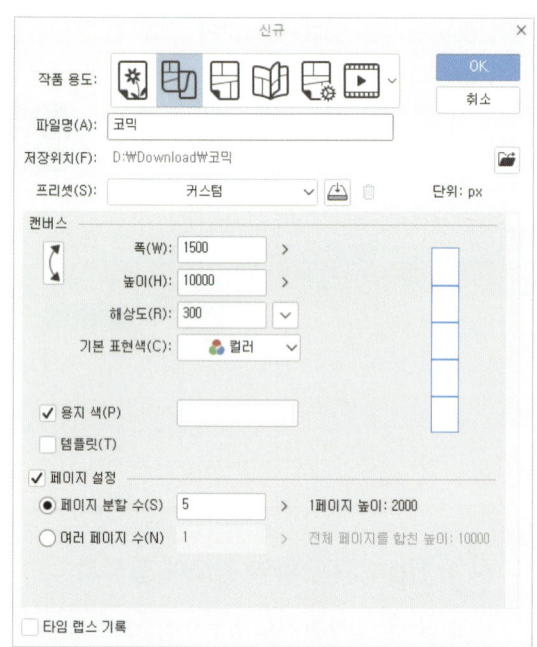

파일명을 설정합니다. 파일을 설정하면 저장위치의 폴더명도 바뀝니다. 일반적인 일러스트와 달리 여러 컷을 이용한 원고타입은 폴더에 몰아서 관리되며 폴더명은 작품명을 따릅니다.

아이콘을 클릭해 적당한 저장위치를 설정합니다.

이제 캔버스를 설정할 차례입니다.

■ 캔버스 설정하기

캔버스 설정 방식은 사용자의 작업 방식에 따라 다릅니다. 우선 전통적인 작업 방법은 하나의 긴 이미지 파일을 만들고, 그곳에 여러 컷을 넣어 추출하는 방식입니다. 이 방법의 장점은 여러 컷을 한번에 관리할 수 있어 편리하지만, 컷이 늘어날 때 번거로울 수 있습니다. 좀더 발전된 방법은 컷별 작업 방법입니다. 과거에는 컷 별로 파일이 만들어져 불편했습니다. 하지만 클립스튜디오의 기능이 업데이트되면서 웹툰 관련 지원이 늘었고, '웹툰 내보내기'라는 여러 컷 파일을 원하는 길이만큼 합쳐서 출력하는 기능이 추가되었습니다. 여기서는 두번째, 즉 최신 방식으로 설명하도록 하겠습니다.

■ 웹툰용 캔버스 크기 설정

웹툰 작업파일 크기 역시 작업자마다 다릅니다. 추천하는 크기는 가로 최소 1500px ~ 3000px, 높이 10000px 해상도 300 페이지 분할 수는 5 정도로 하시면 각 컷을 별개의 파일로 관리하기 편합니다.

물론, 취향에 맞게 조정하셔도 무방하며, 차후 조정도 가능하니 기본 세팅으로 진행하시되, 사용하면서 조정하시기 바랍니다.

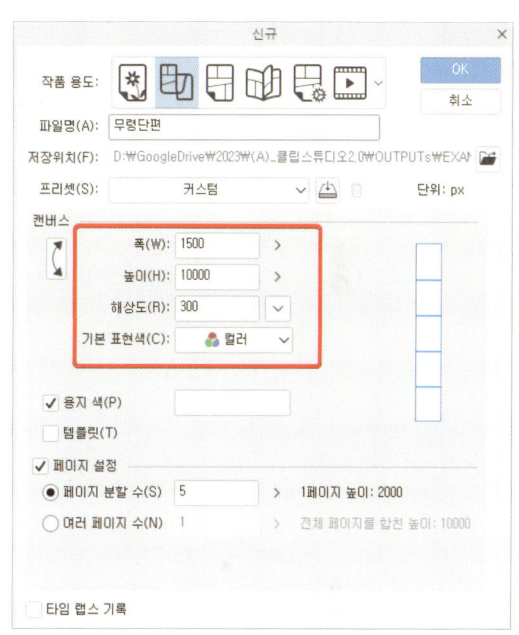

■ 캔버스 관리 화면

설정 후 확인을 누르면, 5개의 컷으로 이루어진 관리화면이 보입니다.

각각 컷 파일을 더블클릭하면 편집화면으로 넘어갑니다.

> **Tip**
>
> 실제 폴더는 어떻게 구성되어 있을까요? 방금 생성한 원고 폴더를 살펴보면, 하나의 CMC 파일과 5개의 클립파일이 있는 것을 알 수 있습니다.

CMC 파일은 여러 CLIP 파일을 관리하는 원고 파일이며, 5개의 클립파일은 각각의 컷 파일입니다.

SECTION. 13 웹툰 작업의 기본 흐름

■ 웹툰 작업의 현재 상황

웹툰 시장이 형성되던 초기에는 혼자서 작업하는 경우가 많았습니다. 그러나 웹툰 시장이 성장하고 독자가 증가함에 따라 웹툰에 요구되는 퀄리티도 함께 상승했습니다. 더 높은 퀄리티를 위해 글 작가, 그림 작가가 각자의 영역을 맡아 작업하는 방식으로 변화하였고 선, 채색, 디테일 등 다양한 부분의 어시스턴트가 디자인 영역을 지원하고, 플랫폼이나 에이전시의 편집자 및 PD가 전체 퀄리티를 검토하는 형태로 시스템이 안정화되는 추세입니다.

■ 웹툰의 기본 작업 프로세스

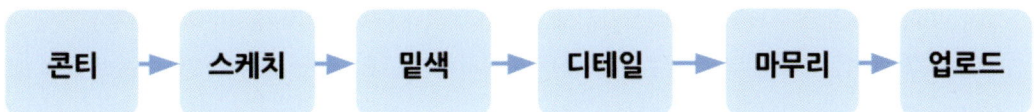

좀더 자세히 살펴보겠습니다

- **스토리 작업**: 웹툰에서 스토리 작업은 전체 서사적 구조를 만들어가는 과정입니다. 웹툰의 정체성을 결정하는 가장 중요한 과정 중 하나로, 전체 작품의 방향성을 이끌게 됩니다. 스토리작업에는 보통 플롯, 설정, 캐릭터 및 테마를 만드는 것으로 시작합니다. 각 회차별 에피소드를 나누고, 각 장에서 일어나는 사건의 대략적인 개요를 만드는 것이 포함됩니다. 자세한 장소별 매핑이나, 캐릭터의 프로필 역시 필요합니다.
- **캐릭터 디자인**: 스토리 작업에서 캐릭터가 설정되었다면, 그림파트는 웹툰의 캐릭터를 결정하는 작업을 하게 됩니다. 최근에는 웹소설을 기반으로 하는 웹툰도 많이 늘어, 웹소설의 매력을 유지하면서도, 그림체에 맞는 캐릭터를 디자인하는 것이 중요해졌습니다.
- **콘티 작업**: 콘티는 실제 원고를 만들기 위한 밑작업입니다. 과거에는 스토리와 그림을 동일한 작가가 작업하는 경우가 많았습니다. 최근 웹툰시장이 커지고, 작업프로세스가 확립되면서 스토리와 그림 작가가 분리되기 시작했습니다. 콘티 작업 역시 스토리 작가가 작업하는 경우가 많습니다. 다만, 이것은 정해진 것은 아니며 스토리 작가의 특성이나 역량에 따라 달라지는 부분입니다. 목적은 더 좋은 작품이며, 누가 콘티를 작업하느냐는 최선을 결과물을 내는 형태로 이루어집니다.
- **스케치**: 콘티를 기반으로, 스케치를 진행합니다. 실제 독자에게 보여지게 되는 장면의 가이드라인으로, 콘티와 달리 그림체나, 명확한 묘사가 필요합니다.

- **펜선 작업**: 스케치를 기반으로 펜선을 작업하는 과정입니다. 과거 출판만화 시대에는 깔끔한 인쇄가 중요했으며, 펜선은 이러한 요구에 매우 적절한 도구였습니다. 하지만, 디지털로 전환되고, 웹툰이 중심인 최근에는 펜선이 필수는 아닙니다.

  작화스타일에 따라 스케치로 마무리하는 경우도 종종 있습니다. 펜선은 '만화'라는 틀을 지키기 위한 스타일 가이드에 가깝다고 할 수 있습니다. 최근에는 웹툰 프로세스가 고도화되면서 펜선 작업 역시 어시스턴트가 담당하는 경우가 종종 있습니다.

- **밑색 작업**: 기존 출판만화와 달리, 컬러가 기본이 되는 웹툰 작업에서 밑색 작업은 매우 중요한 위치를 차지하고 있습니다. 색을 어떻게 사용하느냐에 따라 같은 원고라도 전달하는 느낌이나 매력이 완전히 달라집니다. 적절한 밑색 작업을 위해서는 색에 대한 이해와, 빠진 곳 없이 색을 입힐 수 있는 꼼꼼함이 함께 요구됩니다. 웹툰 프로세스가 고도화되면서 역시 어시스턴트를 통해 작업되는 경우가 많습니다.

- **디테일 작업**: 밑색 작업이 기본 색을 입히는 작업이라면, 디테일 작업에서는 그림자와 광원등 빛과 입체감을 추가하는 작업을 하게 됩니다. 밑색과 달리 덩어리와, 빛에 의한 연출에 대해 충분한 이해가 있어야 하는 영역입니다. 밑색과 마찬가지로 만화의 매력에 매우 큰 영향을 미치게 됩니다.

  상황에 맞는 적절한 표현이 필요합니다. 웹툰 프로세스가 고도화되면서 역시 어시스턴트를 통해 작업되는 경우가 많습니다.

- **배경 작업**: 과거에는 수작업 등을 통해 배경을 일일이 그려야 했습니다. 최근에는 스케치업, 블렌더 등을 이용한 3D 배경 작업이 보편화되었으며, AI를 이용하는 작업도 조금씩 시도되고 있습니다. 캐릭터의 덩어리감과 맞는 배치가 중요합니다.

- **효과음, 대사 작업**: 효과음과, 대사 역시 웹툰에 매우 중요한 요소입니다. 빠르게 스크롤하는 웹툰 특성상 시선을 유지하고, 흐름을 인지하는데 중요하며, 어떻게 배치하느냐에 따라 효과가 달라집니다.

- **완성**: 위 작업들을 잘 진행했을 경우, 드디어 완성입니다. 하지만, 완성했다고 해서 끝은 아니며, PD나 플랫폼의 의견에 따라 재작업을 하는 경우가 종종 발생합니다.

- **플랫폼 업로드**: 원고가 모두 완성되었다면, 플랫폼에 업로드하게 됩니다. 플랫폼마다 원고 기준이나 업로드 시간 등이 달라지므로, 잘 맞춰서 업로드하는 것이 중요합니다.

SECTION. 14 출력하기

Unit 01 PSD 로 출력하기

출판사 혹은, 플랫폼에서는 아직 클립스튜디오가 보편화되지 않았습니다. 그리고 원고를 편집하기에는 아직 포토샵이 좀더 강력합니다. 그래서 상당수 외부와 협업에는 PSD파일로 전달하는 것이 기본입니다. 다만 예전에는 이 경우 기껏 만든 대사의 텍스트가 레스터화되어 편집할 수 없는 문제가 있습니다. 이럴 경우 reTEXT등의 외부 툴을 통해 해결할 수 있었습니다.

다행히 클립스튜디오 1.12.0 버전부터 PSD로 출력하는 기능이 추가되었습니다. 다만 일반적인 내보내기 방법으로는 불가능하며, 복제 저장 기능을 사용해야 합니다. 많은 분들이 아직 모르시는 경우가 많습니다. 꼭 사용하시기 바랍니다.

ⓘ Info reTEXT

AB프로젝트에서 제작한 포토샵 스크립트입니다. 클립스튜디오의 글자를 제한적으로나마 텍스트로 변경할 수 있습니다.

관련링크: https://www.webtoonus.com/60/?idx=336

파일 → 복제 저장 → PSD 을 선택합니다.

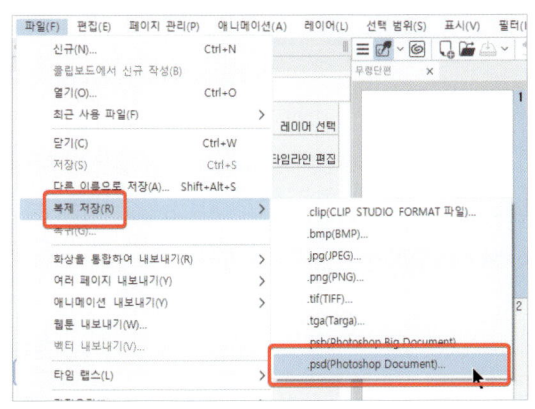

설정 화면에서 출력 이미지의 텍스트에 체크하고 텍스트만 을 선택합니다.

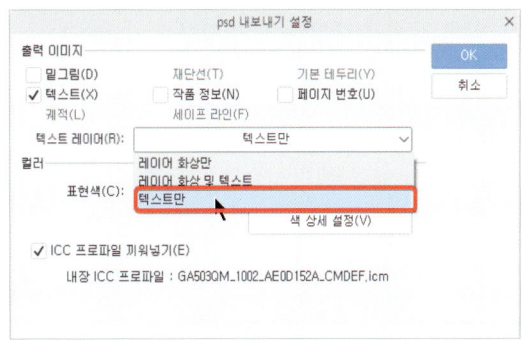

포토샵 등에서 PSD 파일을 열어보면 텍스트 레이어가 유지되는 것을 확인할 수 있습니다.

Unit 02 PNG, JPG로 출력하기

최종 결과물을 플랫폼에 올리기 위해서는 PNG, JPG 등으로 추출해야 합니다. 클립스튜디오는 다양한 추출 방법을 지원합니다.

■ PNG 추출하는 방법 – 웹툰 내보내기

클립스튜디오가 업데이트되면서 웹툰 전용 추출 방식이 생겼습니다. 이 방식을 사용하면, 여러 컷을 하나의 png 파일로 합칠 수 있어 편리합니다.

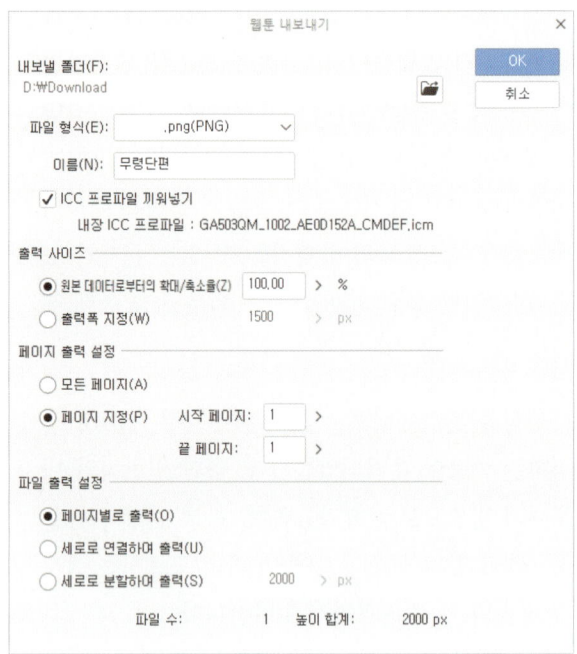

■ PNG 용량 줄이기 팁 – TINYPNG

PNG는 비압축 방식으로, JPG보다 용량이 큽니다. 일반적인 사진과 달리 원고는 스크롤을 위해 길게 제작됩니다. 원고를 PNG로 추출하면 업로드 용량을 초과하게 되는 경우가 종종 발생합니다. 이 때 TINYPNG 서비스를 이용하면 용량을 획기적으로 줄일수 있습니다. 많게는 1/10까지 줄어드므로 매우 유용합니다. 사이트에서는 무료로 사용할 수 있으며, 유료 포토샵 플러그인을 구매해서 사용하는 방법도 있습니다. 자주 사용할 경우, 유료 플러그인도 추천합니다.

▲ **사이트**: https://tinypng.com (PNG 파일을 손상없이 용량을 줄이는 웹페이지입니다. 매우 고효율을 가지고 있으므로, 원고 용량이 부담된다면 꼭 사용해보세요. 포토샵 플러그인(유료)을 사용할 경우 대량의 작업을 편리하게 진행할 수 있습니다._

MEMO

CHAPTER 02

기본 기능을 익혀봅시다.

SECTION 01 팔레트 창 조작하기
SECTION 02 워크스페이스 관리하기
SECTION 03 커맨드 바 설정하기
SECTION 04 스마트폰을 이용한 컴패니언 모드 사용하기
SECTION 05 도구 팔레트의 기본 툴 익히기
SECTION 06 클립스튜디오의 보조도구들
SECTION 07 클립스튜디오의 팔레트
SECTION 08 클립스튜디오만의 벡터 레이어 살펴보기

SECTION. 01 팔레트 창 조작하기

모든 클립스튜디오 창과 팔레트는 클릭하거나 드래그로 자유롭게 이동해서 쉽게 이동하고 관리할 수 있습니다. 또한 클릭하거나 탭을 이용하여 합치거나 분리할 수도 있습니다. 이러한 팔레트 기능을 통해 다양한 형태의 작업 공간을 생성하고 정리하여 자신의 클립스튜디오를 관리할 수 있습니다.

■ 팔레트 창 이동하는 방법

팔레트의 제목을 드래그하는 것만으로도 팔레트 창을 손쉽게 이동할 수 있습니다.

이동 중인 팔레트는 빨간색으로 눈에 띄게 오버레이되어 보입니다.

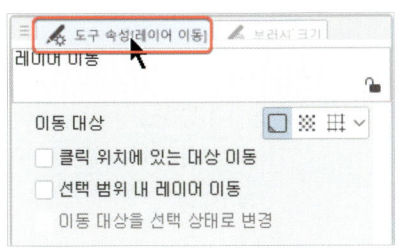
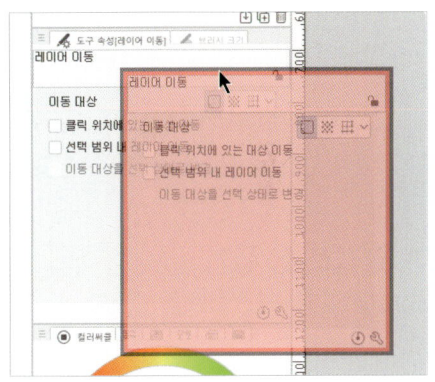

■ 기존 팔레트 창 사이에 끼워넣는 방법

팔레트 사이로 드래그하면 팔레트 사이가 살짝 벌어지면서 빨간 영역이 보입니다. 드래그를 끝내면 팔레트 사이에 끼워넣을 수 있습니다.

기존 팔레트 창 사이에 새 팔레트 창이 끼워집니다.

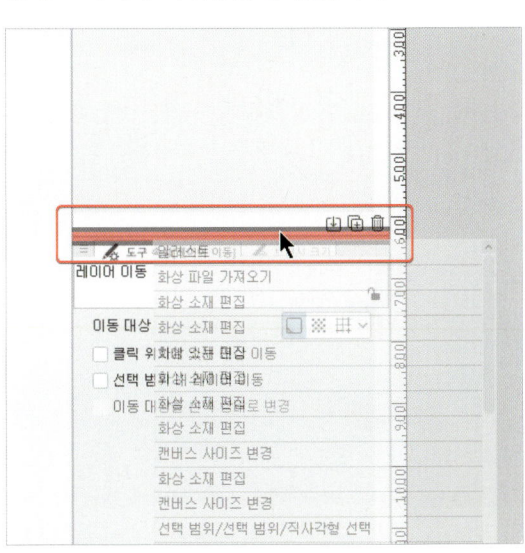
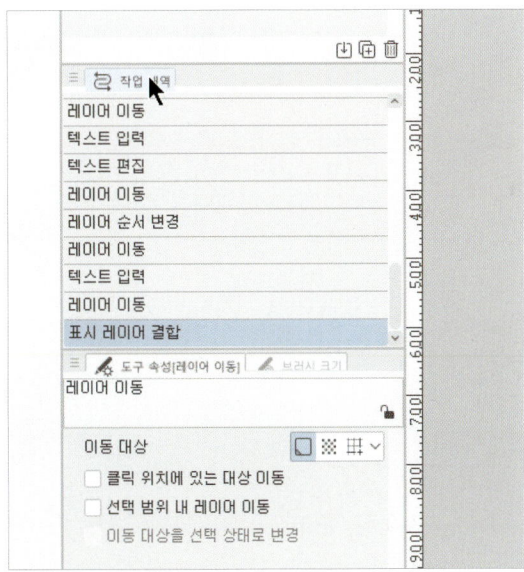

■ 팔레트 창을 하나의 탭으로 합치는 방법

팔레트 창을 완전히 겹치면 기존 팔레트 창 영역에 빨간 영역이 보이면서 탭으로 합칠 수 있습니다.

탭이 하나 더 늘어난 것을 확인 할 수 있습니다.

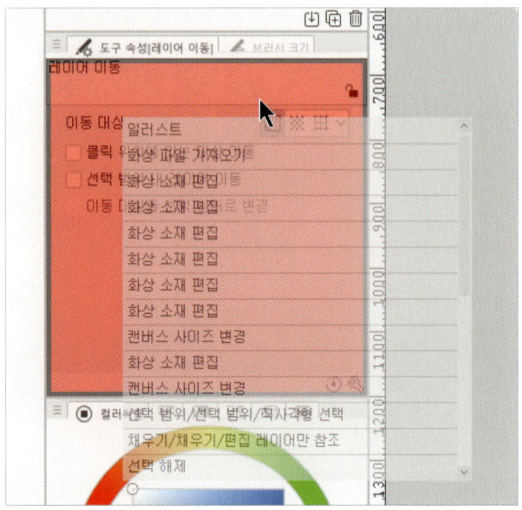
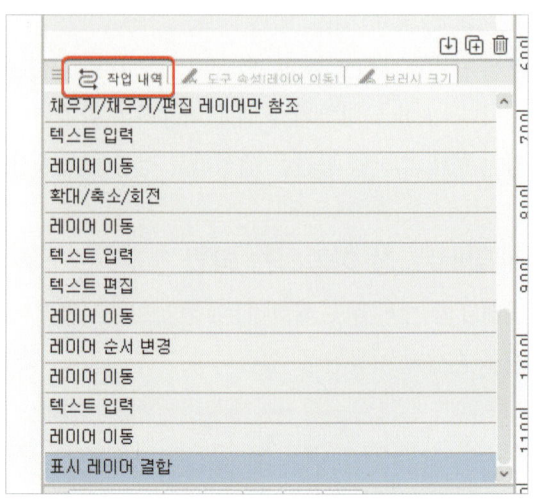

■ 팔레트 창 접기

팔레트 창 위쪽에는 팔레트 창을 접을 수 있는 버튼이 있습니다. 이를 클릭함으로써 사용하지 않는 팔레트를 잠시 접어 둘 수 있습니다. 소재 폴더 등 가로 사이즈가 큰 폴더에 사용하면 유용합니다.

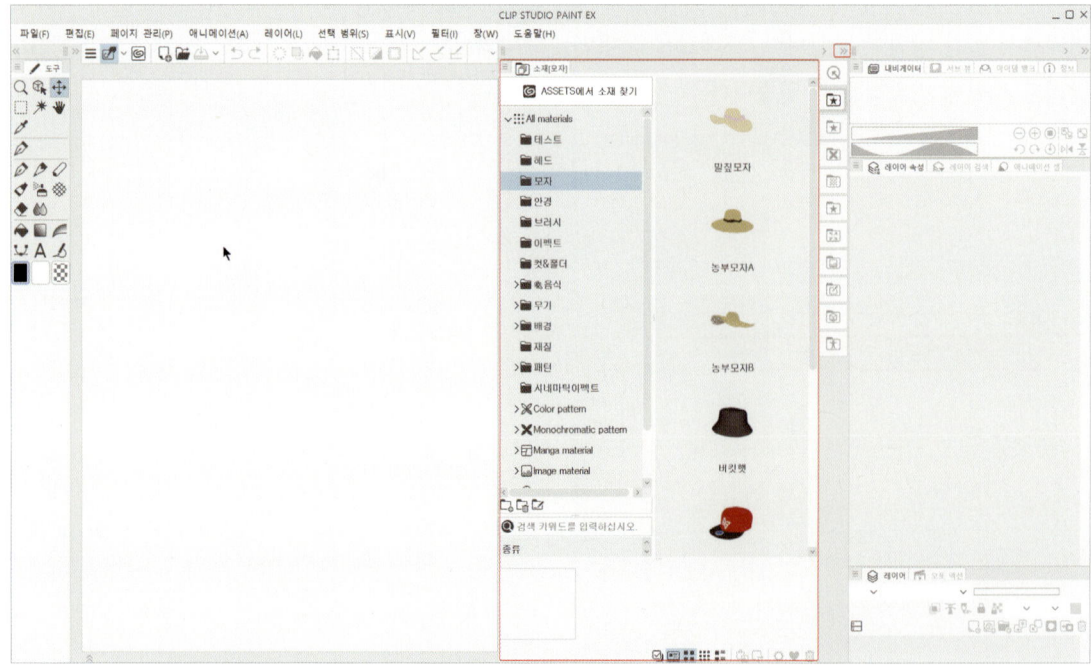

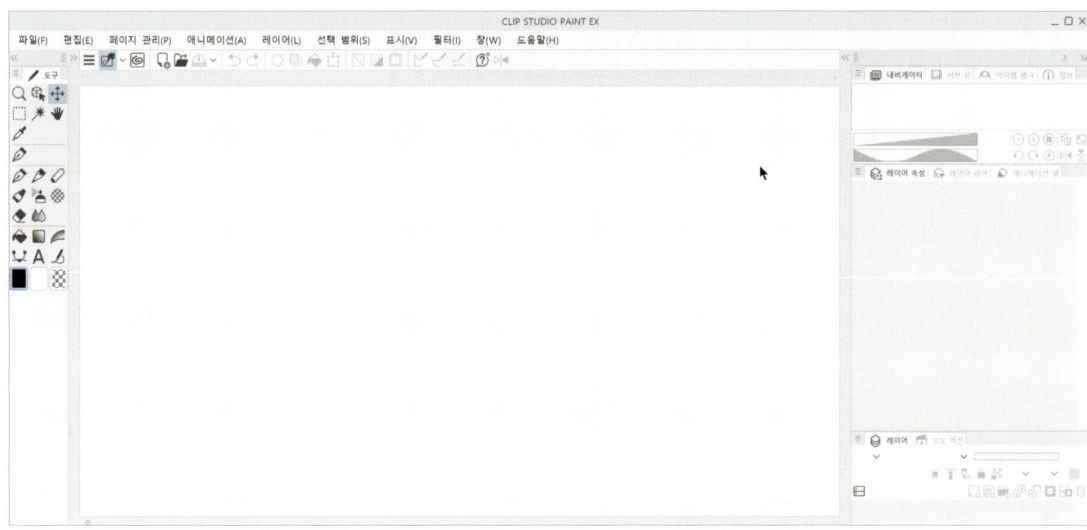

▪ 사용하지 않는 팔레트 숨기기

사용하지 않는 팔레트 창은 언제든지 숨길 수 있습니다. 팔레트 창 왼쪽 상단의 메뉴 아이콘을 클릭하면 팔레트 관련 메뉴가 팝업됩니다. 그 중 'XXXX 팔레트 숨기기'를 선택하면, 숨길 수 있습니다.

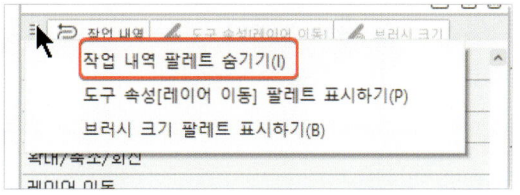

▪ 숨겨진 팔레트 창 다시 꺼내기

실수로 닫게 되면, 메뉴 → 창에서 언제든지 다시 꺼내어 사용할 수 있습니다. 보이는 팔레트 창은 체크 표시가 되어 있어 구분하기 쉽습니다.

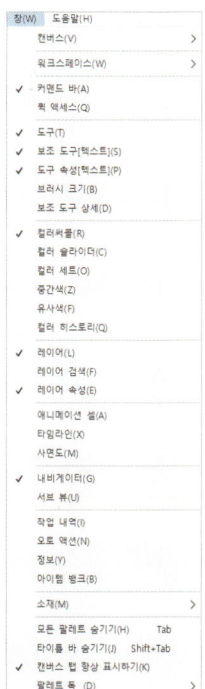

SECTION. 02 워크스페이스 관리하기

Info

클립스튜디오의 레이아웃은 자유롭게 저장하고 불러올 수 있습니다. 자신만의 세팅을 여러 기기에서 사용하고 싶다면 필요한 기능입니다. 소재로 만들수도 있으므로, 다른 사람이 만든 편한 레이아웃을 가져와 이용할 수도 있습니다.

■ 워크스페이스에는 어떤 정보를 보관할까요?

워크스페이스에는 다음 정보가 저장됩니다.

워크스페이스에는 다양한 요소가 저장되므로, 작업을 변경하거나, 컴퓨터 포맷후 재설치 시 매우 편리하게 사용할 수 있습니다.

- 팔레트의 위치정보와 표시상태
- 단축키의 설정
- 커맨드 바의 레이아웃
- 환경 설정의 단위설정

■ 나의 워크스페이스 저장하기

메뉴에서 창 → 워크스페이스 → 워크스페이스 등록을 선택하면 현재의 워크스페이스를 저장할 수 있습니다.

■ 나의 워크스페이스 저장하기

메뉴에서 창 → 워크스페이스 → 워크스페이스 등록을 선택하면 현재의 워크스페이스를 저장할 수 있습니다.

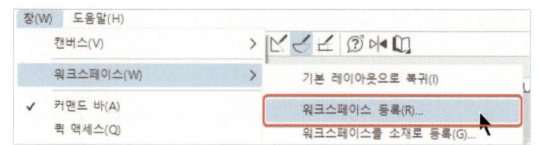

■ 워크스페이스 불러오기

워크스페이스는 여러 개를 저장할 수 있습니다. 만들어진 워크스페이스는 창 → 워크스페이스 메뉴 하단에서 목록을 볼 수 있습니다. 워크스페이스 리스트 중 원하는 항목을 선택하면 워크스페이스가 전환됩니다.

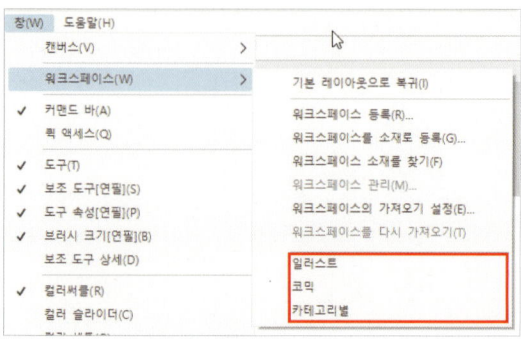

■ 워크스페이스를 소재로 저장하기

자주 사용하는 워크스페이스는 소재로 등록해 보관해 둘 수 있습니다. 컴퓨터를 교체하거나, 여러 컴퓨터를 사용하는 경우, 클립스튜디오를 다시 설치해야 하는 상황 등 공통된 레이아웃을 유지하는 데 매우 유용합니다.

메뉴에서 창 → 워크스페이스 → 워크스페이스를 소재로 등록 메뉴를 선택하면 등록할 수 있습니다. 등록화면은 일반적인 소재 등록화면과 유사합니다. 찾기 쉽도록 미리 소재 폴더에 '워크스페이스' 폴더를 만들어두면 편합니다.

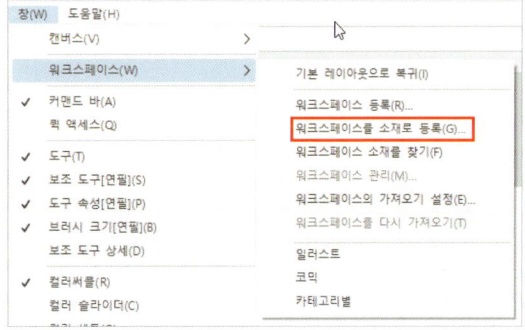

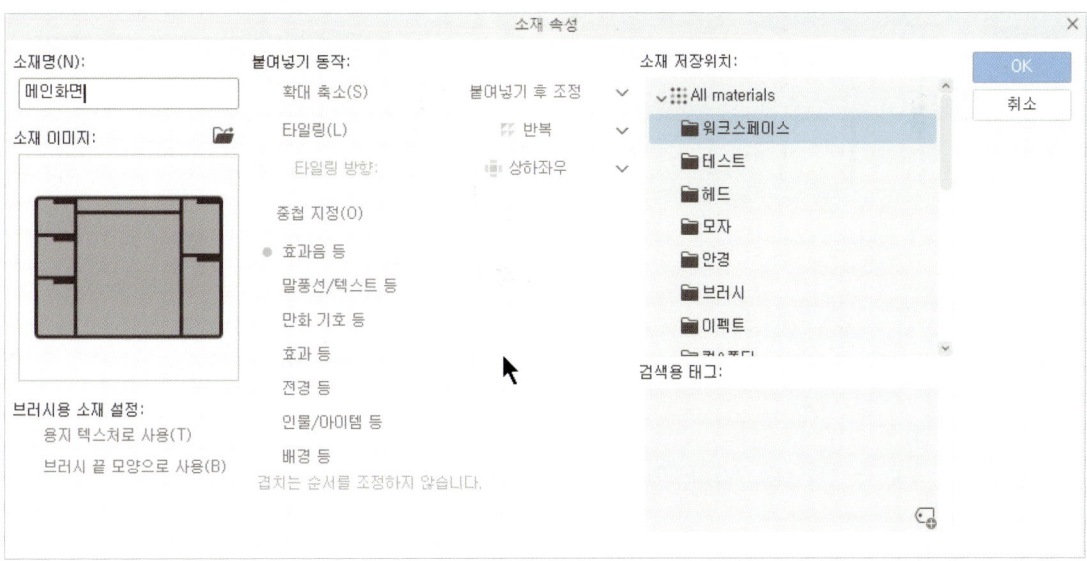

이름과 원하는 폴더를 지정하고 저장합니다. 소재 이미지도 변경할 수 있으므로 대표할 수 있는 이미지가 있다면 사용해봅시다. 저장된 워크스페이스 소재는 png/소재 폴더에서 확인할 수 있습니다.

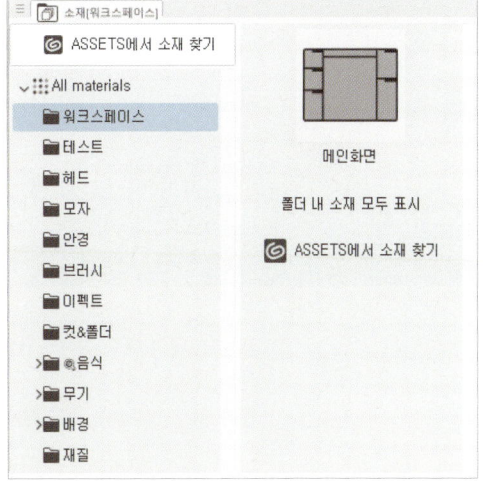

■ 내가 만든 워크스페이스 업로드해보기

CLIPSTUDIO를 통해 내가 만든 워크스페이스를 업로드하고 다른 사람과 공유할 수 있습니다.

클립스튜디오를 열고, 소재 관리 버튼을 클릭해 소재 관리 창으로 들어갑니다.

소재 관리 창에는 지금까지 만든 다양한 소재들이 있을 것입니다. 제작한 워크스페이스도 보입니다.

워크스페이스를 선택한 다음, 마우스 우클릭 → 소재의 관리를 선택합니다.

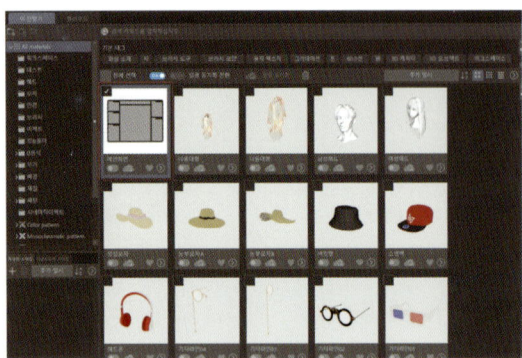

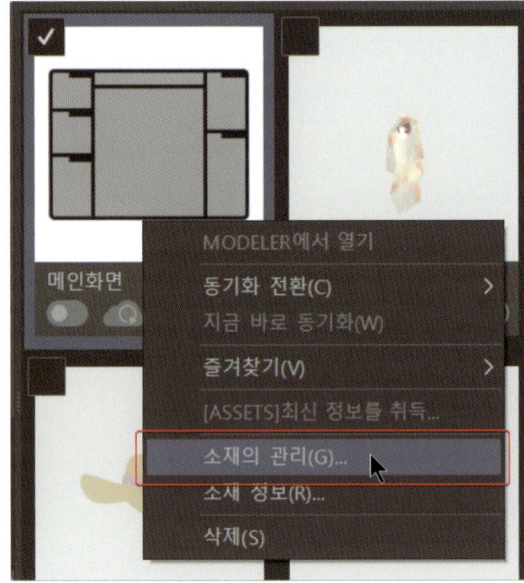

소재의 관리 창으로 변경됩니다. **ASSET에 공개하기**를 클릭합니다.

소재의 설명과 사용 예등을 입력할 수 있는 소재 편집 창으로 변경됩니다.

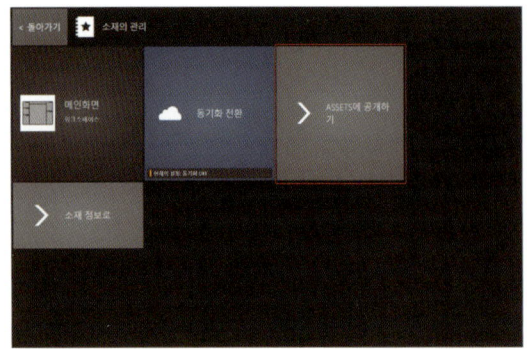

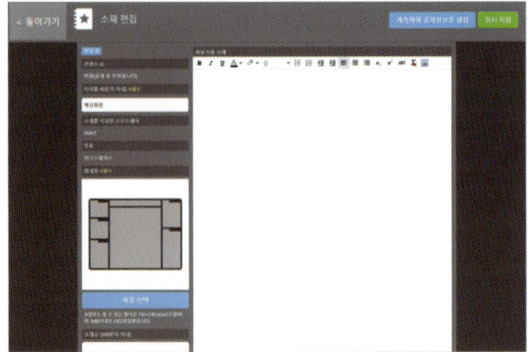

내용을 작성한 뒤, **계속하여 공개정보를** 설정 버튼을 누르면 공개 설정 화면이 나옵니다. 출품 전 반드시 확인하십시오. 항목을 읽어본 뒤 체크하고 임시 업로드합니다.

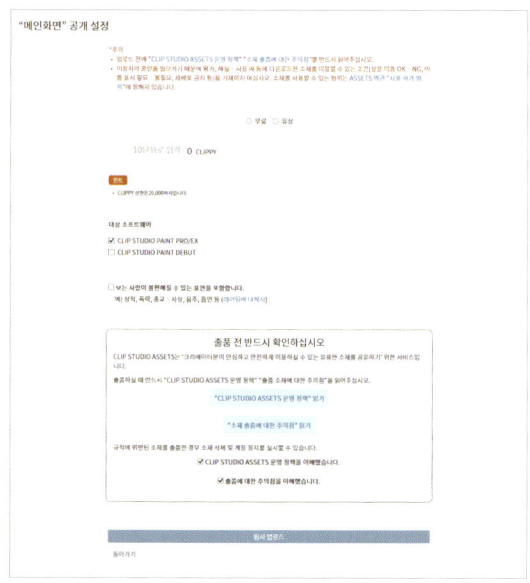

업로드가 완료되면 아래와 같은 메세지와 함께 업로드가 완성됩니다.

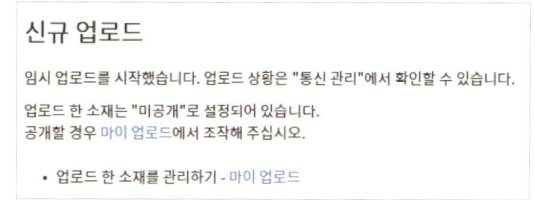

업로드한 소재는 '마이 업로드' 항목에서 볼 수 있습니다.

업로드시에는 '비공개'로 등록됩니다.

'조작' 버튼을 통해 '미리보기/공개'를 선택하면 다른 사람과 공유가 가능합니다.

■ 다른 사람이 만든 워크스페이스 가져오기

클립스튜디오 어셋(CLIPSTUDIO ASSET)에는 다른 사람들이 만든 다양한 워크스페이스가 공유되고 있습니다.

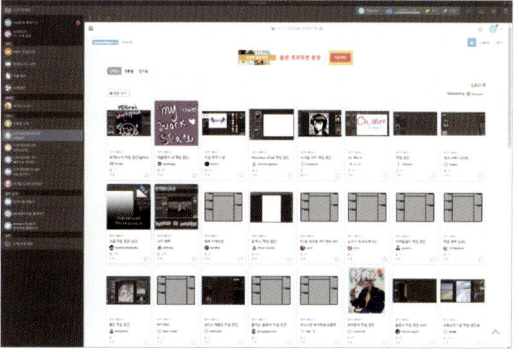

마음에 드는 워크스페이스를 살펴보고 하나를 선택해 다운로드해봅시다.

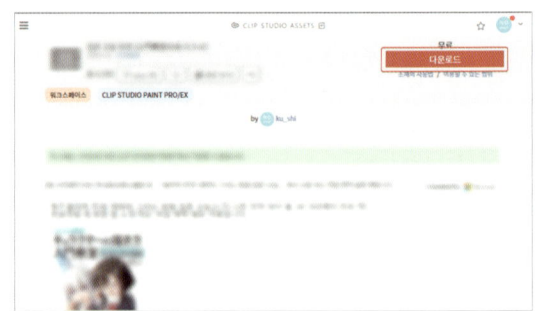

다운로드한 워크스페이스 소재는 다른 소재들처럼 소재 폴더에서 사용할 수 있습니다. 소재 폴더의 Download 폴더를 확인하세요.

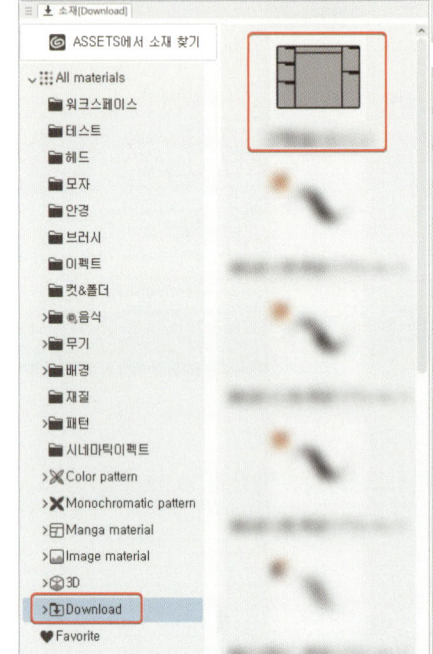

■ 워크스페이스 최초 상태로 되돌리기

워크스페이스를 이리저리 만지다보면, 어느샌가 되돌릴 수 없는 상황까지 올 때가 있습니다. 이럴 때는 메뉴에서 창 → 워크스페이스 → 기본 레이아웃으로 복귀 메뉴를 선택해 원래대로 되돌리시면 됩니다.

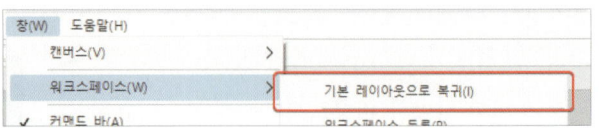

앞서 설명한 것과 같이 단축키 등도 함께 원래 상태로 돌아가므로 사용에 주의하시기 바랍니다.

확인 창이 뜨고, 예를 누르면 처음 설치 상태로 돌아갑니다.

SECTION. 03 커맨드 바 설정하기

커맨드 바는 자주 사용하는 기능만을 등록해 필요할 때 빠르게 사용할 수 있는 편리한 기능입니다.

■ 커맨드 바에 새로운 기능 추가하기

메뉴에서 파일 → 커맨드 바 설정을 선택합니다. 혹은 커맨드 바 → 마우스 우클릭 → 커맨드 바 설정을 선택합니다. 커맨드 바 설정 창이 나옵니다.

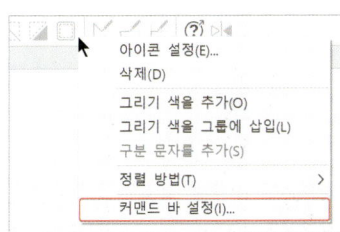

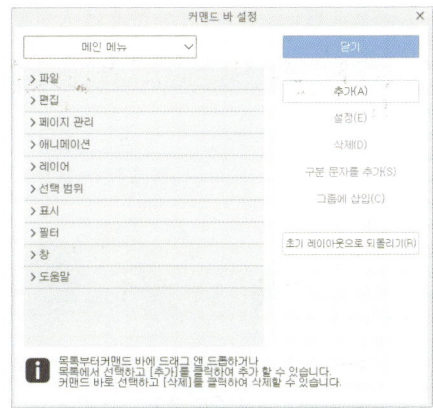

메인 메뉴부터, 브러시 도구, 색상까지 다양한 요소를 설정할 수 있습니다.

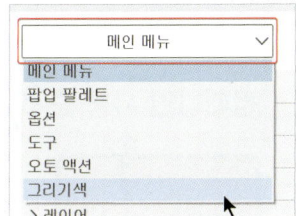

원하는 툴을 선택하고 '추가' 버튼을 누르면 커맨드 바에 해당 아이콘이 추가됩니다. 아래는 페이지열기를 추가해 본 예시입니다.

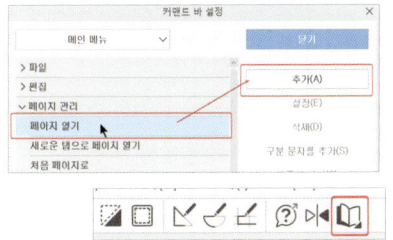

■ 커맨드 바의 기능 삭제하기

커맨드 바의 기능을 삭제하려면, 해당 아이콘에서 마우스 오른쪽 버튼을 클릭한 다음 '삭제'를 선택하면 됩니다.

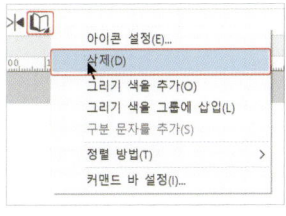

SECTION. 04 스마트폰을 이용한 컴패니언 모드 사용하기

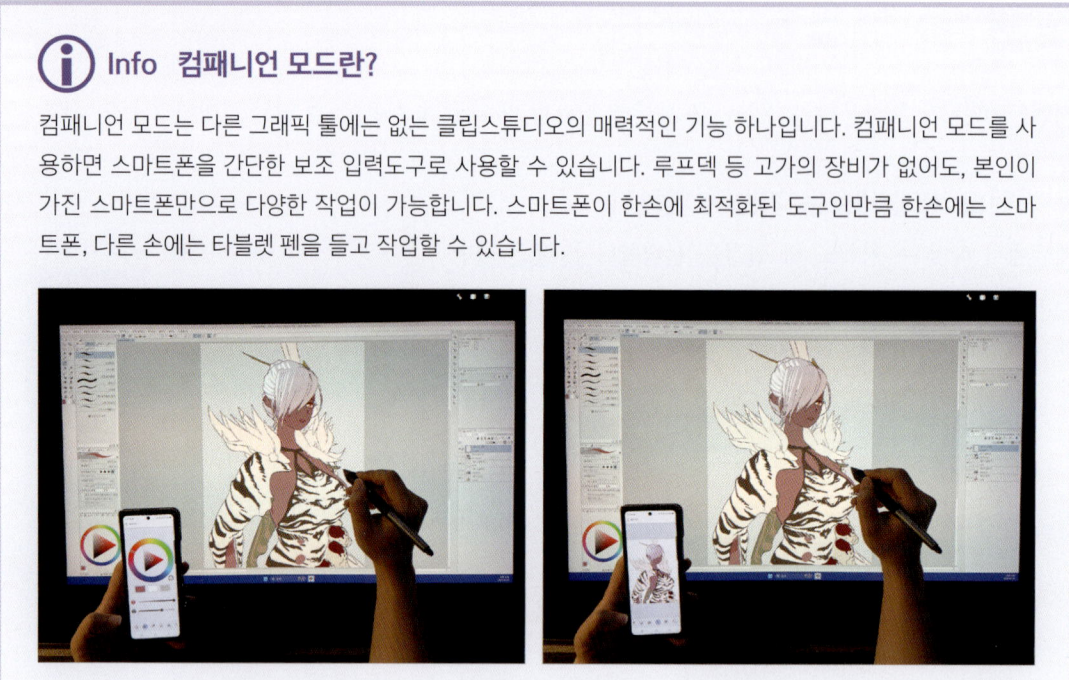

> **(i) Info 컴패니언 모드란?**
>
> 컴패니언 모드는 다른 그래픽 툴에는 없는 클립스튜디오의 매력적인 기능 하나입니다. 컴패니언 모드를 사용하면 스마트폰을 간단한 보조 입력도구로 사용할 수 있습니다. 루프덱 등 고가의 장비가 없어도, 본인이 가진 스마트폰만으로 다양한 작업이 가능합니다. 스마트폰이 한손에 최적화된 도구인만큼 한손에는 스마트폰, 다른 손에는 타블렛 펜을 들고 작업할 수 있습니다.

■ 컴패니언 사용 순서

■ PC의 클립스튜디오 PAINT에서 스마트폰 접속

PC의 클립스튜디오 PAINT에서 스마트폰 접속을 선택합니다. 클립스튜디오 최신 버전에서 지원되므로, 만약 스마트폰 아이콘이 보이지 않는다면 새로 설치해두세요.

아이콘을 클릭하면, 스마트폰 접속 창이 열리며, QR화면이 보입니다.

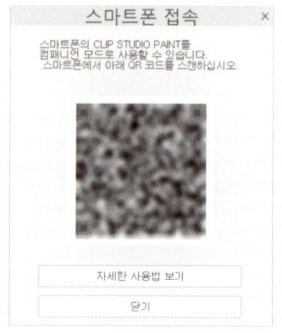

이제 휴대폰을 준비합니다.

■ **스마트폰용 클립스튜디오 PAINT 실행하기**

스마트폰에 클립스튜디오 PAINT를 실행합니다. 아직, 설치 전이라면 미리 설치해두세요. 스마트폰용 클립스튜디오는 무료 버전으로 설치하셔도 됩니다. 오른쪽 하단 메뉴 버튼을 누른 뒤 컴패니언 모드를 선택합니다.

■ **QR코드로 연결하기**

카메라가 열리면, 화면의 QR코드를 비춥니다. 와이파이(WIFI)망이 제대로 연결되어 있을 경우, 스마트폰의 화면이 컴패니언 모드로 바뀝니다.

 주의사항

컴패니언모드는 동일한 네트워크 망에 와이파이(WIFI)로 연결되어 있어야 합니다. 또한 스타X스 등의 와이파이망이 공개된 카페에서는 보안문제로 동작하지 않을 가능성이 높습니다. 사용 전 미리 작업 환경을 체크하세요.

■ **화면 조작**

스마트폰을 이용한 컴패니언 모드는 다양한 기능을 제공합니다.

- **툴 사용**: 클립스튜디오의 기본 툴을 사용할 수 있는 화면을 클릭하는 것만으로 버튼을 누르는 효과를 얻을 수 있습니다.

- **컬러 서클**: 클립스튜디오의 컬러 서클을 손가락으로 조정할 수 있습니다.

- **화면 이동**: 스마트폰을 터치패드처럼 사용할 수 있는 기능입니다.

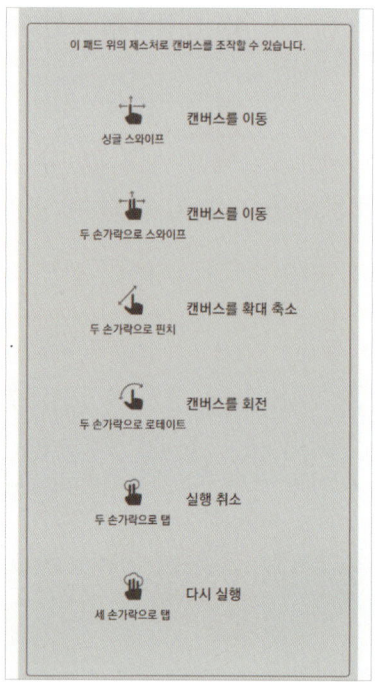

- **컬러 섞기**: 손가락이나 S펜으로 색상을 섞을 수 있습니다.

- **서브 뷰**: 참고자료를 띄우고 볼 수 있는 서브 뷰 기능을 대신합니다.

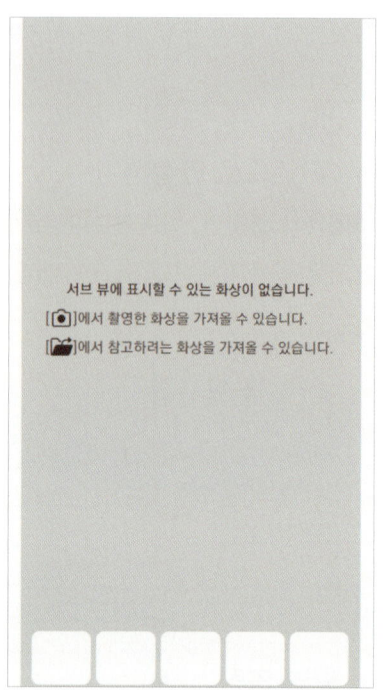

- **웹툰 보기**: 작업중인 작업화면을 웹툰 화면처럼 볼 수 있습니다. 웹툰 작업에 유용한 뷰입니다.

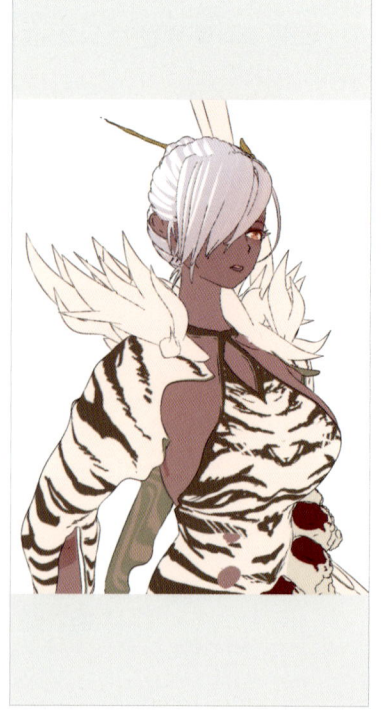

- **특수키**: Shift, Ctrl, Alt 등의 특수키를 누를 수 있습니다. 간단한 미니 키보드처럼 사용할 수 있습니다.

■ **설정**

컴패니언 모드의 세부 설정을 할 수 있습니다.

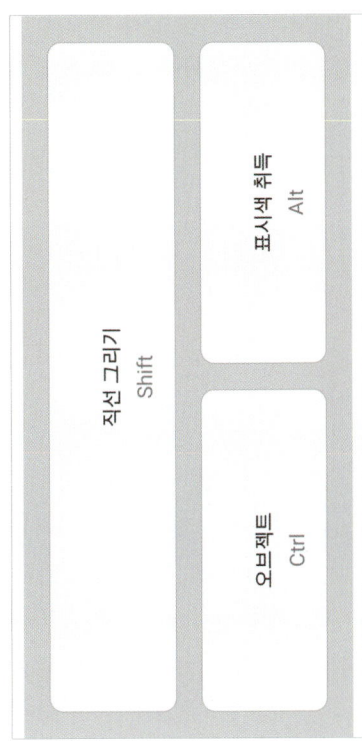
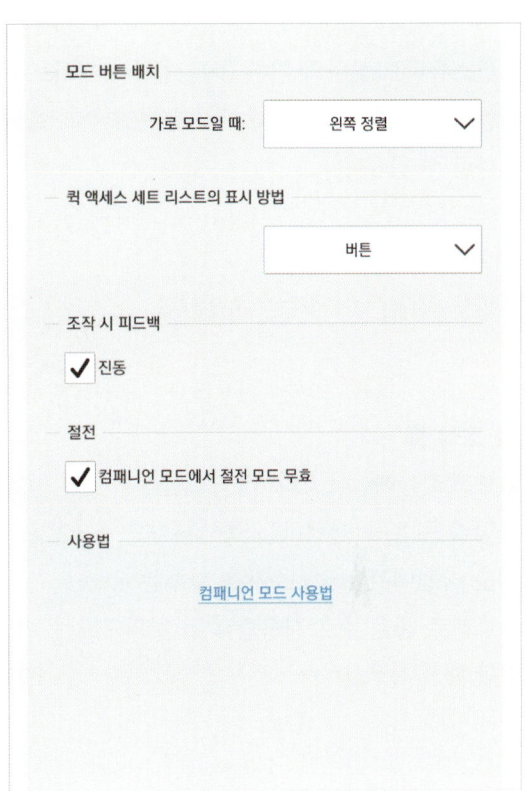

■ **연결시 주의사항**

클립스튜디오 시험 버전은 매일 1시간의 사용시간이 주어집니다. 스마트폰에서 시험 버전 클립스튜디오를 사용할 경우, 캔버스를 열면 1시간의 사용시간이 줄어들게 됩니다. 캔버스를 연 뒤 컴패니언 모드로 전환할 경우 작업 도중 컴패니언 모드가 중지될 수 있습니다. 만약, 컴패니언 모드만 사용할 경우, 캔버스를 꼭 닫고 실행해주세요.

SECTION. 05 도구 팔레트의 기본 툴 익히기

클립스튜디오 툴바의 기본 툴에 대해서 익혀보는 시간입니다. 단축키는 일부 특수한 기능을 제외하고 포토샵과 유사한 편입니다. 포토샵을 사용하셨던 분이라면, 꽤 쉽게 전환할 수 있습니다.

❶ 돋보기 툴
화면을 확대 / 축소하는 기능입니다.

❷ 조작 툴
오브젝트 / 레이어 / 라이트테이블 / 타임라인 등을 선택하는 툴입니다. 웹툰 작업에서는 3D 소재를 다루는 오브젝트 툴을 주로 사용합니다. 컷의 크기를 변경할 때도 사용됩니다.

❸ 레이어이동 툴
사용하는 레이어를 이동할 수 있는 툴입니다.

❹ 선택 툴
선택 영역을 설정할 수 있는 툴입니다. 사각형, 원형, 꺾은 선, 올가미 등 매우 다양한 선택이 가능합니다. 웹툰 특유의 셀화 느낌을 내기 위해서 유용하게 사용됩니다.

❺ 자동 선택
클릭만으로 원하는 영역을 선택할 수 있는 선택 툴입니다. 레이어 별로 다양하게 선택할 수 있어 편리합니다.

❻ 손바닥 툴
마치 캔버스를 손으로 옮기듯 눈에 보이는 화면을 이동하는 툴입니다. 스페이스바가 단축키로 지정되어 있습니다.

❼ 스포이드 툴
스포이드 툴은 화면의 색깔을 얻을 때 편리합니다. 전체 색상 뿐만 아니라, 레이어만의 색상을 추출할 수 있습니다. 멀티플라이 레이어에서 그림자 색을 추출할 때 매우 편리합니다.

❽ 펜 툴

잉킹 작업을 위한 펜 툴입니다. 만화에 최적화된 툴인만큼, 상당히 매력적인 펜선을 그릴 수 있습니다.

❾ 연필 툴

콘티, 스케치 작업에 유용한 연필 툴입니다.

❿ 파스텔 툴

초크, 파스텔, 크레용 등의 느낌을 내는 다양한 툴이 있습니다. 적당히 수정하면, 꽤 느낌있는 스케치 툴을 만들 수 있습니다.

⓫ 붓 툴

유화, 수채화, 구아슈 등 페인트 느낌을 내는 다양한 툴이 있습니다. 실제 툴보다는 디지털 기법에 가까운 터치감을 제공합니다.

⓬ 에어브러시 툴

에어브러시 효과를 보이는 툴입니다. 작은 이미지를 뿌리는 기능이라, 배경인물이나, 총알 등의 이미지를 대량으로 그리는데도 유용합니다.

⓭ 데코레이션 툴

만화에 필요한 다양한 효과들을 제공합니다. 반짝이는 효과, 구름 터치 등 만화에 자주 사용하는 효과가 많습니다. 기본적으로 제공하는 툴은 웹툰보다 만화연출에 어울리는 편입니다.

⓮ 지우개 툴

이름 그대로 지울수 있는 툴입니다. 벡터용 지우개를 사용하면, 불필요한 벡터선을 빠르게 지울 수 있어 편리합니다.

⓯ 색 혼합 툴

레이어에 있는 색을 섞는데 특화된 툴입니다. 흐리게 만들거나, 문지르기 등의 기능을 사용할 수 있습니다.

⓰ 채우기 툴

색을 칠할 수 있는 툴입니다. 클립스튜디오 특유의 참조레이어와 끊어진 선도 적절히 판단해서 채워주는 스마트 채색 기능 덕에 웹툰 작업에 편리하게 쓸 수 있습니다.

⓱ 그라데이션 툴

다양한 그라데이션을 만들 수 있는 툴입니다.

⓲ 등고선 채색 툴

부분별로 색을 칠하면, 자연스러운 그라데이션을 만들어 주는 툴입니다.

⓳ 도형 툴

선, 원, 다각형 등의 다양한 도형을 손쉽게 그릴 수 있는 툴입니다. 벡터 레이어에서 만들면, 수정이 편합니다.

⑳ 텍스트 툴

대사 등의 텍스트를 입력할 수 있는 텍스트 툴입니다.

㉑ 선 수정 툴

작업한 펜선을 조정하는 툴로 벡터 레이어 전용입니다. 선폭을 수정하거나, 끊어진 선을 연결하는 등 다양한 기능을 제공합니다.

각 툴의 보조 도구와 각각의 효과는 100쪽 클립스튜디오의 보조 도구들을 참고하세요.

■ 단축키 변경하기

단축키를 변경하면 좀더 자신에게 맞게 작업할 수 있습니다. 도구 팔레트 단축키를 바꾸려면 파일 → 단축키 설정을 선택하면 됩니다.

단축키 설정 창의 설정 영역에서 '도구'를 선택하면 도구 팔레트의 단축키를 수정할 수 있습니다.

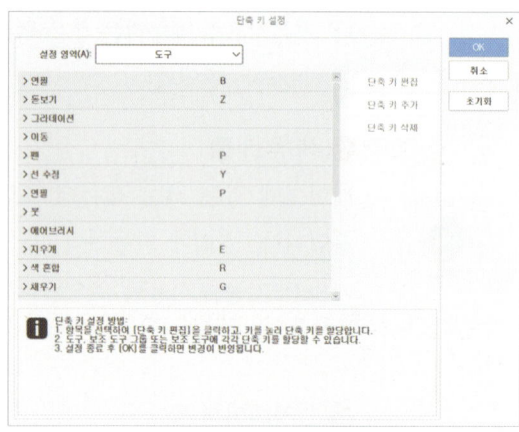

Unit 01 도구 속성 팔레트 알아보기

클립스튜디오는 기본적으로 다양한 툴을 제공합니다. 하지만, 익숙해질수록 내 취향에 맞춰 수정하고 싶은 마음이 생기기 마련입니다. 클립스튜디오는 도구 속성 창을 통해 기존의 툴을 수정할 수 있습니다.

도구 속성 팔레트는 보조 도구 팔레트 아래에 배치되어 있습니다. 어떤 도구를 선택했느냐에 따라 보이고, 수정할 수 있는 속성이 달라집니다. 아래는 파스텔 - 크레용 툴을 선택했을 때의 모습입니다.

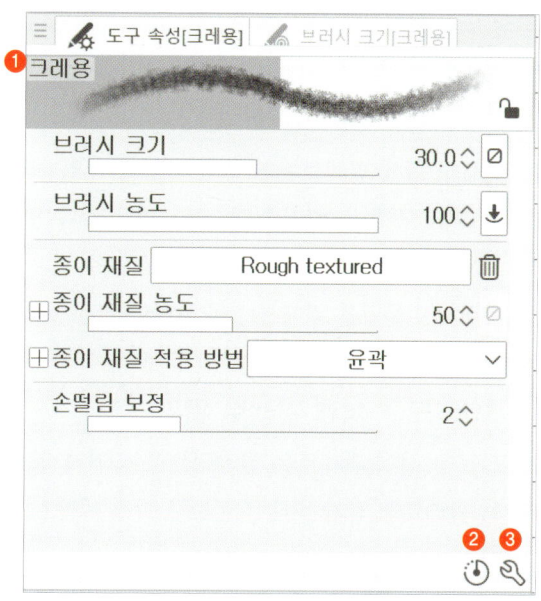

❶ 도구 속성 창을 이용한 기능 변경

기본적인 세팅을 제공하며, 도구 속성을 통해 세부 기능을 빠르게 변경할 수 있으며, 브러시의 경우 미리보기로 어떻게 바뀌는지 확인할 수 있어 편리합니다.

❷ 초기 설정으로 되돌리기

브러시를 이리저리 만지다보면, '차라리 처음이 나았어.'라는 생각이 들곤 합니다. 이럴 때는 원래대로 되돌리기 아이콘을 선택하면 처음으로 되돌릴 수 있습니다

❸ 숨겨진 속성까지 수정하기

리미트 해제!라는 대사는 언제나 가슴을 끓게 합니다. 도구 속성 팔레트에서 수정할 수 있는 속성들은 특성을 유지하는 범위로 제한됩니다. 하지만, 그 제한을 풀고, 더 많은 수정을 하고 싶을 수 있습니다. 이럴 경우, 98쪽 보조 도구 상세 팔레트를 통해 수정할 수 있습니다.

Unit 02 보조 도구 상세 팔레트

보조 도구 상세 팔레트에 대해 알아보는 시간입니다.

■ 보조 도구 상세 팔레트란?

보조 도구 상세 팔레트는 도구의 속성을 세밀하게 조정하기 위한 팔레트입니다. 조정이라면 도구 속성 팔레트에서도 할 수 있지 않아? 라고 생각할 수 있을 것입니다. 하지만, 도구 속성은 사용자의 편의를 위해 모든 속성을 보여주진 않지요. 보조 도구 상세 팔레트를 이용해야 모든 제한을 풀 수 있습니다. 나만의 브러시 만들기를 위해서는 꼭 알아야 하는 곳입니다.

■ 보조 도구 상세 팔레트 열기

보조 도구 상세 팔레트는 일반적으로 숨겨져 있습니다. 팔레트를 열기 위해서는 도구 속성 팔레트에서 렌치 모양의 아이콘을 선택합니다.

클릭하면 새로운 팔레트가 등장합니다. 탭을 보듯 매우 많은 속성을 조정할 수 있습니다.

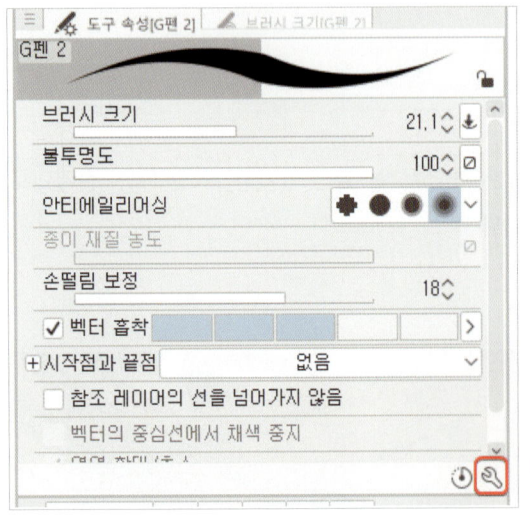
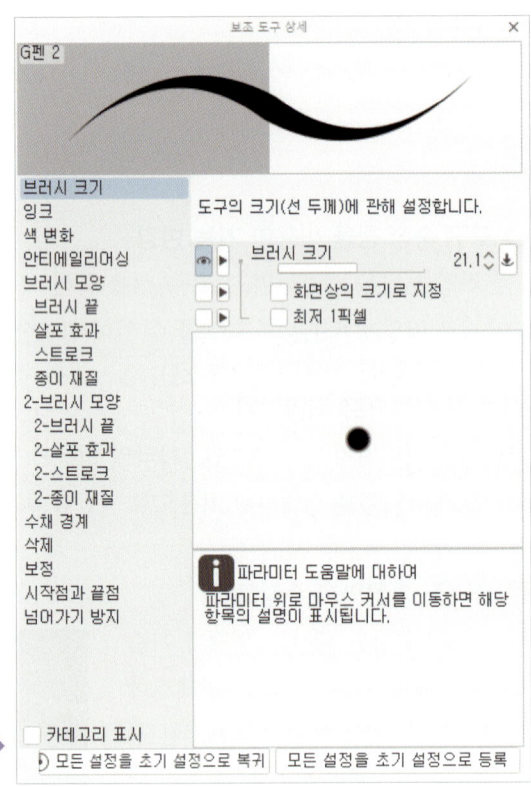

■ 보조 도구 상세 팔레트 조정하기

보조 도구 상세 팔레트는 숨겨진 모든 속성을 조정할 수 있으며, 툴마다 적용하는 속성도 매우 다양합니다. 모두 설명하기는 지면이 부족하여, 중요한 부분만 설명하도록 하겠습니다.

- **보조 도구 상세 팔레트 영역**

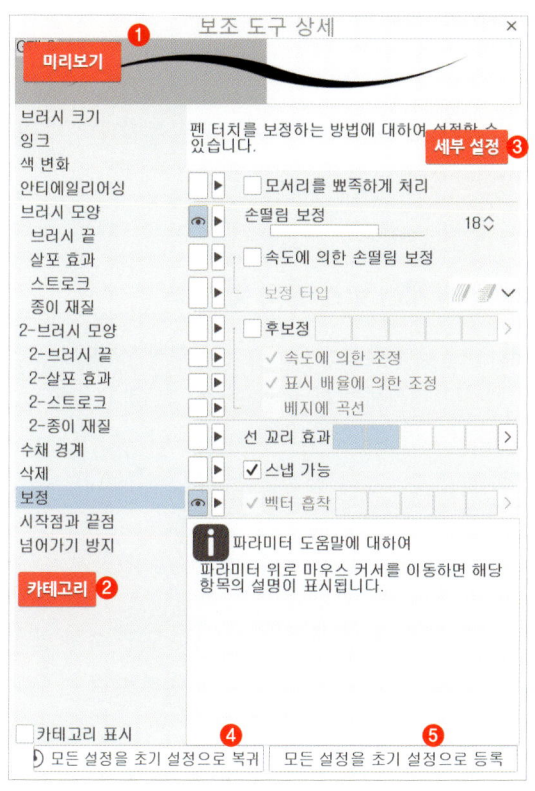

① **미리보기**: 실제 도구의 적용된 모습을 볼 수 있는 영역입니다. 브러시 등 일부 도구만 보입니다.

② **카테고리 영역**: 각 속성을 종류별로 모아 확인할 수 있는 카테고리 영역입니다.

③ **세부 설정 영역**: 세부 속성을 설정할 수 있는 영역입니다.

④ **모든 설정을 초기 설정으로 복귀**: 세팅을 원래대로 돌리는 버튼입니다.

⑤ **모든 설정을 초기 설정으로 등록**: 지금 설정한 설정을 초기 설정으로 덮어쓰는 기능입니다. 새로 브러시를 만들었을 때 사용합니다.

- **도구 속성에서 보이기 조정하기**

도구 속성은 보조 도구 상세 팔레트에서 조정할 수 있는 일부분만 보입니다. 이 보이는 여부는 각 속성 부분 왼쪽의 빈 칸(혹은 눈 모양)으로 설정할 수 있습니다. 빈 부분을 클릭하면 눈 모양 아이콘으로 전환되며, 전환된 속성은 도구 속성 팔레트에서 보이게 됩니다. 클릭하면 즉시 반영되므로 직접 클릭해서, 도구 속성에서의 변화를 살펴보세요.

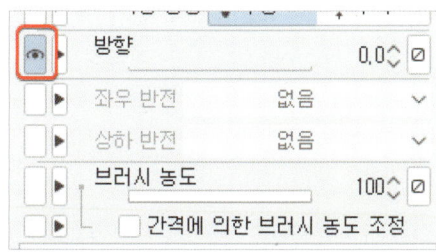
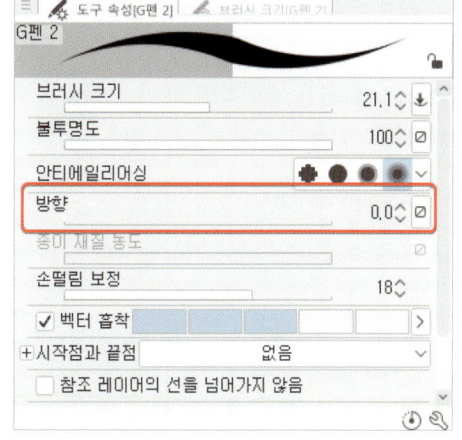

■ **나만의 브러시 만들기에 유용!**

보조 도구 상세 팔레트는 일반적으로 수정하기 힘든 부분도 수정할 수 있는 팔레트입니다. 나만의 브러시를 만들 때 매우 유용합니다. 자세한 사용법은 Chapter 05를 통해 살펴보도록 하겠습니다.

SECTION. 06 클립스튜디오의 보조 도구들

클립스튜디오의 다양한 팔레트에서 중심이 되는 것 중 하나가 도구 팔레트의 보조 도구들입니다. 이번 시간에는 클립스튜디오의 편리한 보조 도구들에 대해 알아보도록 하겠습니다.

> **주의사항** 저에게는 다른 툴이 많아요 or 저에게는 없는 툴이 있어요.
>
> 클립스튜디오가 버전업되면서 툴의 추가되거나 제거되거나 하는 경우가 종종 있었습니다. 오래 전부터 사용했던 사람이라면 예전 버전의 툴이 그대로 남아있을 것입니다. 여기서는 2.0을 기준으로 설명하고 있어서, 사용하던 시점에 따라 실제 가지고 계시는 툴 종류가 다를 수 있습니다.

도구와 보조 도구, 도구 속성, 보조 도구 상세 팔레트

도구 툴을 설명하기에 앞서 알아야 할 점이 있습니다. 도구 팔레트와 보조 도구 팔레트, 도구 속성 팔레트, 보조 도구 상세 팔레트는 관련이 깊습니다. 도구 툴은 실제 도구라기보단 비슷한 도구가 담긴 도구 폴더에 가깝습니다. 전혀 다른 툴을 넣는 것도 가능합니다.

실제 사용하게 되는 도구들은 보조 도구 팔레트에서 선택해 사용할 수 있습니다. 도구의 속성을 빠르게 바꾸는 것은 도구 속성 팔레트입니다. 반면, 보조 도구 상세 팔레트에서는 도구의 숨겨진 속성을 꺼내고, 수정해서 완전히 다른 툴로 탈바꿈시킬 수 있습니다.

■ 돋보기 툴

돋보기 툴은 이름 그대로 확대/축소를 담당하는 툴입니다. 이 툴을 선택하고, 화면을 클릭하면 캔버스 화면을 확대/축소 합니다. 기본으로 제공되는 보조 도구는 아래와 같습니다.

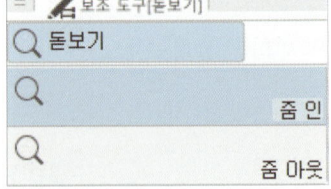

- **줌 인**: 확대하는 기능입니다.
- **줌 아웃**: 축소하는 기능입니다.

■ 이동 툴

캔버스를 움직이는 데 특화되어 있는 기능들입니다.

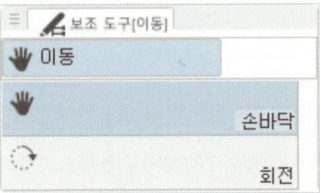

- **손바닥 툴**: 캔버스를 손바닥으로 밀듯 상하좌우로 움직일 수 있습니다.
- **회전 툴**: 캔버스를 회전할 수 있는 툴입니다.

▪ 조작 툴

조작 툴은 다양한 요소를 조작하는 보조 도구들이 담겨져 있습니다.

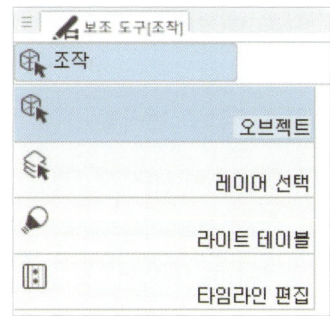

- **오브젝트**: 3D 소재, 자선 등 도구를 선택하는 도구들입니다.
- **레이어 선택**: 화면을 클릭해서 레이어를 선택하는 툴입니다.
- **라이트 테이블**: 캔버스를 확대, 축소, 이동할 수 있는 툴입니다.
- **타임라인 편집**: 애니메이션을 만들 때 타임라인을 편집하는 툴입니다.

▪ 레이어 이동 툴

레이어 및 다양한 요소를 이동할 수 있는 툴입니다.

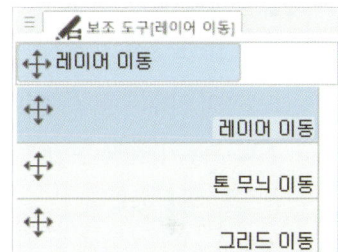

- **레이어 이동**: 캔버스의 레이어를 이동하는 툴입니다.
- **톤 무늬 이동**: 클립스튜디오 특유의 스크린톤 레이어의 레이어를 이동하는 툴입니다.
- **그리드 이동**: 그리드를 직접 이동할 수 있는 툴입니다.

▪ 자동 선택 툴

선택 영역을 자동으로 만들어주는 툴입니다. 선이 약간 끊어져 있더라도, 적절히 선택해서 웹툰 작업에 편리합니다.

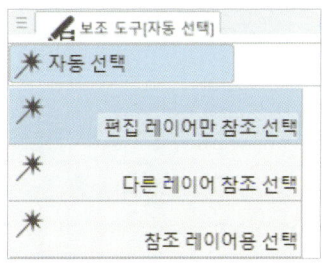

- **편집 레이어만 참조 선택**: 현재 편집하고 있는 레이어만 참조해서 선택합니다.
- **다른 레이어 참조 선택**: 현재 존재하는 모든 레이어를 참조해서 선택합니다.
- **참조 레이어용 선택**: 참조 레이어만 참조해서 선택합니다. (참조 레이어는 레이어 팔레트에서 등대 모양을 이용해서 적용가능합니다.) 선화만 참조 레이어로 만들고, 채색 레이어에서 선택해 채색하는 방식으로 작업할 수 있어 편리합니다. 매우 자주 쓰게 되는 선택 툴입니다.

■ 선택 범위 툴

사각형, 원형, 자유형태 등 다양한 형태로 선택 영역을 만들 수 있는 선택 범위 툴입니다. 선택 범위로 지정된 영역만 브러시, 채색등이 가능하게 되므로, 편리합니다.

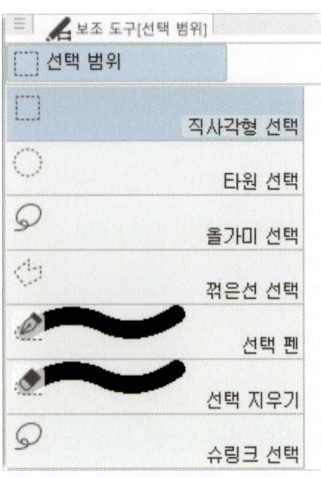

- **직사각형 선택**: 직사각형 형태로 선택하는 툴입니다.
- **타원 선택**: 타원 형태로 선택하는 툴입니다.
- **올가미 선택**: 펜으로 일정 영역을 가두는 형태로 선택 영역을 만들 수 있는 기능입니다. 복잡한 영역을 자유롭게 선택할 수 있습니다.
- **꺾은 선 선택**: 다각형을 그려나가면서, 선택할 수 있습니다. 셀 형태의 그림자를 그릴때 꽤 유용합니다.
- **선택 펜**: 펜처럼 그으면, 그은 부분만큼 선택 영역이 되는 툴입니다. 선이 얽히는 등, 어려운 부분을 감각적으로 선택할 수 있습니다.
- **선택 지우기**: 선택한 영역 중 일부분을 지우개 처럼 손쉽게 제거할 수 있습니다. 잘못 선택한 영역을 제거할 때 유용합니다.
- **슈링크 선택**: 중간에 빈 영역이 있더라도, 감안해서 함께 선택하는 방식입니다. 선 작업후, 내부를 채우기 위해 선택할 때 매우 유용합니다.

■ 스포이드 툴

화면의 색을 추출하는 기능입니다.

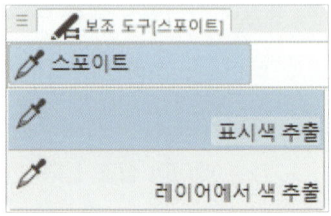

- **표시색 추출**: 현재 화면을 기준으로 색을 추출하는 기능입니다.
- **레이어에서 색 추출**: 현재 레이어 기준으로 색을 추출하는 기능입니다. 그림자 레이어 등, 보조 역할의 레이어에서 색을 가져올 수 있습니다.

■ 펜 툴

만화에서 발전한 매체인 웹툰은 출판만화처럼 펜선이 중요한 특징 중 하나입니다. 클립스튜디오는 펜선을 구현하는데 많은 힘을 쏟고 있고, 점점 툴이 좋아지고 있습니다. 펜 툴은 펜선을 그을 수 있는 툴들을 모아두었습니다. 웹툰에 어울리는 다양한 펜 툴을 사용할 수 있을 뿐만 아니라, 나만의 펜을 만들 수도 있습니다.

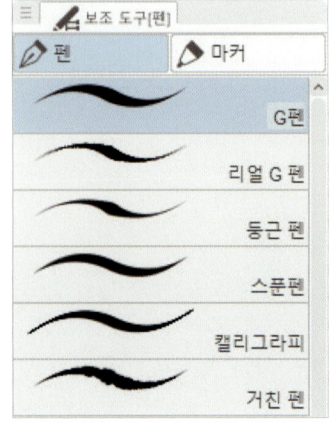

- **G펜**: G펜 스타일을 흉내내는 툴입니다. 압력에 민감하게 반응하는 편입니다.
- **리얼 G 펜**: 좀더 실제 G펜에 가깝도록 제작된 툴입니다.
- **둥근 펜**: 실제 둥근펜(마루펜) 스타일을 흉내내는 툴입니다. 매우 가는 선이 나오지만, 힘을 주면, 굵은 선도 그을 수 있습니다.
- **스푼 펜**: 실제 스푼펜 스타일을 흉내내는 툴입니다. 압력에 따라 안정적으로 두께가 바뀌므로, 상대적으로 사용하기 편합니다.
- **캘리그래피**: 캘리그래피용 펜선으로 선의 각도에 따라 다양한 굵기가 나옵니다.
- **거친 펜**: 캔버스천 등 질감이 강한 용지에 그린 것처럼 잉크가 퍼진 듯한 거친 선 스타일을 보여주는 펜선입니다.

■ 연필 툴

연필 느낌의 선을 그을 수 있는 연필 툴입니다.

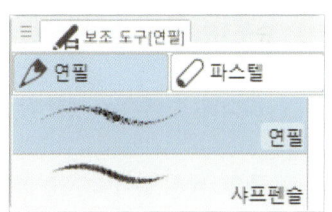

- **연필**: 일반적인 연필 느낌의 선입니다.

- **샤프 펜슬**: 샤프펜처럼 선의 강약이 약하고 밀도가 높은 선을 보여줍니다.

■ 마커 툴

실제 마커를 디지털로 구현한 툴입니다. 보통 두께 조정이 없거나, 매우 약한 편입니다.

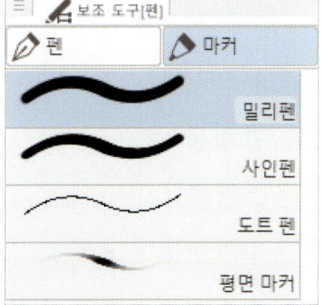

- **밀리펜**: 가늘고 선이 일정한 마커의 특징을 보여주는 툴입니다.
- **사인펜**: 흔히 사용되는 사인펜 느낌의 툴입니다. 두께가 있고, 선 굵기 조정이 조금은 가능합니다.

- **도트 펜**: 도트 형태의 선을 그어줍니다.
- **평면 마커**: 납작한 형태의 마커 느낌이 나는 툴입니다.

■ 파스텔 툴

실제 파스텔 계열을 기초로 제작된 툴입니다.

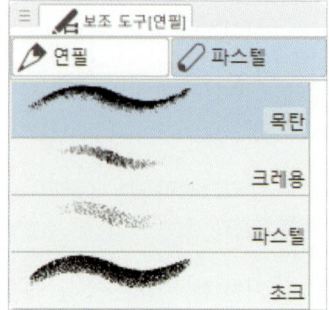

- **목탄**: 버드나무를 숯으로 만든 것이 목탄이라고 합니다. 실제 목탄의 느낌을 재현하는 툴입니다.
- **크레용**: 어릴 때 많이 사용한 크레용을 재현하는 툴입니다.
- **파스텔**: 실제 파스텔을 재현하는 툴입니다.
- **초크**: 실제 초크를 재현하는 툴입니다.

■ 붓

수채, 유채, 먹 등 붓을 이용한 다양한 도구들입니다. 수작업 느낌과 디지털 느낌 양쪽의 장점을 가지고 있습니다. 워낙 종류가 많은 편이라 일부분만 소개합니다. 그 외의 붓들은 직접 사용해보세요.

■ 수채

붓을 사용하는 툴 중 수채화 스타일을 구현하는 툴들입니다.

- 수채 둥근 붓:
- 수채 번짐:
- 습식 수채:
- 수채 평붓:
- 거친 수채:

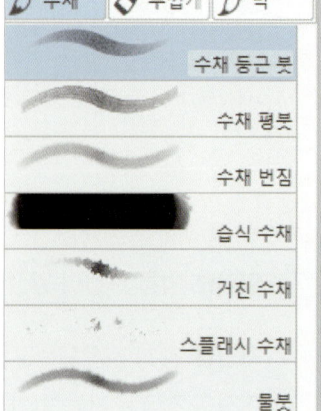

■ **두껍게(유채)**

붓을 사용하는 툴 중 유화 계열의 스타일을 구현하는 툴들입니다. 1.X 버전에서는 유채라는 카테고리로 존재했었으나 변경되었습니다.

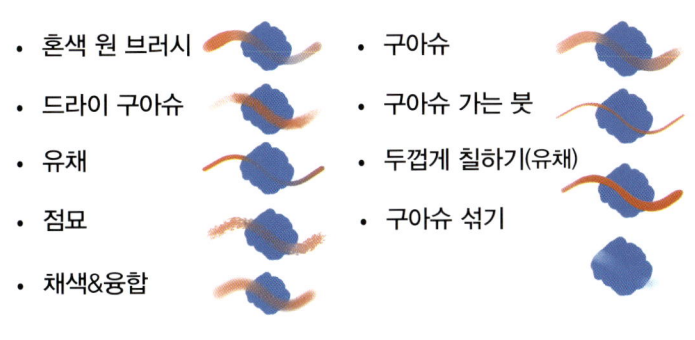

- 혼색 원 브러시
- 드라이 구아슈
- 유채
- 점묘
- 채색&융합
- 구아슈
- 구아슈 가는 붓
- 두껍게 칠하기(유채)
- 구아슈 섞기

■ **먹**

동양의 먹을 사용한 붓 스타일을 구현하는 툴들입니다.

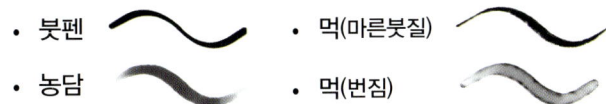
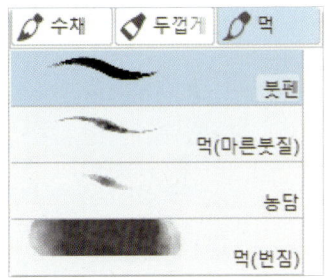

- 붓펜
- 농담
- 먹(마른붓질)
- 먹(번짐)

■ **에어브러시 툴**

스프레이 스타일을 구현하는 툴입니다. 부드러운 덩어리 형태 스프레이 뿐만 아니라, 점점이 뿌리는 툴도 포함되어 있습니다.

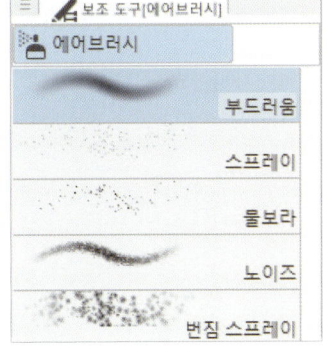

- **부드러움**: 부드러운 덩어리 형태의 스프레이를 표현합니다.
- **스프레이**: 점점이 뿌려지는 스프레이를 표현합니다.

- **물보라**: 물보라처럼 덩어리진 스프레이를 표현합니다. 액션 장면에 사용하면 효과적인 도구이기도 합니다.

- **번짐 스프레이**: 젖은 표면에 스프레이를 뿌렸을 때 나타날 법한 형태입니다.

- **노이즈**: 면에 먹을 묻혀 두드리는 듯한 느낌을 표현합니다.

■ **데코레이션 툴**

스프레이와 비슷하지만, 다양한 무늬를 뿌리거나 긋는 툴들입니다. 워낙 종류가 많기도 하고 카테고리도 다양한 편이라 일부분만 소개합니다. 알아두면 작업시간을 줄여주는 일등공신이므로 꼭 직접 사용해 보세요.

- **효과/연출**: 꽃, 반짝임, 핏자국 등 다양한 효과를 제공합니다.

- **배경**: 나뭇잎, 풀숲, 나무, 빌딩 등 배경을 입힐 수 있는 도구들이 포함되어 있습니다.

- **복식**: 레이스, 프릴 등 의복을 꾸밀 수 있는 다양한 도구들이 포함되어 있습니다.

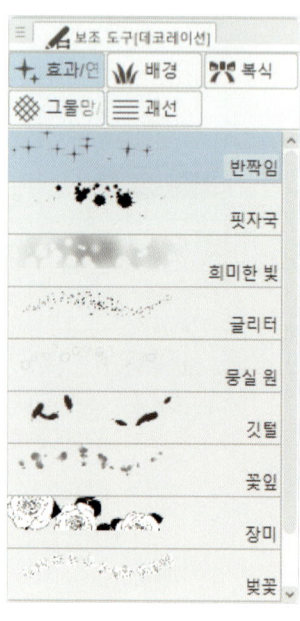
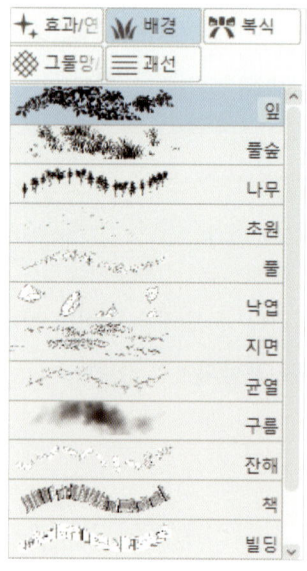
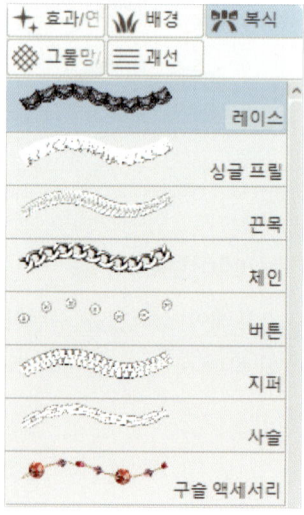

- **그물망**: 출판만화때 사용되던 다양한 효과를 구현하는 도구들입니다. 웹툰 연출과는 거리가 있지만, 매력적인 효과를 낼 수 있습니다.

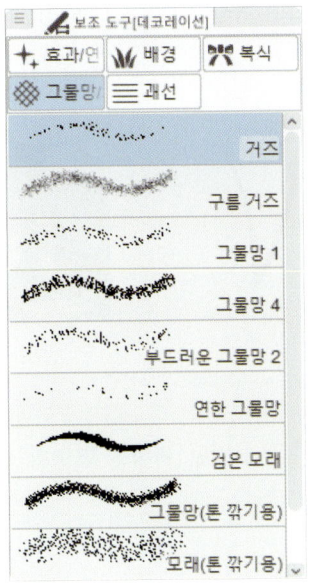

- **괘선**: 그리기 힘든 물결선, 요철, 점선 등을 편하게 그릴 수 있는 툴들을 모아두었습니다.

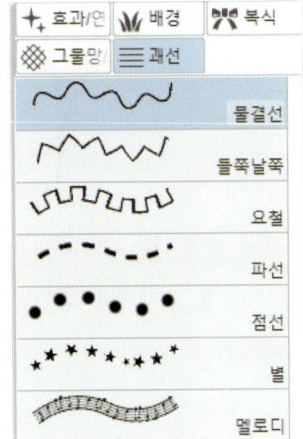

■ 지우개 툴

기존에 그린 이미지를 지우는데 특화된 지우개 툴입니다.

- **스냅 지우개**: 참조 레이어를 경계로 지우는 지우개입니다. 선 밖으로 튀어나온 면을 지우기 편리합니다.

- **딱딱함**: 외곽 부분이 딱딱한 지우개입니다.

- **부드러움**: 외곽 부분이 부드러운 지우개입니다.

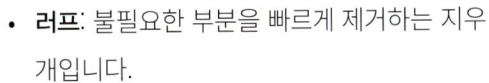

- **반죽 지우개**: 모양이 독특한 형태의 지우개입니다. 불규칙하게 지워집니다.

- **러프**: 불필요한 부분을 빠르게 제거하는 지우개입니다.

- **벡터용**: 벡터선 전용 지우개입니다. 머리카락 등 튀어나온 부분을 정리하는데 매우 좋은 도구이기도 합니다.
- **레이어 관통**: 여러 레이어를 동시에 지우는 지우개입니다.

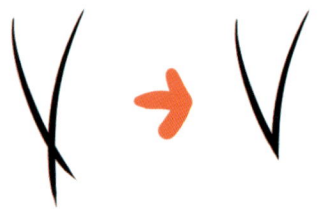

■ 색 혼합 툴

색 혼합 툴을 새롭게 색을 칠하기보단, 기존에 있던 채색을 변형하는데 특화된 툴입니다.

- **색 혼합**: 겹친 부분을 섞습니다.게 지워집니다.

- **붓(섞기)**: 붓을 사용해 섞는 듯한 독특한 느낌을 냅니다.
- **질감이 남게 섞기**: 문지른 부분의 터치가 남도록 섞이는 도구입니다.

- **흐리기**: 문지르는 부분의 색 경계를 흐리게 합니다.
- **손끝**: 손끝으로 문지르는 것처럼 그림 일부가 딸려옵니다.

- **부드러운 수채 번짐**: 수채화의 번짐효과를 표현하는 도구입니다.
- **복제 도장**: 이미지의 일부분을 복제하는 기능입니다.

▪ 픽셀 유동화

픽셀 유동화는 기존의 채색영영 크기를 조절하는 기능을 합니다. 눈 크기 등, 일부분의 균형이 이상할 때 빠르게 수정할 수 있어 편리합니다. 2.0으로 업데이트되면서 여러 레이어를 동시에 보완하는 기능도 추가되어 더욱 편리해졌습니다. 자세한 내용은 38쪽 2.0 픽셀 유동화 여러 레이어 설정을 참고하세요.

▪ 채우기 툴

특정 영역을 칠할 수 있는 채우기 툴입니다. 포토샵과 달리, 선화를 참조 레이어를 사용해서 칠하거나, 선의 빈틈을 감안해서 채워주는 등 웹툰 작업에 편리한 기능이 많습니다. 포토샵에서 옮겨오신 분들이 가장 환호하는 기능이기도 합니다.

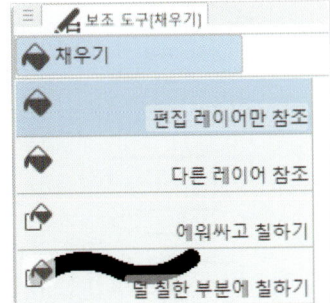

- **편집 레이어만 참조**: 현재 편집하는 레이어만 참조해서 채색합니다.
- **다른 레이어 참조**: 다른 레이어를 참조해서 채색합니다. 기본값은 현재 있는 모든 레이어입니다.
- **에워싸고 칠하기**: 올가미 형태로 둘러싸면 해당부분만 칠해주는 기능입니다. 머리카락 등 복잡하게 얽힌 곳에 사용하기 좋습니다.
- **덜 칠한 부분에 칠하기**: 중간에 빈 부분이 있으면, 주변색으로 적절히 채워주는 기능입니다. 에워싸고 칠하기 툴 등으로 복잡한 부분을 칠한 다음, 덜 칠해진 곳에 집중적으로 칠하면 편합니다.

▪ 그라데이션 툴

그라데이션을 그릴 수 있는 툴입니다.

- **그라데이션**: 정해진 순서대로 칠하는 방식입니다.

- **등고선 채색**: 선을 긋고, 그 사이를 클릭하면, 선 사이의 색상을 만들어줍니다. 잘 사용하면 복잡하면서도 매끄러운 덩어리감을 표현할 수 있습니다.

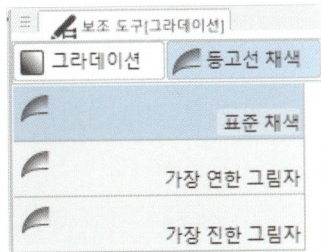

■ **도형 툴**

직선, 사각형부터, 유선, 집중선 등 다양한 도형을 그릴 수 있는 툴입니다.

- **직접 그리기**

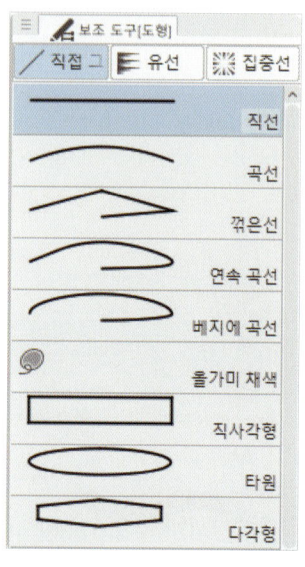

- **유선**: 한쪽으로 빠르게 흐르는 선을 그릴 수 있습니다.

- **집중선**: 집중선을 몇번의 클릭만으로 빠르게 그릴 수 있습니다.

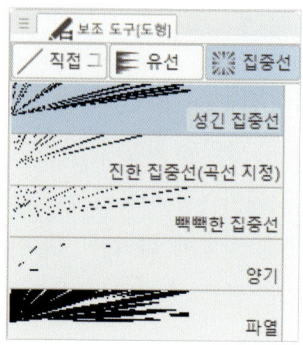

■ **컷 테두리**

컷을 그리고 나누는 등의 기능을 담당합니다.

- **컷 작성**: 컷을 그리는 다양한 툴을 제공합니다.

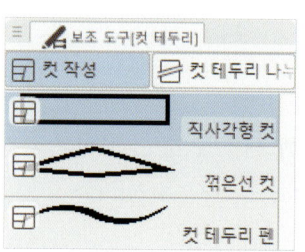

- **컷 테두리 나누기**: 만든 것을 나누는 데 특화된 기능입니다.

■ **텍스트 툴**

텍스트를 적을 수 있는 텍스트 툴입니다.

- **컷 작성**: 컷을 그리는 다양한 툴을 제공합니다.

▪ 자 툴

다양한 가상의 자 선을 만들 수 있습니다. 만들어진 자선을 통해 자연스러운 직선과 곡선을 그을 수 있습니다.

- **직선자**: 직선을 참고해서 그릴 수 있는 직선자를 만듭니다.
- **곡선자**: 곡선을 참고해서 그릴 수 있는 곡선자를 만듭니다.
- **도형자**: 특정 도형을 참고해서 그릴 수 있는 도형자를 만듭니다.
- **자펜**: 직접 그어서 자연스러운 자선을 만들 수 있는 기능입니다.
- **특수자**: 평행선, 다중 곡선 방사선 등을 그릴 수 있는 특수자입니다.
- **가이드**: 임의의 가이드 선을 그릴 수 있는 가이드 선 도구입니다.
- **퍼스자**: 소실점 기반의 자선을 만들 수 있습니다. 2.0으로 업데이트되면서 어안렌즈 형태를 그릴 수 있는 어안퍼스가 지원됩니다. 자세한 내용은 27쪽 2.0 어안 퍼스를 참고하세요.
- **대칭자**: 대칭형 그림을 그릴 수 있는 대칭자입니다. 정면 컨셉, 반복무늬를 그리는데 유용합니다.

▪ 말풍선 툴

말풍선을 그릴 수 있는 툴입니다.

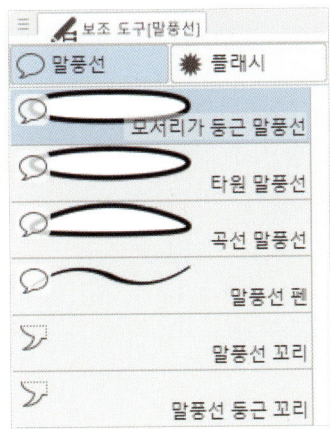

- **모서리가 둥근 말풍선**: 둥글 넙적한 형태의 말풍선입니다. 대사를 넣기 적절한 구조입니다.

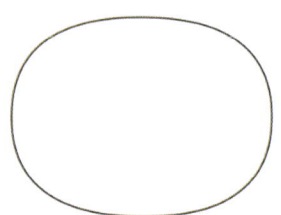

- **타원 말풍선**: 일반적으로 생각하는 타원 형태의 말풍선입니다.

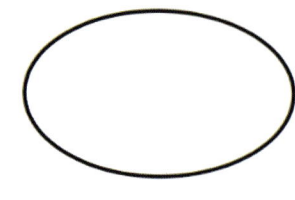

- **곡선 말풍선**: 점을 찍어 곡선을 그리는 방식의 말풍선입니다. 부드러운 곡선 형태의 말풍선을 만들 수 있습니다.

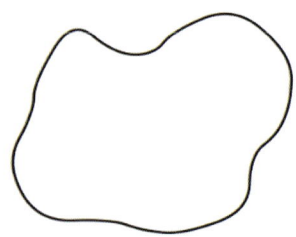

- **말풍선 펜**: 펜 툴로 그어 말풍선을 만드는 방법입니다. 매우 자유로운 말풍선을 만들 수 있습니다

- **말풍선 꼬리**: 말풍선의 꼬리 부분을 만들 수 있는 툴입니다.

- **말풍선 둥근꼬리**: 말풍선 꼬리 중 생각을 표현하는 둥근 꼬리를 만들 수 있는 툴입니다.

■ 선 수정 툴

기존에 만든 선을 단순화하거나, 조정하는 등 편리한 기능들이 포함되어 있습니다. 벡터 툴만 지원하니 유의하세요.

- **벡터선 연결**: 여러 벡터선을 선택하면, 하나로 합쳐줍니다.
- **벡터선 다시 그리기**: 현재 있는 벡터선을 다시 그립니다.
- **벡터선폭 다시 그리기**: 현재 있는 벡터선의 두께를 직접 그려서 조정합니다.

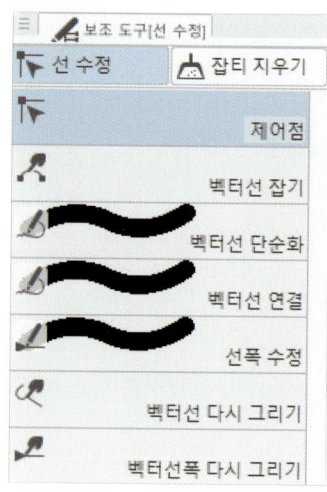

- **제어점**: 벡터선의 제어점을 직접 드래그해 선을 수정할 수 있습니다.

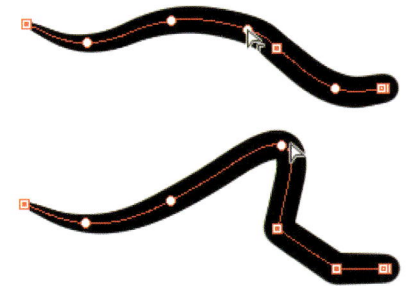

- **벡터선 잡기**: 선의 일부분을 잡아 주변부위를 한꺼번에 움직일 수 있는 기능입니다.

- **벡터선 단순화**: 선의 제어점을 줄이고 선의 굴곡을 단순화합니다.

- **선 폭 수정**: 선 폭을 다양하게 수정해줍니다. 너무 굵게, 가늘게 그었을 경우 사용합니다.

■ **잡티 지우기 툴**

지저분한 얼룩, 잡티 등을 제거하는 툴입니다. 스캔한 이미지를 정리해야 할 때 유용합니다.

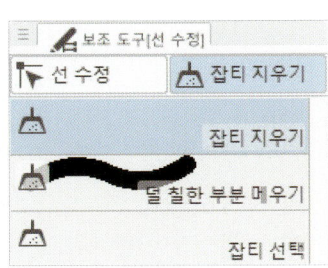

■ **색**

도구 툴 아래에는 색을 조정할 수 있는 기능이 있습니다. 포토샵과 달리 투명한 색이 포함되어 있습니다. 투명색을 이용하면, 기본 브러시들을 지우개처럼 쓸 수 있어 편리합니다.

색의 디테일한 부분은 색상써클 등을 이용하면 편리하게 변경가능합니다.

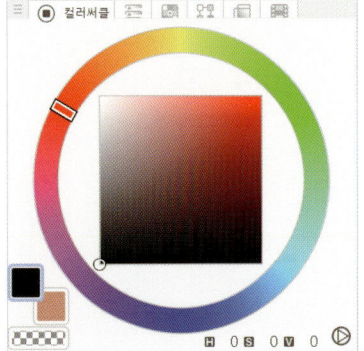

SECTION. 07 클립스튜디오의 팔레트

클립스튜디오의 창은 '팔레트'라고 부릅니다. 이번 시간에는 클립스튜디오의 팔레트에 대해 알아보도록 하겠습니다.

■ 도구 팔레트

다양한 툴을 빠르게 선택할 수 있는 도구 팔레트입니다.

■ 보조 도구 팔레트

도구 팔레트에서 도구를 선택하면, 보조 도구 팔레트를 통해 하위 도구를 선택할 수 있습니다. 도구 팔레트에 따라 내용이 달라지게 됩니다. 보조 도구 팔레트에서는 기존 도구를 수정해 새로운 도구를 만들 수 있습니다.

■ 도구 속성 팔레트

도구 속성 팔레트에서는 도구 & 보조 도구에서 선택한 도구의 세부 속성을 조정할 수 있습니다. 브러시의 크기나, 스프레이의 확산 정도 등 원하는 기능을 편리하게 수정할 수 있습니다. 오른쪽 하단의 스패너 모양 버튼을 통해 보조 도구 상세 팔레트를 꺼낼 수 있습니다.

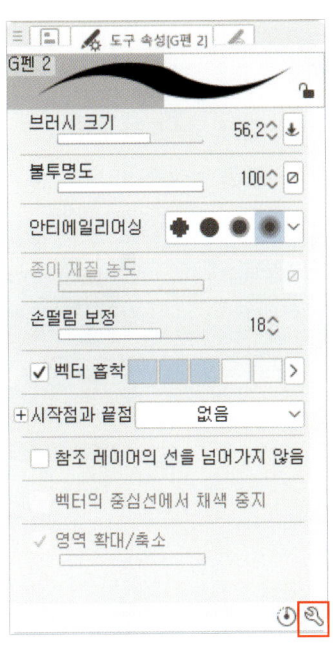

■ 보조 도구 상세 팔레트

브러시의 숨겨진 기능을 모두 확인하고 변경할 수 있는 보조 도구 상세 팔레트입니다. 도구 속성 팔레트에 없는 기능까지 확인할 수 있어 세세한 조정이 필요할 때 유용합니다. 평소에는 보이지 않으며 보조 속성 팔레트를 통해 접근할 수 있습니다.

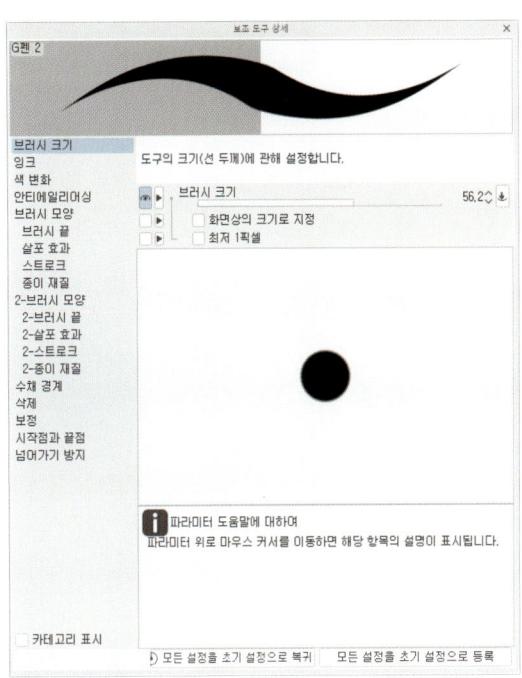

■ 컬러 관련 팔레트

클립스튜디오는 그림 작업에 최적화된 툴인만큼 컬러 관련 팔레트도 다양합니다. 하나하나 알아보도록 하겠습니다.

- **컬러 써클 팔레트**: 원형 컬러 팔레트입니다. 직관적으로 색을 선택하기 좋습니다.

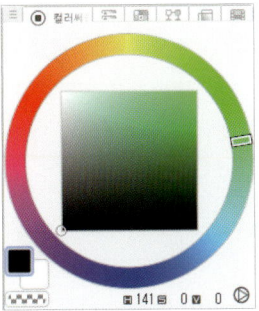

- **컬러 슬라이드 팔레트**: 슬라이드를 통해 컬러를 선택할 수 있는 팔레트입니다. 정확한 수치가 필요할 때 사용할 수 있습니다.

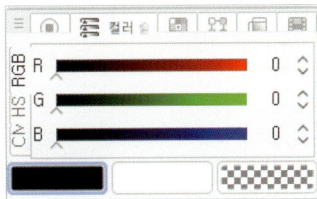

- **컬러 세트 팔레트**: 자주 사용하는 컬러를 미리 정해두고 사용할 수 있습니다. 팔레트를 여러 개 설정할 수 있어 편리합니다.

- **중간색 팔레트**: 색상을 정해두면 그 사이의 색을 선택할 수 있는 팔레트입니다. 특정 범위 내에서 색을 정해야 할 때 편리합니다.

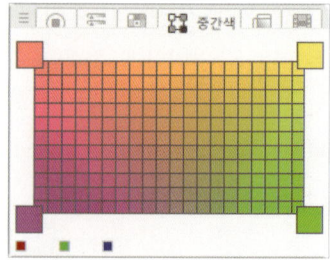

- **유사색 팔레트**: 정해진 색을 중심으로 명암과, 채도를 변경해 보여주는 팔레트입니다.

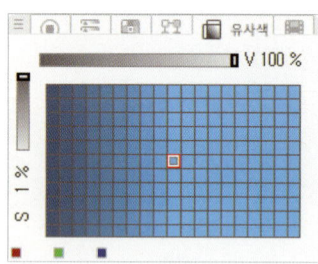

- **컬러 히스토리 팔레트**: 지금까지 사용한 색상 값을 보여줍니다.

■ 소재 팔레트

직접 제작하거나, 다운로드 받은 다양한 소재들을 등록해 사용할 수 있습니다.

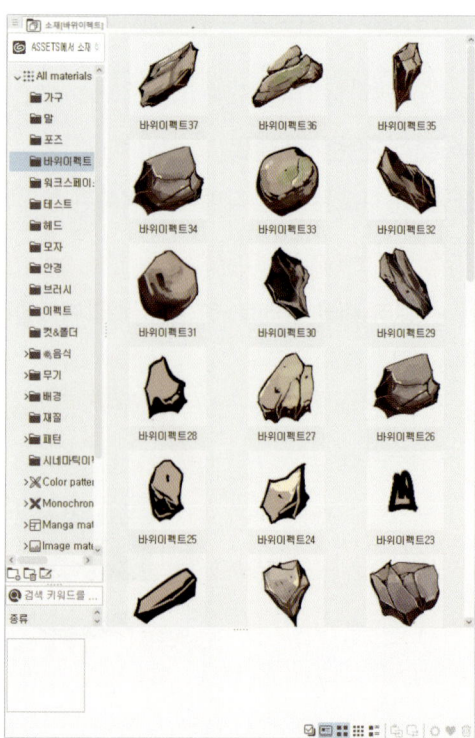

■ 네비게이터 팔레트

현재 문서 창에서 어떤 부분을 보고 있는지 확인하고 위치를 변경할 수 있습니다. 부분을 확대해서 작업할 때, 전체 완성도를 파악할 때 매우 유용합니다.

■ 서브 뷰 팔레트

참고 이미지를 띄워놓고 볼 수 있는 서브 뷰 팔레트입니다.

■ 아이템 뱅크 팔레트

자주 사용하는 이미지를 넣어두고 필요할 때 사용할 수 있는 아이템 뱅크 팔레트입니다. 소재 폴더와 다른 점이라면 외부의 파일을 링크하는 개념이라는 점입니다. 원본을 제거하면 동작하지 않으며, 대신 메모리를 차지하지도 않아 좀 더 가볍습니다.

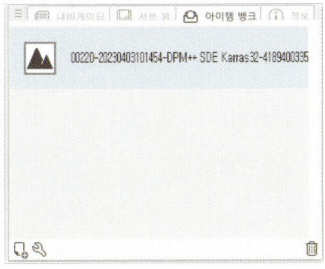

■ 정보 팔레트

현재 브러시의 위치, 선택 영역의 크기 등 다양한 정보를 보여주는 정보 팔레트입니다.

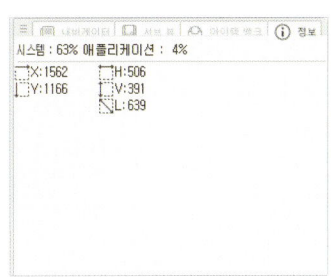

■ 레이어 속성 팔레트

테두리, 라인 추출 등 다양한 속성을 표현하는 속성 팔레트입니다.

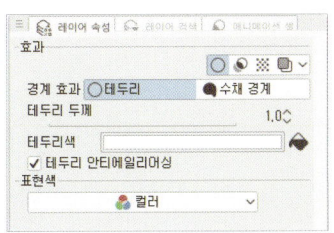

■ 레이어 검색 팔레트

지금 있는 레이어 중 원하는 레이어를 찾을 수 있는 팔레트입니다.

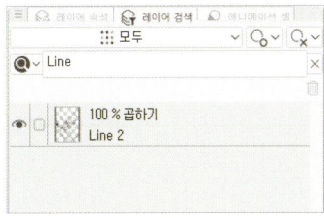

■ **애니메이션 셀 팔레트**

애니메이션 작업에 유용한 팔레트입니다.

■ **레이어 팔레트**

작업에 사용되는 모든 레이어를 폴더 구조로 볼 수 있는 레이어 팔레트입니다.

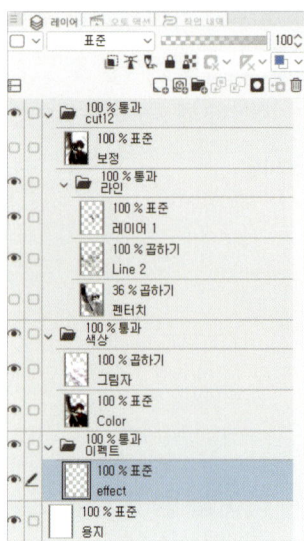

■ **오토 액션 팔레트**

복잡한 작업을 자동화할 수 있는 오토 액션 팔레트입니다.

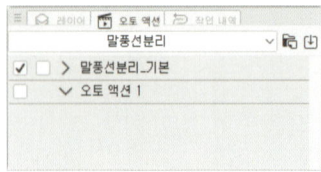

■ **작업 내역 팔레트**

작업 내역을 확인하고 되돌릴 수 있는 작업 내역 팔레트입니다.

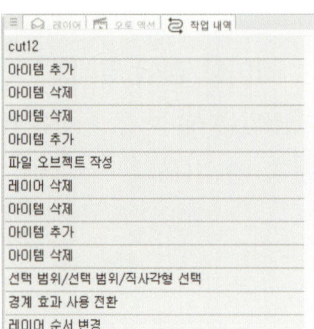

■ **그 외**

이 이외에도 클립스튜디오는 다양한 팔레트를 가지고 있습니다. 다른 팔레트는 창 → 이름을 선택함으로써 열 수 있습니다. 참고하세요.

Unit 01 클립스튜디오만의 레이어 익히기

클립스튜디오는 만화/웹툰 작업에 최적화되어 있습니다. 포토샵과 달리 만화 작업에 유용한 다양한 레이어 종류를 제공합니다.

■ 편집 레이어

일반적인 레이어입니다. 밑색 및 디테일 작업에 유용합니다.

■ 참조 레이어

참조 레이어는 선을 참조할 수 있는 레이어입니다. 주로 펜선 레이어에 적용합니다. 참조 레이어 설정을 하면, 다른 레이어에서도 이 레이어를 참조할 수 있고, 이 레이어의 선 등에 맞춰 빠르게 색을 입힐 수 있습니다. 잘 사용하면 웹툰 작업이 매우 편해집니다. 등대 모양의 아이콘이 잘 어울립니다.

■ 밑그림 레이어

밑그림 레이어는 말 그대로 밑그림을 그릴 수 있는 레이어입니다. 펜과 잉크로 그림을 그리던 시절에는 펜선을 그리고 나서, 밑그림을 일일이 지우개로 지워야 했습니다. 하지만, 클립스튜디오는 그런 불편한 작업이 불필요합니다. 밑그림 레이어로 설정할 경우, 추출할때 밑그림 레이어가 추출되지 않기 때문입니다. 연출상 스케치를 보일 경우가 아니라면, 스케치는 밑그림 레이어 설정을 꼭! 해두세요.

■ 참조, 밑그림 레이어 설정 방법

참조, 밑그림 레이어는 레이어 팔레트에서 설정가능합니다.

SECTION. 08 클립스튜디오만의 벡터 레이어 살펴보기

■ 클립스튜디오만의 벡터 레이어

벡터 레이어는 클립스튜디오의 가장 큰 매력 중 하나입니다. 마치 일러스트레이터와 포토샵을 합친 것 같은 편리함을 제공합니다. 벡터 레이어 덕분에 클립스튜디오의 만화나 웹툰 작업이 매우 편리해졌습니다.

■ 벡터와 레스터 차이점

포토샵이나 페인터 등은 모두 레스터 기반의 툴로 선을 한번 그으면 수정하기 힘든 편입니다. 하지만, 클립스튜디오의 벡터 레이어는 벡터 기반으로, 한번 그은 선을 언제든지 수정할 수 있습니다.

■ 벡터 레이어의 장점

벡터 레이어는 다양한 장점이 있습니다. 하나씩 알아보도록 하겠습니다.

• 벡터 레이어 지우개를 이용해 불필요한 선 제거

지우개 툴 중 '벡터용' 은 이름 그대로 벡터 선을 위한 지우개 툴입니다. 지운 부분만 제거되는 일반 지우개와 달리, 선이 겹쳐진 부분까지 한번에 인식하고 제거합니다. 가느다란 머리카락을 여러 개 그리고 겹치거나 삐져나온 부분을 제거하는데 특히 탁월합니다.

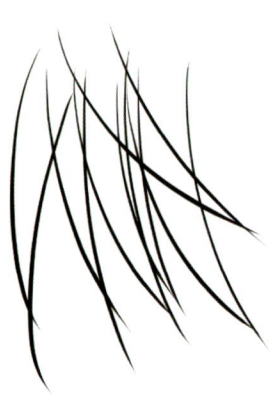 

• '선 수정' 툴을 이용한 다양한 변경

벡터 레이어의 선은 '선 수정' 툴을 이용해 이미 그은 선의 굵기를 다양하게 변경할 수 있습니다. 선 자체는 마음에 들지만, 굵기만 바꾸고 싶다거나, 반대로 굵기만 두고 선을 변경하는 것도 자유롭습니다. 여러번 작업하는 과정이 줄어들고, 작업중에도 언제나 변경할 수 있어 편리합니다.

- '벡터의 중심선에서 채색 중지' 옵션을 통한 깔끔한 채색

일반적인 레스터 레이어 선을 이용해 채색하면, 채색이 깔끔하게 되지 않는 경우가 많습니다. 선의 경계를 중심으로 채색이 되기 때문입니다. 하지만, 벡터 레이어를 이용하면 '벡터의 중심선에서 채색 중지' 옵션을 이용할 수 있습니다. 이 옵션을 이용하면 벡터 선의 중심지점을 인식하기 때문에 좀 더 깔끔한 채색이 가능해집니다. 레스터 레이어의 경우 확대해보면 경계 부분에 잡티가 보이는 것을 확인할 수 있습니다.

■ 벡터 레이어의 아쉬운 점

벡터 레이어의 가장 아쉬운 점은 '선' 중심의 레이어라 '채색'이 불가능하다는 점입니다. 픽셀 유동화 등 픽셀 중심의 툴들이 적용되지 않는 점도 아쉬운 부분입니다. 앞으로는 이러한 부분이 개선되어 좀 더 완벽한 클립스튜디오로 변화하길 기대합니다.

CHAPTER 03

3배 멋진 대사를 위한 말풍선과 폰트 선정

SECTION 01　말풍선이란
SECTION 02　효과음이란
SECTION 03　폰트 다운로드하기
SECTION 04　클립스튜디오 폰트 설치하기
SECTION 05　말풍선과 대사 만들기
SECTION 06　스토리 에디터 사용법

SECTION. 01 말풍선이란

■ 말풍선의 필요성

웹툰은 캐릭터의 외모, 행동도 중요하지만, 캐릭터의 매력적이고 일관된 성격 역시 중요합니다. 주인공이 특별한 이유 없이 착했다가, 야비했다가 하면 독자들이 혼란을 일으키겠지요. 주인공의 캐릭터성을 표현하는 가장 좋은 방법이 바로 대사입니다.

스크롤 형태의 웹툰인 이상, 캐릭터의 외모가 어느 정도 독자들에게 인식된 다음에는, 대사 위주로 빠르게 스크롤하게 됩니다. 말풍선이 시선흐름을 유도하는 경우가 예전 출판만화보다 훨씬 늘었으며, 그만큼 중요성도 커졌습니다. 말풍선은 이 대사를 주변과 구별함으로써 읽기 쉽게 해주는 역할을 합니다. 말풍선은 단순한 형태 뿐만 아니라, 상황마다, 혹은 캐릭터마다 다른 말풍선을 줌으로써 좀더 명확한 표현을 하기도 합니다.

■ 말풍선의 구조

말풍선의 구조는 크게 말풍선과 말풍선 꼬리. 2가지로 나뉩니다. 말풍선은 대사를 담습니다. 말풍선 꼬리는 대화의 대상을 가르키는 가이드라인이자, 시선의 흐름을 유도하는 역할을 합니다.

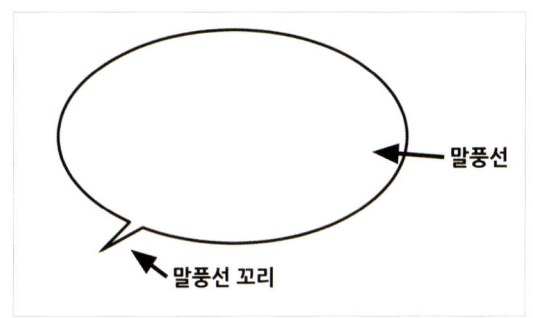

■ 말풍선의 종류

말풍선의 종류는 작가의 전달 의도만큼이나 다양합니다. 일반적인 말풍선은 둥근 형태지만, 외침처럼 주변에 영향을 주는 말풍선은 뾰족뾰족한 형태를 사용합니다. 의학 만화같이 전문성이 많은 대사는 직사각형 형태의 말풍선을 쓰기도 합니다.

장식 형태의 말풍선을 사용하기도 합니다. 작가마다의 성향, 작품의 분위기에 따라 천차만별입니다. 필자는 무당의 이야기를 그리면서 먹 형태의 말풍선을 사용하기도 하였습니다.

■ **말풍선 꼬리의 종류**

말풍선 꼬리의 종류는 크게 2종류입니다. 내용이 외부로 향하는 대사 꼬리와 내부로 향하는 생각 꼬리입니다. 외부로 향하는 대사는 등장인물들이 함께 들을 수 있는 대사입니다. 내부로 향하는 생각은 오로지 독자만 공유하는 대사입니다.

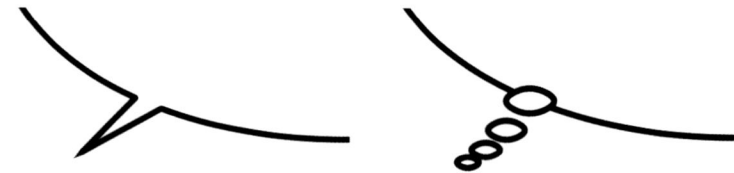

말풍선 꼬리는 말한 대상을 가르키는 화살표입니다. 그래서 말한 사람이 누구인지 명확하지 않을 경우 말풍선의 꼬리가 없습니다. 같은 이유로 나레이션 글 역시 말풍선의 꼬리가 없는 경우가 많습니다.

> **Tip 규칙은 깨지라고 있는 것!**
>
> 말풍선은 편한 이해를 위해 위와 같은 공식으로 사용되긴 합니다만, 의도에 따라 일부러 그러한 룰을 깨기도 합니다. 서양의 데X풀같은 만화의 경우 말풍선 꼬리가 없는 나레이션을 주인공이 알아듣기도 하고, 직접 나레이션 형태의 말풍선을 만들기도 합니다. 여러분도 다양한 방식으로 깨트려보시기 바랍니다. 단, 의도가 충분히 반영되지 않으면 오히려 독자가 싫어하니 주의!

SECTION. 02　효과음이란

앞서 말풍선은 만화 속에서 특정인물이 말하는 내용을 독자에게 명확하게 전달하기 위한 것이라고 이야기하였습니다. 효과음은 말풍선과 유사하게 소리를 표현하지만, 의미를 전달하기 보다는 소리 그 자체를 표현합니다. 등장인물이 외치는 소리,곤충이 찌르르 우는소리, 칼이 부딪치는 소리, 폭발소리, 신음소리 등등 다양한 소리가 효과음으로 표현됩니다.

말풍선과 달리 배경요소에 가까운 특징을 가지며 실제 배경의 일부처럼 다루어집니다. 출판만화 때는 효과음이 배경을 부수는 등의 표현도 종종 사용되었습니다. 실제 웹툰에서도 효과음은 직접 그리거나, 아래처럼 웹툰에 어울리는 폰트를 수정하는 방식으로 사용됩니다.

Unit 01 팁 무료 폰트를 구할 수 있는 곳

과거에는 폰트의 저작권 개념이 널리 알려지지 않았고, 쓸만한 무료 폰트도 많지 않았습니다. 그래서 유료 폰트를 원고에 사용했다가, 법적인 문제를 일으키기도 하였습니다. 다행히 최근에는 고퀄리티의 무료 폰트가 많이 생겨났습니다. 각 지자체에서도 만들기도 하고, 특정 회사에서 브랜딩을 위해 무료로 제공하기도 합니다. 그러한 덕에 현재의 웹툰 작가들은 충분히 많은 폰트를 사용할 수 있게 되었습니다.

무료폰트가 많이 늘어나자, 무료 폰트들을 모아서 소개하는 사이트도 많이 생겨났습니다. 몇 군데를 골라 소개해보겠습니다. 저작권 정보나, 다운로드 등 기본적으로 제공하는 것들은 유사하므로, 취향에 맞는 곳을 고르시면 됩니다.

■ 눈누 _ 공식사이트: https://noonnu.cc

깔끔한 디자인과 개성적인 예시 문구가 매력입니다.

■ 네이버 한글 _ 공식사이트: https://hangeul.naver.com/font

네이버에서 제공하는 다양한 무료폰트를 사용할 수 있습니다. 깔끔한 스타일이 많기도 하고, 안정적인 편이라 많은 인기가 있습니다.

■ 프리폰트100 _ 공식사이트: https://freefont100.com

상업용 무료폰트 위주로 공개하고 있습니다. 사용 목적에 따라 카테고리를 나눈 점이 눈에 띕니다.

SECTION. 03 폰트 다운로드하기

이번 시간에는 직접 폰트를 다운 받아 사용해봅시다. 다운 받을 사이트는 눈누입니다.

- **사이트링크**: https://noonnu.cc

■ 마음에 드는 폰트 고르기

마음에 드는 폰트를 선택합니다.

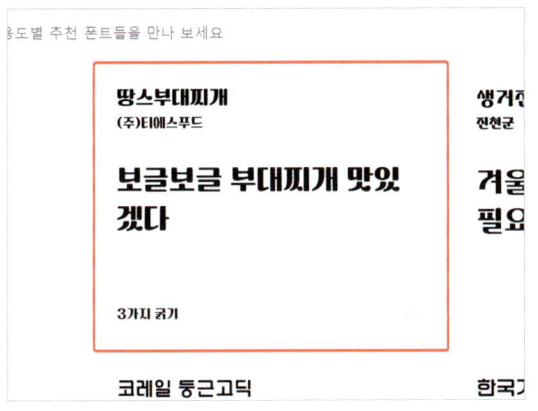

폰트의 세부 정보창으로 이동합니다.

■ 저작권 확인하기

상업적 무료 폰트가 대부분이지만, 그 조건이 폰트마다 다양합니다. 혹시 모르니 미리 확인하는 습관을 가지는 것이 좋습니다.

■ 다운로드 받기

이곳은 폰트의 정보만 모아두었을 뿐, 폰트 다운로드는 각각 제공하는 사이트에서 하게 됩니다. 다운로드 페이지로 이동 버튼을 클릭하면, 이동합니다. 다운로드 페이지의 모습은 제공하는 사이트마다 다릅니다. 다운로드 장소를 찾아 다운로드 받으시면 됩니다.

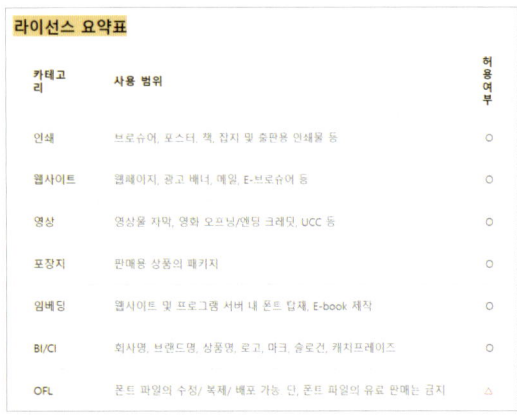

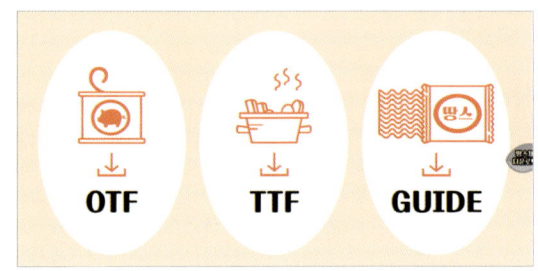

Unit 01　팁 OTF와 TTF란

■ 결론부터 말하자면

폰트를 다운로드 받다보면 OTF와 TTF로 나뉘는 것을 알 수 있습니다. OTF가 좀더 나중에 나온 포맷 형식이며, 상대적으로 디자인이 예쁜 편이므로 둘 다 제공하고 있다면 OTF 포맷을 권해드립니다. 사실 둘 다 사용에는 큰 차이가 없습니다.

■ TTF란?

TTF는 True Type Font 의 약자입니다. 마이크로소프트와 애플이 어도비에 대응하기 위해 제작한 글꼴타입입니다. 2차 베지어 곡선을 사용하고 있으며 전자출판에 유리한 편입니다.

■ OTF란?

OTF는 Open Type Font의 약자입니다. TTF의 후속이지요. TTF보다 제작이 편리하고, TTF에 비해 3차 베지어 곡선을 지원하므로 곡선을 세세하게 조정할 수 있습니다. OTF를 디자인 쪽에서 선호하는 이유이기도 합니다.

SECTION. 04 클립스튜디오 폰트 설치하기

클립스튜디오에서 사용하기 위해서는 두 가지 방식으로 설치가 가능합니다.

- 윈도우에 직접 설치하기
- 클립스튜디오에 설치하기

폰트를 다른 프로그램에서도 사용하시려면 윈도우에 직접 설치를, 클립스튜디오에서만 사용하고 싶으시면 클립스튜디오에 설치하시면 됩니다. 웹툰용 폰트 같은 경우 일상적 상황에서는 많이 사용하지 않는 편이므로 클립스튜디오에 우선 설치하시고, 차후 필요에 따라 윈도우에 설치하시는 쪽을 권합니다.

■ 클립스튜디오에 설치하기

파일 → 글꼴 관리를 선택하면 글꼴 관리 창이 열립니다.

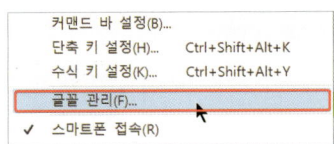

추가 버튼을 눌러 다운받은 폰트 파일을 불러옵니다. 폰트 파일은 TTF와 OTF를 둘다 사용할 수 있습니다. 공개하고 있습니다. 사용목적에 따라 카테고리를 나눈 점이 눈에 띕니다.

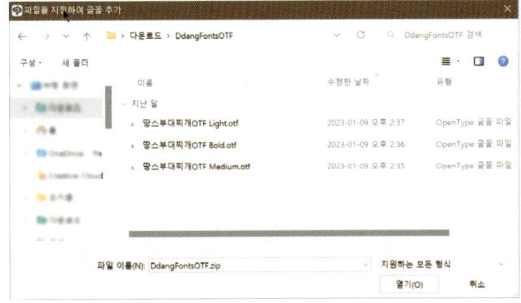

불러오면 경고 메세지가 나옵니다. 글꼴을 클라우드에 백업하겠다는 메세지입니다. 클라우드 백업을 통해 다른 OS나 컴퓨터에서도 동일한 폰트를 유지할 수 있습니다. 닫기를 눌러 진행합니다.

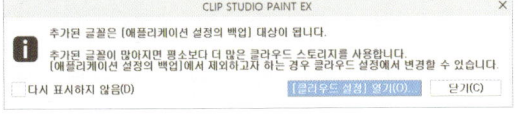

폰트가 추가된 것을 확인할 수 있습니다.

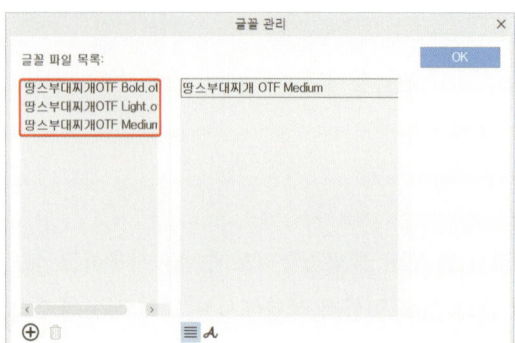

텍스트 도구 - 도구 속성 창에서 글꼴리스트를 확인하면, 추가된 글꼴이 보이는 것을 알 수 있습니다.

A자 형태 아이콘을 클릭하면, 폰트 모양을 미리 확인할 수 있습니다.

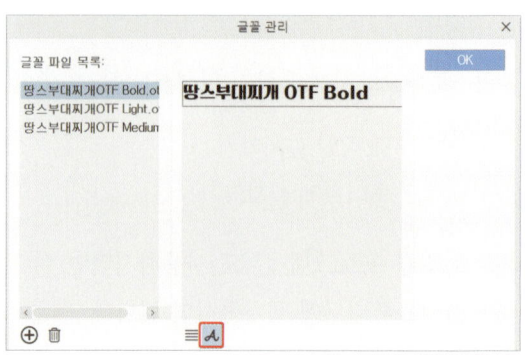

이제 자유롭게 추가된 폰트를 사용할 수 있습니다.

SECTION. 05 말풍선과 대사 만들기

이번 시간에는 말풍선과 대사를 사용해봅시다.

■ 말풍선 도구

말풍선 도구는 처음에는 보이지 않습니다 말풍선 도구는 텍스트 도구 안에 포함되어 있습니다. 텍스트 도구를 클릭하세요.

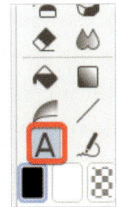 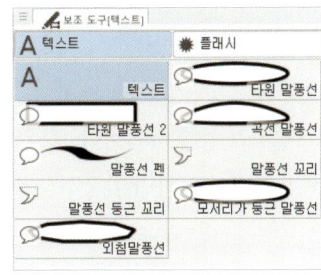

텍스트 보조 도구에서는 다양한 말풍선 도구를 제공합니다. 각각 다양한 용도로 사용되며, 세세한 수정도 가능합니다. 여기서는 실제로 자주 사용되는 기능에 대해 설명합니다.

■ 말풍선 만들기

타원 말풍선을 선택합니다. 선택한 후 도구 속성을 살펴보면 말풍선에 대한 세세한 설정이 가능한 것을 볼 수 있습니다. 작업하기 전에 미리 체크하면 좋습니다.

캔버스에 마우스 드래그하면 말풍선이 그려집니다. 만들어진 말풍선은 말풍선 꼬리가 없는 상태입니다. 꼬리를 만들어봅시다.

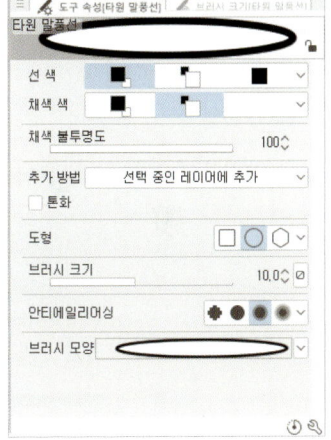

■ 말풍선 꼬리 달기

말풍선 꼬리는 말풍선 꼬리 도구를 사용합니다. 대화용과 생각용 두 종류의 말풍선 꼬리가 있습니다.

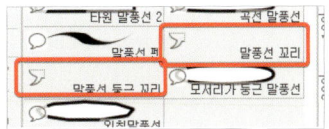

도구를 선택한 다음 꼬리를 그려줍니다. 꼬리는 곡선을 그리듯 그릴 수 있어 편리합니다.

■ **말풍선 변경하기**

말풍선을 만들었는데, 두께나 색이 마음에 들지 않는 경우가 종종 있습니다. 도구 툴에서 조작 → 오브젝트 툴을 선택하면 말풍선을 변경할 수 있습니다.

오브젝트 툴로 말풍선을 클릭하면, 말풍선의 각 점을 세세하게 수정할 수 있습니다.

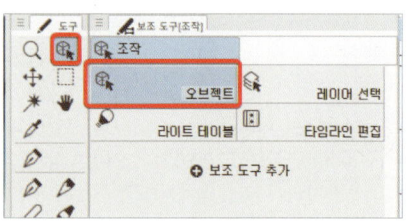

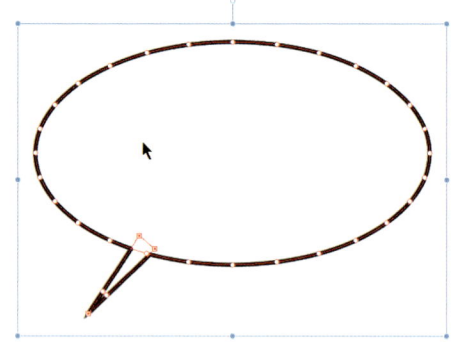

또한 오브젝트 도구의 도구 속성에서 선의 두께나 스타일을 수정할 수 있습니다.

오브젝트의 도구 속성 탭을 이용해 선의 색과 두께를 바꾸어본 모습입니다.

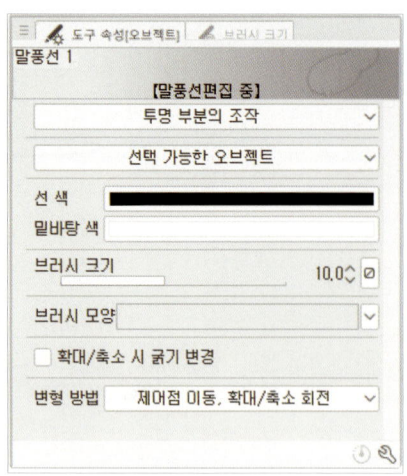

■ 독특한 외관의 말풍선 만들기

말풍선은 선의 형태를 변경함으로써 독특한 외관의 말풍선을 만들 수 있습니다. 오브젝트툴 → 도구속성 → 브러시 모양을 골라 다양한 선 모양을 선택해 보세요. 말풍선에 그대로 적용되는 것을 확인할 수 있습니다

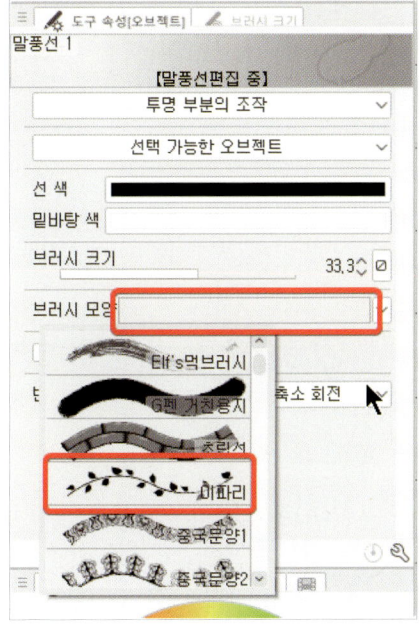

■ 대사 넣기

말풍선 레이어 위에 텍스트 툴을 이용하면 대사를 입력할 수 있습니다

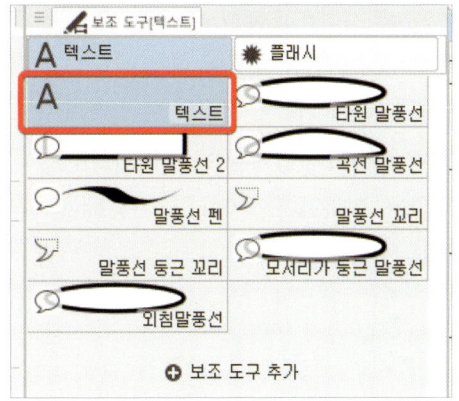

도구 속성을 통해 속성을 조정할 수 있는 것은 말풍선과 같습니다.

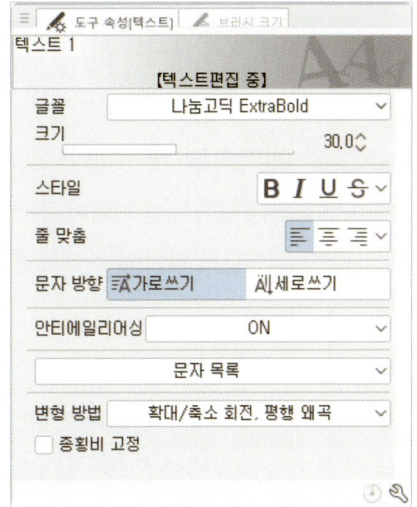

SECTION. 06　스토리 에디터 사용법

■ 스토리 에디터란?

스토리 에디터란 대사만 따로 관리하고 편집할 수 있는 편리한 기능입니다. 일일이 폴더 안의 대사를 찾아 헤메이지 않아도 되어 작업속도가 매우 빨라집니다. 익숙하지 않지만, 잘 사용하면 매우 도움이 되는 기능입니다.

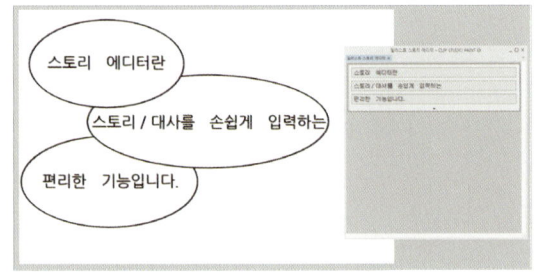

■ 스토리 에디터 열기

스토리 에디터는 메뉴에서 페이지 관리 → 텍스트 편집 → 스토리에디터 열기를 선택하면 열 수 있습니다.

처음 스토리에디터를 실행하면 작업내역(히스토리)가 사라진다는 경고 창이 열립니다. 큰 영향이 있는 것은 아니지만 만약 작업내역이 필요한 상황이라면, 잠시 내역을 확인한 뒤 적용하는 것이 좋습니다.

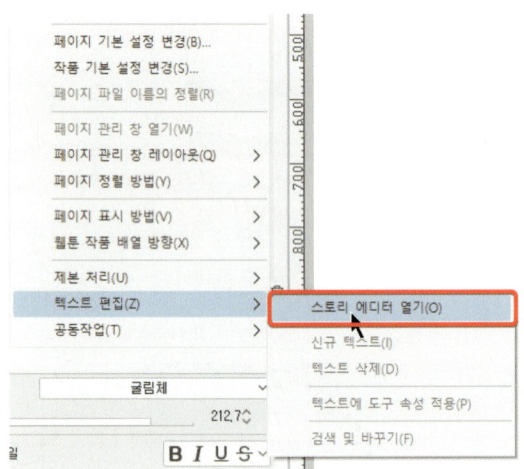

■ 스토리 에디터의 첫 모습

스토리 에디터는 메뉴에서 페이지 관리 → 텍스트 편집 → 스토리에디터 열기 를 선택하면 열 수 있습니다.

스토리 에디터의 첫 모습은 매우 단순해서 당황스러울 정도입니다. 이렇게 단순한 이유는 이미지 위주의 다른 기능들에 비해 오로지 문장만 입력할 수 있기 때문입니다. 기본 사용 방법 역시 매우 간단합니다.

입력	기능
엔터키	줄바꿈합니다
엔터키 두번	지금 대사를 끝내고 별개의 텍스트 레이어를 만듭니다.
백스페이스	문장을 모두 지우면 해당 텍스트 레이어도 사라집니다.

스토리 에디터는 입력을 하는 것과 동시에 텍스트가 수정됩니다. 실제 원고 작업에서는 측면으로 스토리에디터를 옮긴 다음, 확인해가면서 편집하면 더욱 편리합니다.

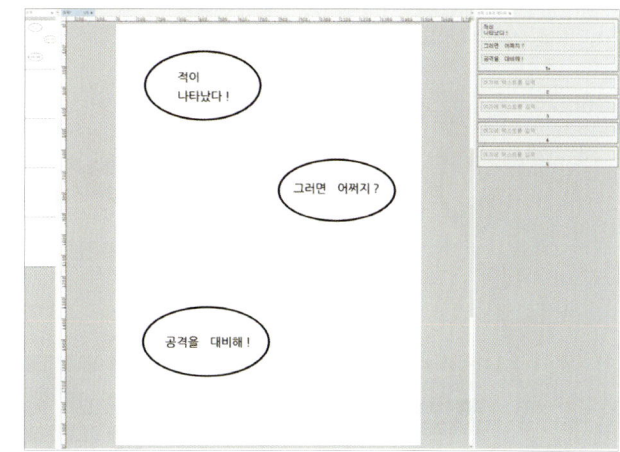

■ 대사의 스타일부터 정하자.

스토리 에디터는 대사를 처음부터 입력하는 기능도 있습니다. 하지만, 일본에서 제작된 툴이라 그런지, 첫 문장의 경우 세로 쓰기로 입력되는 아쉬움이 있습니다. 이것 때문에 스토리 에디터를 어려워하시는 작가분도 계셨습니다. 다행히 기존 대사가 있는 경우, 기존 대사의 스타일을 기억하므로 가로쓰기 및 글자폰트를 설정한대로 사용할 수 있습니다. 스토리 에디터를 사용할 경우, 대사의 스타일을 정해 미리 첫 대사를 수동 입력한 뒤 사용하는 방식을 써 보세요.

기존 대사가 있을 경우
기존 대사가 있으면 그 형태를 따릅니다.

CHAPTER 04

복잡한 포즈도 간단히! 인체 소재 사용해보기

SECTION 01 인체 소재란
SECTION 02 인체 소재 사용하기
SECTION 03 소재 조정해보기
SECTION 04 소재로 인체 소재 포즈 빠르게 설정하기
SECTION 05 포즈 저장해보기
SECTION 06 여러 개의 인체 소재 동시 사용하기

SECTION. 01 인체 소재란

이번 시간에는 인체 소재에 대해 알아봅시다.

클립스튜디오는 만화/웹툰을 제작하는 데 특화된 툴이며, 그를 위한 다양한 툴을 제공합니다. 그 중 인체 소재는 다른 툴에는 없는 독특한 기능입니다. 인체 소재를 사용하면 포즈 밑그림에 유용한 3D 인체를 배치하고, 포즈를 쉽게 설정할 수 있습니다. 클립스튜디오 Asset을 이용하면 다른 사람이 만든 인체나 포즈를 이용할 수도 있습니다.

■ 두 종류의 인체 소재

클립스튜디오에서는 크게 2종류의 인체 형태를 제공합니다.

- **밑그림용 인체 – Body Type**
밑그림용 인체는 뚜렷한 이목구비가 표현되지 않습니다. 대신, 인체의 덩어리감을 빠르게 파악하기 위에 가이드라인이 그려져 있습니다. 색 역시 회색으로 되어 있어, 작업에 방해가 되지 않습니다. 인체의 비율, 체형을 바꾸기도 쉬운 편입니다. 소재 폴더 중 Body Type 폴더에서 찾을 수 있습니다.

- **원고용 인체 – Character**
밑그림용 인체와 다르게 뚜렷한 이목구비와 피부, 의상이 포함되어 있는 모델입니다. 표정, 의상을 수정할 수 있다는 장점이 있습니다. 다만 캐릭터의 디테일한 조정이 불가능해서, 그대로 원고에 사용하기에는 아쉬운 감이 있습니다. 소재 폴더중 Charater 폴더에서 찾을 수 있습니다.

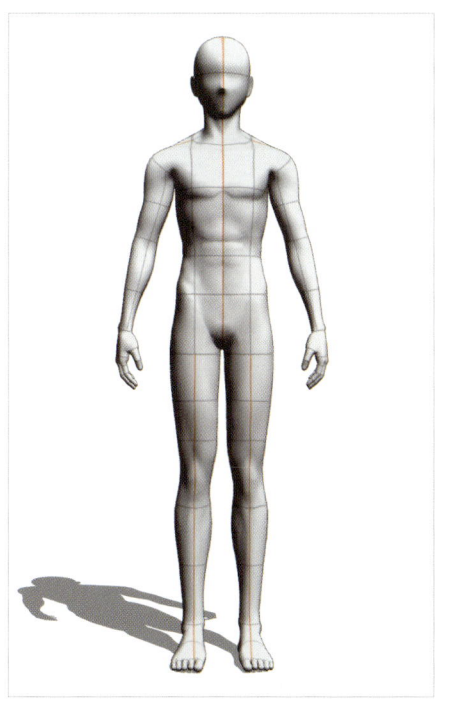

■ 나만의 인체 소재도 가능하다.

블렌더 등 외부 3D 툴을 이용해 인체를 제작한 다음 클립스튜디오의 소재로 사용하는 것도 가능합니다. 이 경우 내 원고에 내 캐릭터를 넣고, 최대한 이질감 없는 작화가 가능하게 됩니다. 다만, 이 경우 인체를 만들 수 있는 기술이 필요하며, 외주 등을 통해 지원받을 수 있습니다. 앞으로는 내 원고에 맞는 캐릭터를 제작하는 일이 점점 늘어날 것이라 예상됩니다.

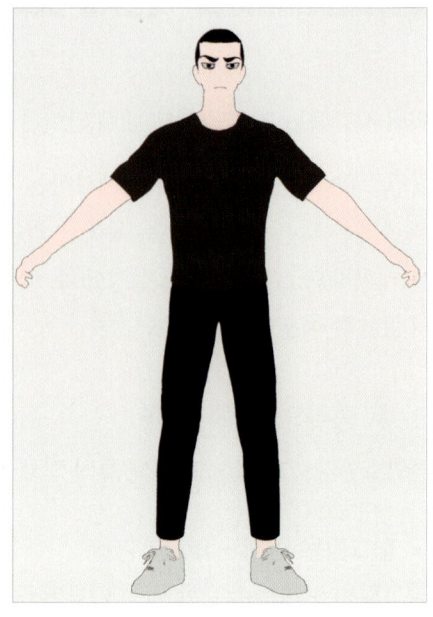

SECTION. 02 인체 소재 사용하기

■ 인체 소재는 소재 폴더에서

인체 소재는 소재 폴더에 있습니다. 앞서 말씀드린 것처럼 밑그림용 인체는 Body Type에서, 원고용 인체는 Character 폴더에 있습니다. 저희는 더 활용도가 높은 밑그림용 인체 소재를 사용하도록 하겠습니다. 소재 폴더 Body Type 폴더를 엽니다. 남녀 각각 2가지 종류의 인체로, 총 4종의 인체 소재가 있습니다. 두 인체가 유용하지만 ver2.가 좀더 개선된 모델입니다.

> **Tip 버전1과 버전2 무엇이 다를까요?**
>
> 버전 1은 예전 모델로 좀더 실사에 가까운 인체 형태와, 1컬러 가이드라인을 가지고 있습니다. 반면 버전 2는 최신 모델로 좀더 만화스러운 인체와 2컬러 가이드라인을 가지고 있습니다. 일반적으로는 2가 유용한 편이지만, 작화 스타일 등에 따라 1을 사용하는 경우도 있습니다.

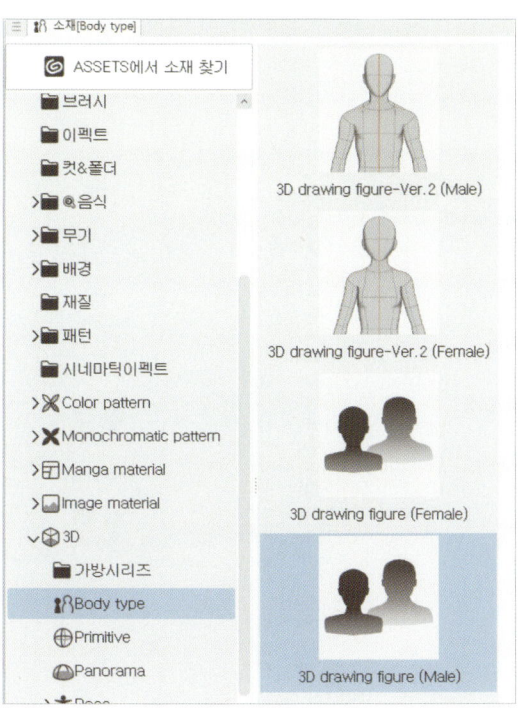

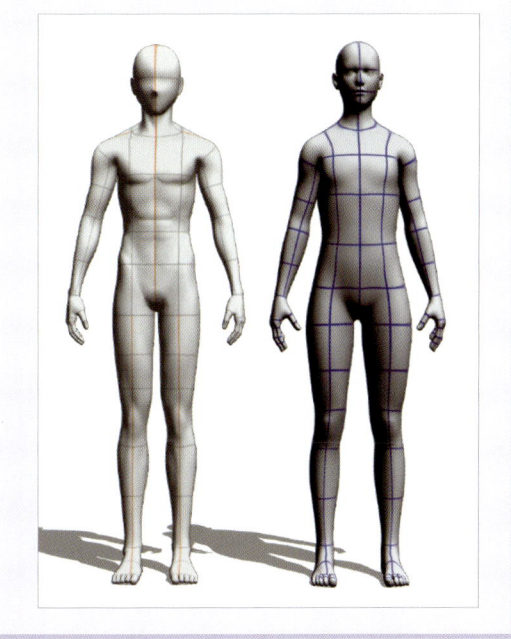

■ 인체 소재 가져오기

소재 폴더의 인체 소재를 화면으로 드래그합니다.

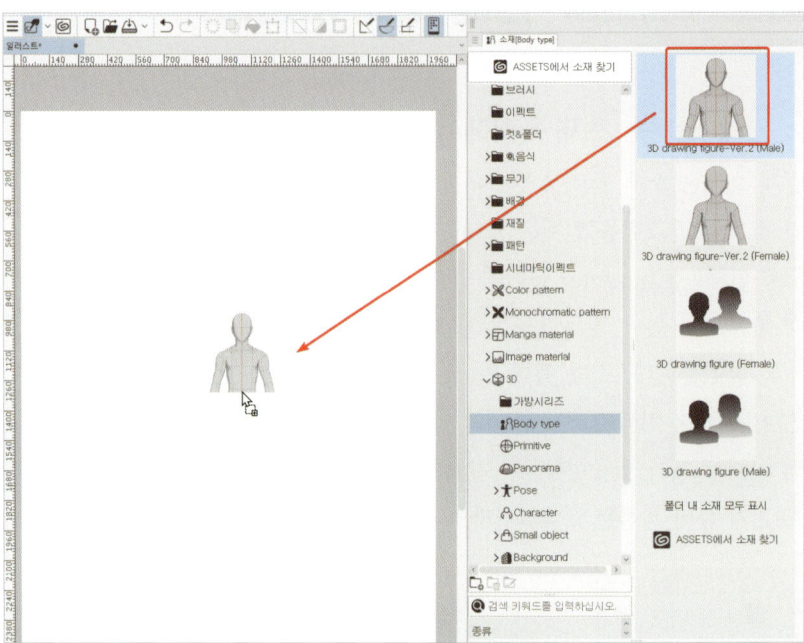

인체 소재가 배치됩니다.

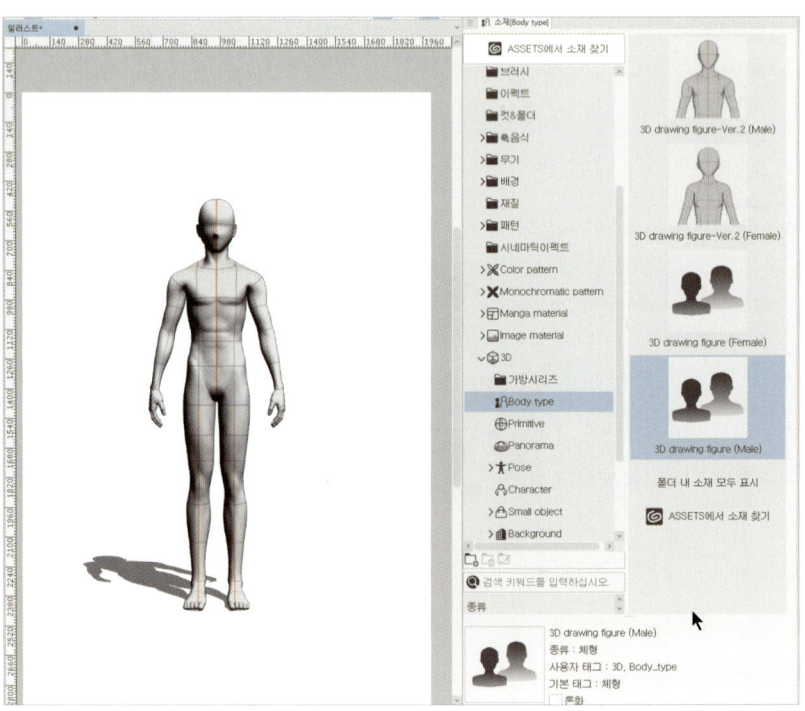

이어서 인체 소재의 포즈를 변경해봅시다.

SECTION. 03　인체 소재 조정해보기

이번 시간에는 인체 소재를 직접 조정해봅시다.

■ 각 아이콘 기능 알아보기

인체 소재 위와 아래에 다양한 아이콘이 있는 것을 볼 수 있습니다. 등장하지 않는다면 조작툴 → 오브젝트 툴을 선택하세요.

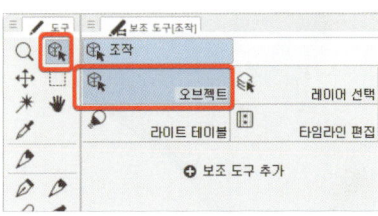

아이콘	기능
	드래그하면 카메라를 회전합니다.
	드래그하면 카메라를 이동합니다.
	드래그하면 카메라의 거리를 조정합니다.
	드래그하면 지금 오브젝트의 위치를 이동합니다
	드래그하면 오브젝트를 회전합니다.
	드래그하면 오브젝트를 좌우로 기울입니다.
	드래그하면 Z축을 중심으로 회전합니다.
	드래그하면 높이를 유지한 채로 이동합니다.
	클릭하면 다른 개체와의 자석 기능을 켜고 끕니다

하단의 아이콘은 선택한 소재의 다양한 속성을 변경합니다.

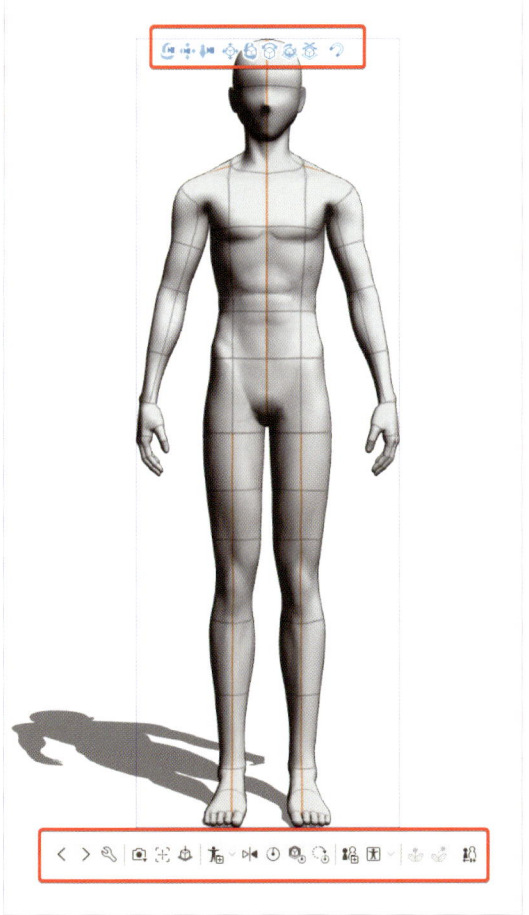

아이콘	기능
<	이전의 소재를 선택합니다
>	다음 소재를 선택합니다.
	카메라 앵글의 프리셋을 선택합니다.
	지금 포즈를 소재로 등록합니다.
	포즈를 좌우반전합니다.
	포즈를 처음으로 되돌립니다.
	소재의 크기를 원래대로 되돌립니다.
	아이콘의 회전 정도를 원래대로 되돌립니다.
	지금 모델을 소재로 등록합니다.
	사진으로부터 포즈를 얻을 수 있는 포즈스캐너 기능을 사용합니다.
	특절 관절을 고정할지를 결정합니다.
	인체 소재의 체형을 변형하는 창을 엽니다.

■ 인체 인형 포즈 변경하기

인체 소재에 마우스 커서를 올리면 조정할 수 있는 영역이 파란색으로 표시됩니다. 인체 인형의 포즈를 조정하는 방법은 몇 가지 방법이 있습니다.

• **파란색 포인트를 이용해 포즈 조정하기**

파란색 포인트를 이용해 조정하는 방법입니다. 파란색 포인트는 트래킹 포인트라고도 부르며 점을 이동시켜 포즈를 쉽게 변경할 수 있습니다.

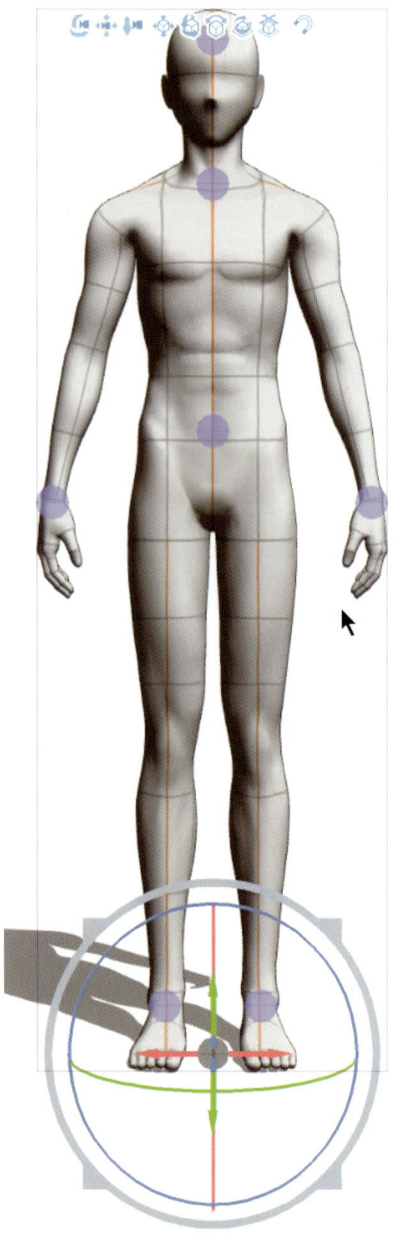
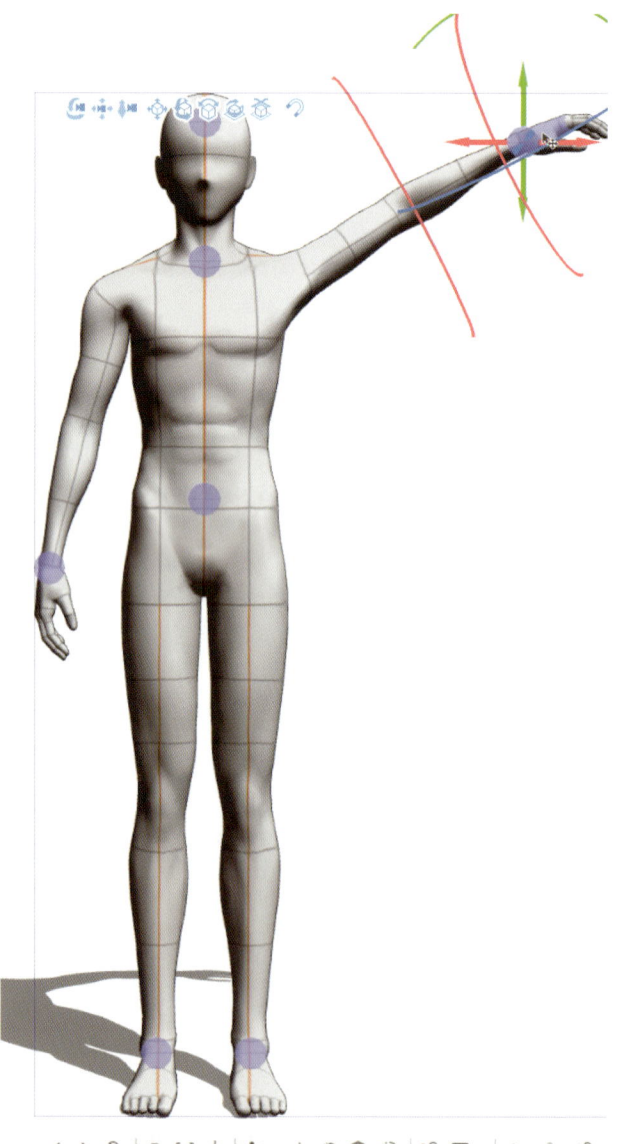

공중의 파란색 포인트를 움직이면 머리의 방향을 손쉽게 바꿀 수 있습니다.

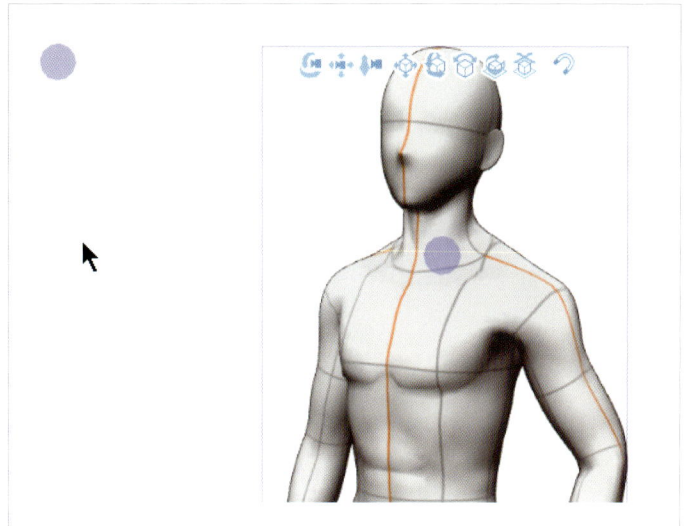

다른 파란색 포인트를 고정한 채로 신체를 이동하게 되므로 독특한 모양을 쉽게 만들 수 있습니다.

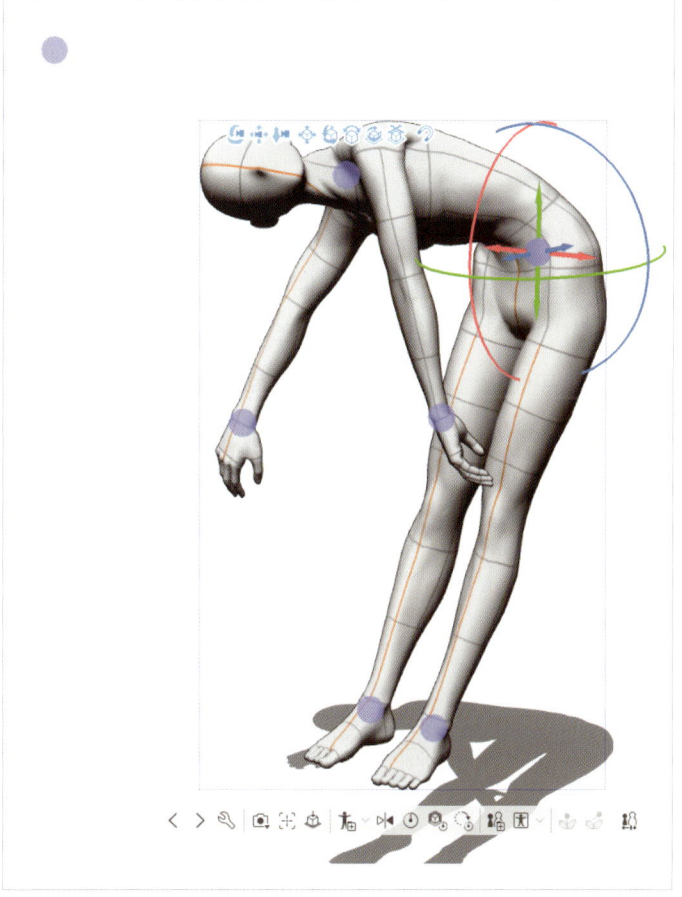

- **인체 부위 직접 조정하기**

인체의 각 부분에 커서를 올리면 해당 부위가 파란색으로 오버레이됩니다. 이 상태에서 해당 부위를 움직일 수 있습니다. 움직이는 부위에 따라 다르지만 주변 부위가 함께 움직이게 됩니다. 다른 부위가 고정되는 파랑색 포인트와 달리 전신이 함께 움직이므로 컨트롤을 주의해야 합니다.

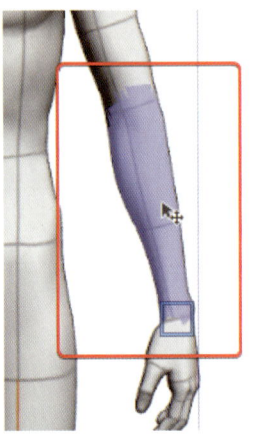
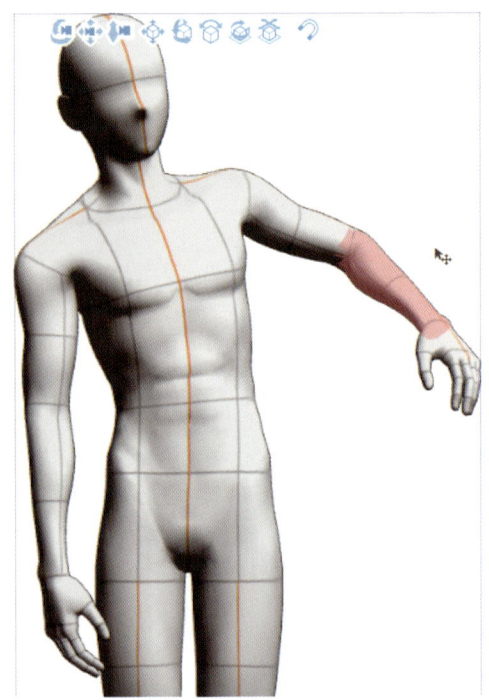

- **관절 기즈모 움직이기**

각 부위를 클릭하면 붉은색으로 바뀌면서 관절 상단에 기즈모가 보입니다. 이 기즈모를 직접 조정해 관절을 조절할 수 있습니다. 해당 관절만 움직일 수 있어 세세한 조정이 가능합니다. 반면 X, Y, Z 개의 축을 각각 조정해야 해서 조작이 불편한 편입니다.

조정하는 방법이 다양하지만, 원하는 포즈를 만드는 것은 쉬운 편이 아닙니다. 그래서 실제 작업은 기존 포즈를 가져온 다음 수정해 사용하고, 다시 저장해 재활용하는 방법을 사용하게 됩니다.

이어서, 기존 포즈를 사용하는 방법을 알아보도록 하겠습니다.

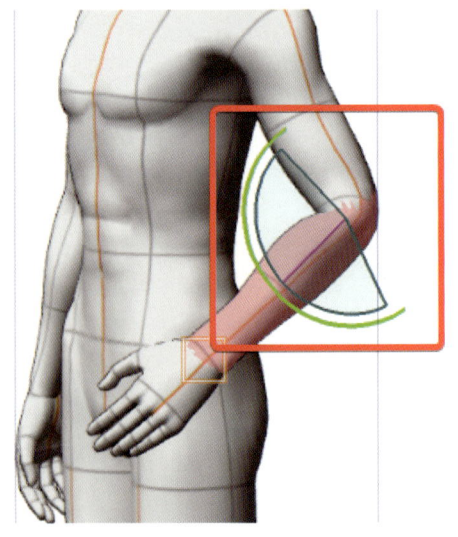

SECTION. 04 포즈 소재로 인체 소재 포즈 빠르게 설정하기

이번 시간은 포즈 소재에 대해 알아보겠습니다. 포즈 소재는 인체 소재의 포즈를 빠르게 수정할 수 있는 편리한 소재입니다.

■ 포즈 소재의 위치

포즈 폴더는 소재 폴더의 3D → Pose 폴더 안에 있습니다. 또한 하위 폴더로 Entire body(전신) 폴더와 Hand(손) 폴더가 있어 원하는 부위를 빠르게 확인할 수 있습니다.

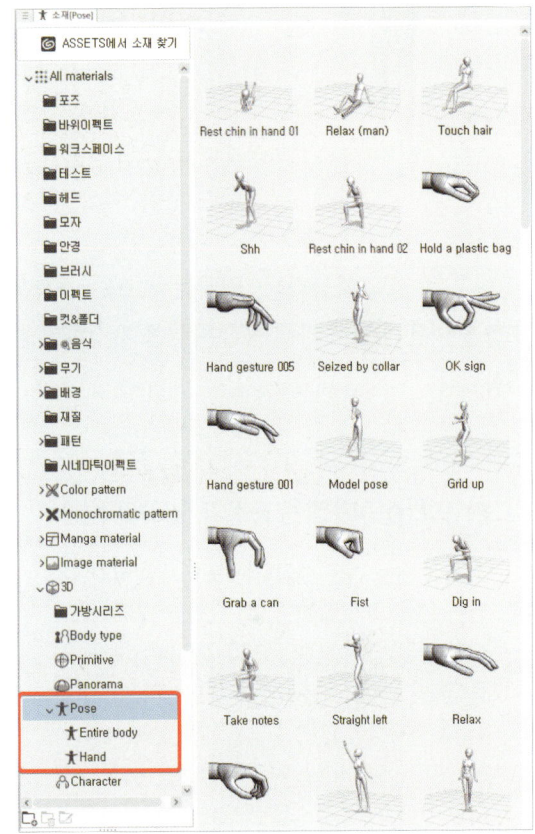

■ 포즈 소재 적용하기

포즈소재의 적용은 매우 간단합니다. 포즈를 인체 소재에 드래그하면 됩니다.

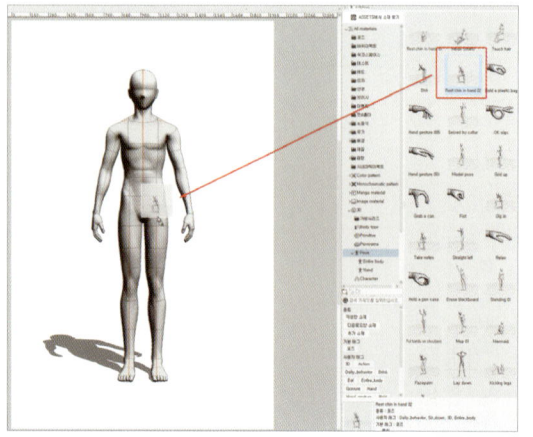
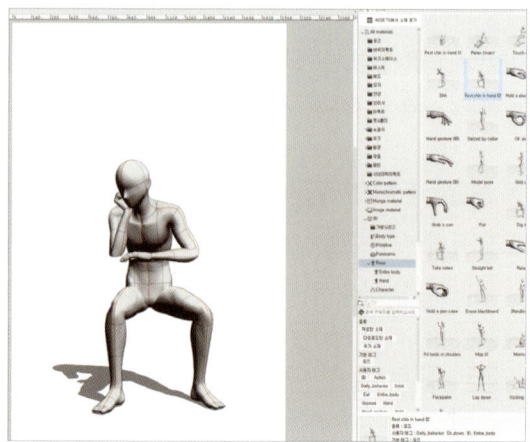

그 이후 수정도 가능하니, 원하는 포즈와 가까운 포즈를 이용해 먼저 자세를 잡은 다음 수정하면 편리합니다.

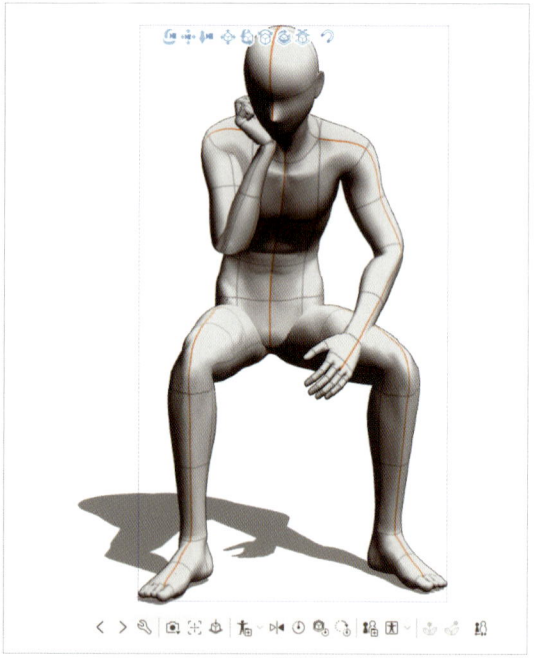

> **Tip 더 많은 포즈가 필요하다면?**
>
> 포즈 소재는 기본 제공하는 포즈가 상당히 다양한 편입니다. 하지만, 더 다양한 포즈가 필요할 경우가 있습니다. 이럴 경우에는 클립스튜디오 어셋을 이용하면 편리합니다. 어셋에서 다른 사람이 만든 포즈를 다운받아 사용하는 것이 가능합니다. 자세한 내용은 50쪽 2.0 CLIPSTUDIO ASSETS 소개하기를 참고하세요.

SECTION. 05　만든 포즈 저장해보기

이어서 앞서 만든 포즈를 저장해보겠습니다.

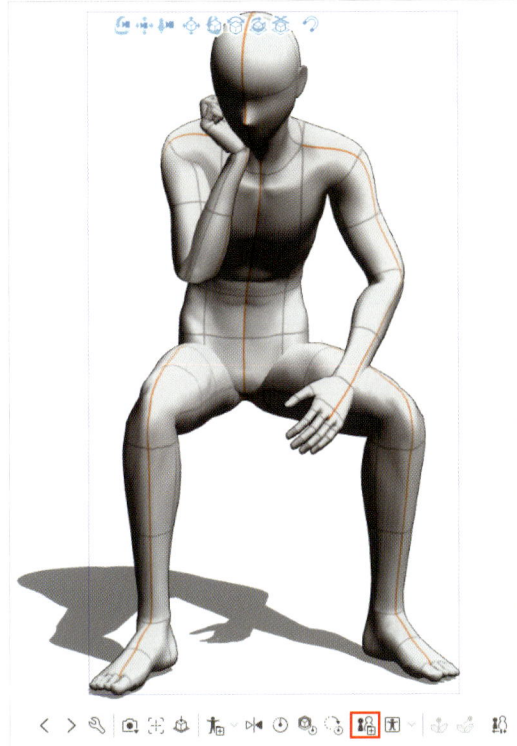

포즈 아래쪽을 보면, 여러 아이콘이 있습니다. 이 중 아이콘을 클릭합니다. 클릭하면 소재 등록 폴더가 뜹니다.

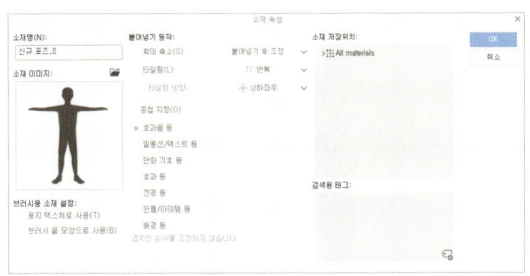

포즈 이름과 폴더를 설정한 뒤 저장합니다.

소재 폴더를 확인하면 새로 추가된 것을 확인할 수 있습니다.

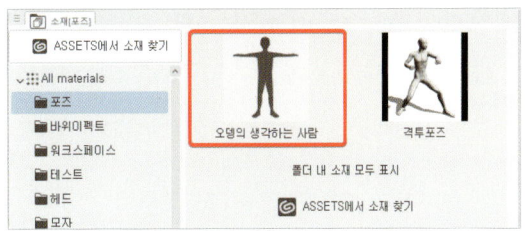

■ 썸네일 변경하기

포즈를 저장했지만 썸네일이 마음에 들지 않습니다. 변경해봅시다. 우선 썸네일을 별도의 이미지 파일로 저장해 두세요.

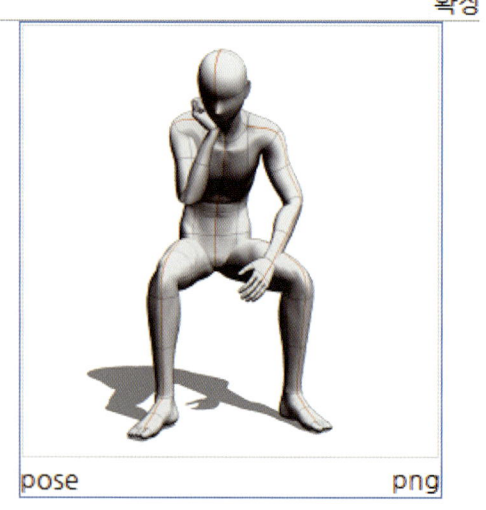

만든 포즈 소재를 더블클릭하면, 편집화면이 열립니다. 아이콘을 클릭하면 썸네일을 변경하는 창이 열립니다.

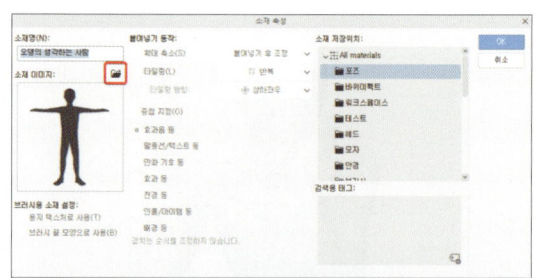

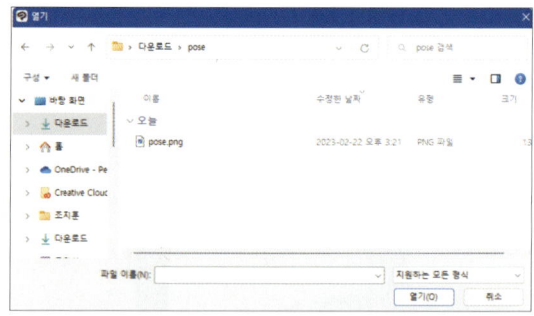

준비한 썸네일을 등록하고 저장하면, 포즈의 썸네일이 변경된 것을 확인할 수 있습니다.

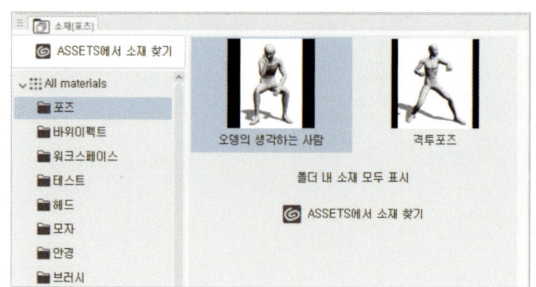

SECTION. 06 여러 개의 인체 소재 동시 사용하기

인체 소재는 여러 개를 동시에 꺼낼 수 있으며, 이를 이용해 복잡한 상호작용을 만들 수 있습니다.

■ 인체 소재를 여러 개 꺼내는 방법

꺼내는 방법은 간단합니다. 이미 꺼내어진 인체 옆에 새로운 인체 소재를 드래그하시면 됩니다.

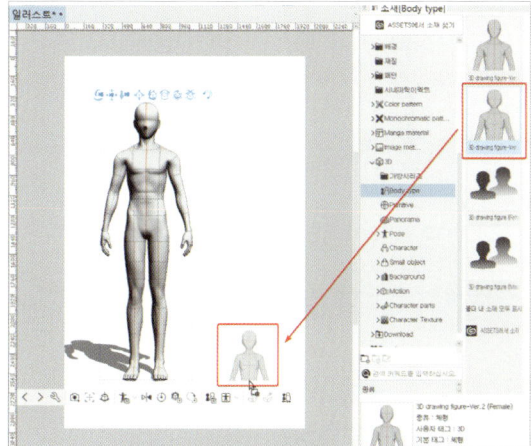 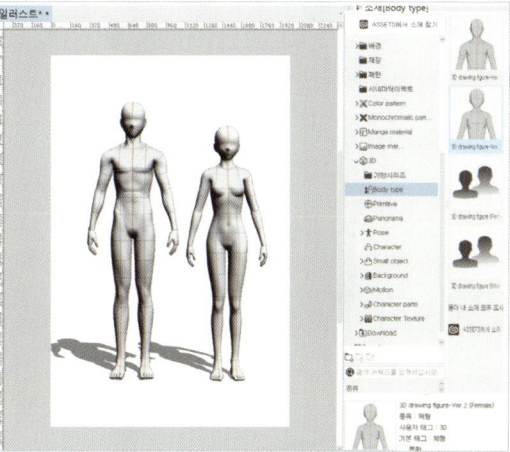

 Tip 꺼내는 위치는 발을 기준으로

화면에 드래그 드롭 방식으로 배치할 수 있어 편하긴 하지만, 3D 공간이라 위치 조정이 조금 까다롭습니다. 이 때는 커서 위치가 '발'의 위치라고 생각하고 배치하시면 좀 더 원하는 위치에 배치할 수 있습니다.

■ 포옹하는 포즈 만들기

이어서 포옹하는 포즈를 만들어봅시다. 우선, 두 포즈를 마주 보게 만듭니다. 툴을 이용하면, 쉽게 방향을 조정할 수 있습니다.

포즈 폴더에서 적당한 포즈를 선택해 각각 적용합니다.

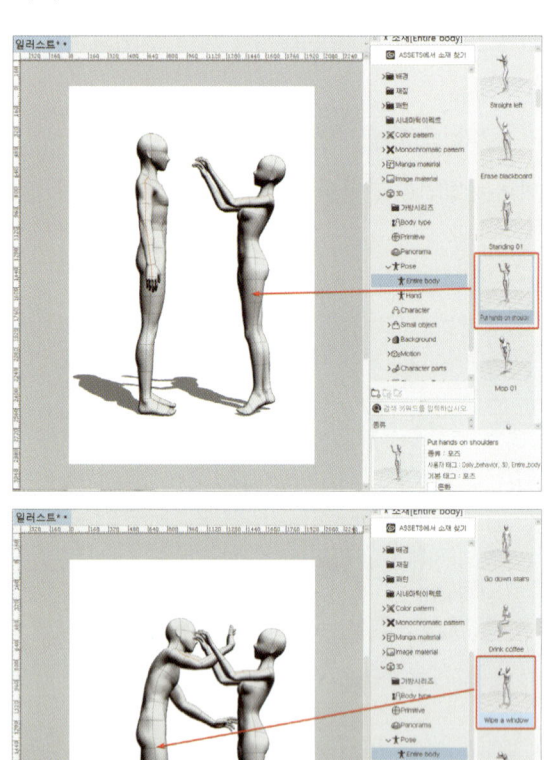

둘 사이의 거리를 좁힌 뒤, 각 부위를 조정해 적절한 포즈를 만듭니다. 이동은 툴을 사용하시면 편리합니다.

완성된 포즈는 145쪽 포즈 소재로 인체 소재 포즈 빠르게 설정하기 챕터를 참고해서 소재 폴더에 저장해두세요. 차후 비슷한 포즈 작업에 유용하게 사용됩니다.

> **Tip 너무 정확함에 집착하지 말자.**
>
> 밑그림용 인체는 정확한 포즈를 잡을 필요가 없습니다. 어차피 그 위에 또 그려야 하니까요. 너무 에너지를 빼앗지 말고, 가이드 정도만 설정하시기 바랍니다.

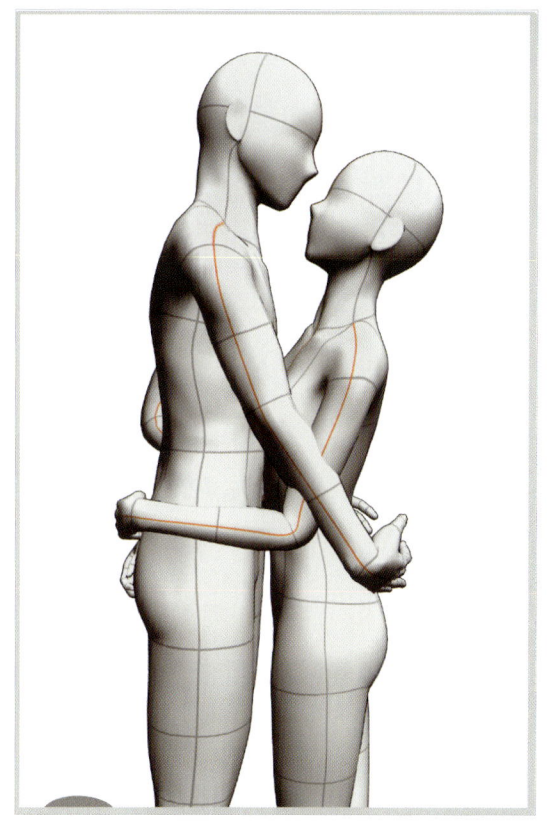

CHAPTER 05

웹툰 연출에 바로 쓰는 이펙트 제작 방법

SECTION 01   바위 이펙트 브러시 만들기
SECTION 02   바람 이펙트 만들기
SECTION 03   홀로그램 이펙트 만들기

SECTION. 01 　바위 이펙트 브러시 만들기

액션 장면에서 바위 부스러기가 튀어오르는 이펙트가 들어가면 강렬함을 살릴 수 있습니다. 하지만 바쁜 원고 시간, 매번 새롭게 바위를 그리는 것은 상당히 힘든 일입니다. 이번 시간에는 바위 이펙트를 만들고 소재로 만들어 사용하는 과정을 알아보겠습니다.

■ 장면 예시

강렬한 전투 속, 거대한 힘이 바닥을 부수고, 파편들이 허공으로 날아가 흩어집니다. 그 사이 주인공은 눈을 빛내며 공격할 타이밍을 노립니다.

■ 바위의 종류를 알아보자

그냥 열심히 돌을 그리면 되지 않을까? 라고 생각할 수도 있습니다. 하지만, 그렇게 무작정 그리려고 하면 뭔가 느낌이 살지 않은 경우가 많습니다.

왜일까요? '풍화' 때문입니다.

- **막 깨진 바위**

거대한 힘에 의해 막 깨진 바위들은 아직 풍화되지 않았습니다. 그래서 날카로운 면들이 살아있습니다. 전체 실루엣은 표족표족할 것입니다. 매끈하고 각진 덩어리가 있습니다. 돌 사이사이에는 금이 가 있습니다. 그릴 때는 날카로운 하이라이트를 강조하는 것이 어울립니다.

- **땅 위에 있던 돌들**

땅 위에 있다가 거대한 힘에 의해 함께 떠오른 돌들이 있을 것입니다. 이미 바람과 물 등에 충분히 풍화되어 있습니다. 돌 사이의 금들은 모래와 흙이 메꾸어져서 보이지 않습니다. 전체적으로 동글동글한 덩어리가 뭉쳐있는 실루엣입니다.

- **찢어진 지면과 흙덩어리**

지표면의 흙덩어리는 돌보다 부드럽고 잘 휘어지며, 탄력있는 재질일 것입니다. 마치 천이나 수제비가 찢어진 모습과 비슷할 것입니다. 표피 부분에는 자라난 풀이, 아래쪽에는 풀의 뿌리가 얽혀있을 수도 있습니다.

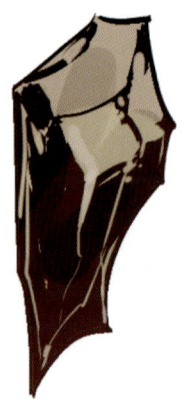  

- **비교표**

앞서 내용을 정리해 보았습니다.

파편종류	전체 실루엣	표면표현	그릴 때 신경쓸 부분
깨진 바위	날카롭고, 뾰족함	매끄러움 날카롭게 갈라진 크랙	하이라이트를 강조해 보자
땅위에 있던 돌	동글동글함	울퉁불퉁한 편, 크랙은 없는 편	동글동글한 느낌을 살리자.
찢어진 지면 파편	깨졌다기보다는 찢어진 느낌	매우 거칠고, 많은 구멍	지면의 풀, 뿌리를 그려보자.

해당 부분을 잘 고려해가며 그려봅시다.

> **Tip**   그 외의 파편들은 무엇이 있을까요?
>
> 싸우는 장소에 따라 깨지는 것들은 다양할 것입니다. 도심지라면 전봇대나 건물 파편, 아스팔트 등이 있을 테고, 신전이라면 기둥과 석상 조각이 난무할 것입니다. 다양한 배경에 맞춰 어울리는 브러시를 만들어두면 더욱더 현실감있는 웹툰을 만들 수 있을 것입니다.

■ 소재용 바위 그리기

소재용 이미지를 먼저 만들어야 합니다. 소재용 이미지는 다양한 크기에 대응해야 하므로 넉넉한 크기로 만듭니다. 3000×3000 크기로 캔버스를 엽니다.

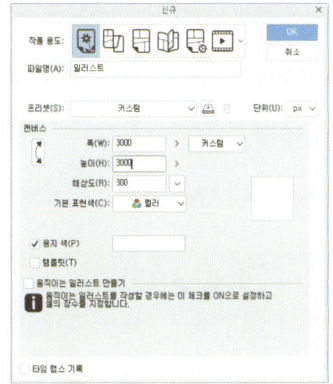

■ 바위 스케치하기

스케치용 레이어를 하나 만듭니다. 스케치 레이어 위에 디지털 연필 툴을 이용해 소재로 사용할 바위 덩어리들을 스케치합니다. 되도록이면 다양한 모양으로 작업하세요. 스케치이므로 퀄리티는 나만 볼 수 있는 정도로 단순화하되, 입체적인 덩어리감과 빛의 양을 고려하면서 스케치합니다.

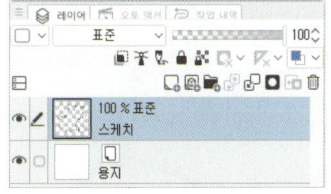

■ 바위 펜터치 하기

새 펜션 레이어를 만들고 펜 툴을 이용해 펜션을 작업합니다. 펜션 레이어는 벡터 레이어를 사용하셔도, 레스터 레이어를 사용하셔도 좋습니다.

필자는 레스터 레이어를 이용했습니다. 이때, 스케치 레이어는 투명도를 낮춰서 펜작업이 편하도록 합시다.

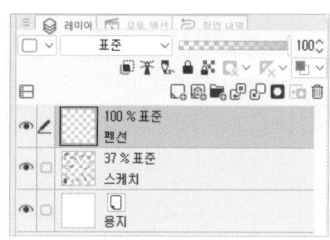

■ 바위 그리기 과정

앞서 말한 것처럼 깨진 바위는 여러 종류의 돌과 바위가 존재합니다. 각각의 특징을 상상하면서 상상하면서 개성있게 그려주세요. 아래는 일반 돌의 스케치 과정입니다.

스케치합니다.

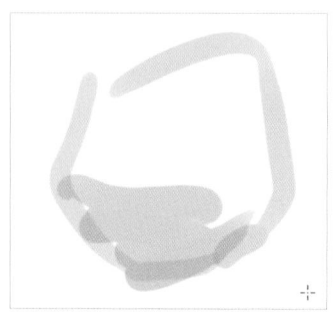

펜션을 그립니다.

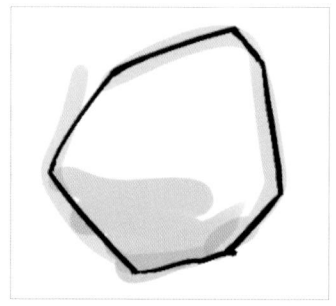

검은 영역을 빠르게 만듭니다.

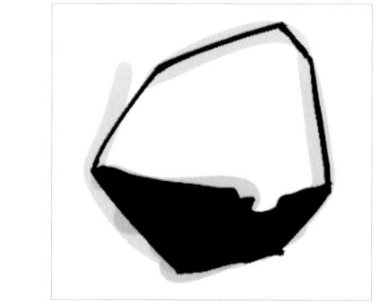

디테일 작업합니다.

바깥쪽 실루엣을 좀더 다듬고 마무리합니다. 가장 바깥쪽 실루엣을 세밀하게 지워주면 더 퀄리티가 높아보입니다.

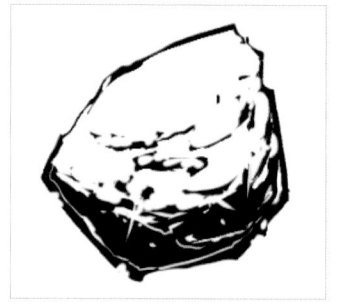

바위가 많습니다. 하나하나 펜선 작업 해주세요.

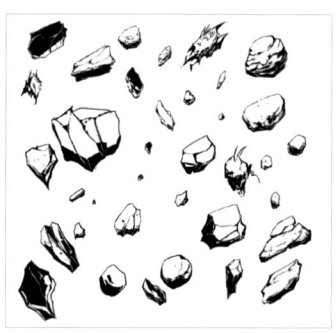

■ 바위 채색하기

새 레이어를 만들고 채색 레이어로 만듭니다.

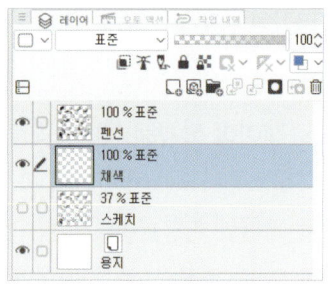

기본이 될 색을 칠합니다. 칠하기 툴 중 **에워싸고 칠하기**를 사용하면 빠르게 채색이 가능합니다.

기본 배색을 입힌 모습입니다.

자신의 웹툰 스타일에 맞춰 채색합니다. 바위는 회색계열을 좀 더 섞고, 지표면은 좀더 붉은색과, 풀의 초록색을 섞으면 자연스러워집니다. 채색할 때 밑색 레이어 위에 새 레이어를 만든다음 Ctrl + Alt + G를 누르면 밑색 레이어에 클리핑되므로, 깔끔하게 채색됩니다.

펜선에도 색을 섞어 좀더 자연스럽게 만듭니다.

■ 바위를 이미지 소재로 만들기

열심히 바위를 그리셨나요? 이제 만든 바위들을 이미지 소재로 만들 차례입니다. 소재로 만들기 위해서는 우선 만든 여러 개의 레이어를 하나의 레이어로 합쳐야 합니다.

• 레이어 복사해 하나로 만들기

클립스튜디오는 레이어의 복사본을 하나로 합치는 편리한 기능이 있습니다. 우선, 투명한 배경으로 쓸 수 있도록, 스케치 레이어와 용지 레이어를 숨깁니다.

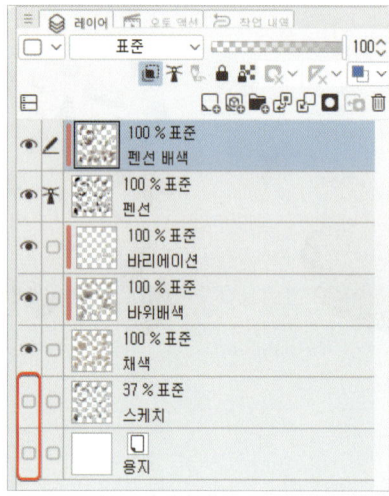

가장 위 레이어에서 마우스 우클릭 → 표시 레이어 복사본 결합을 선택합니다. 표시 레이어 복사본 결합은 이름 그대로, 현재 보이는 부분을 새로 레이어로 만드는 기능입니다.

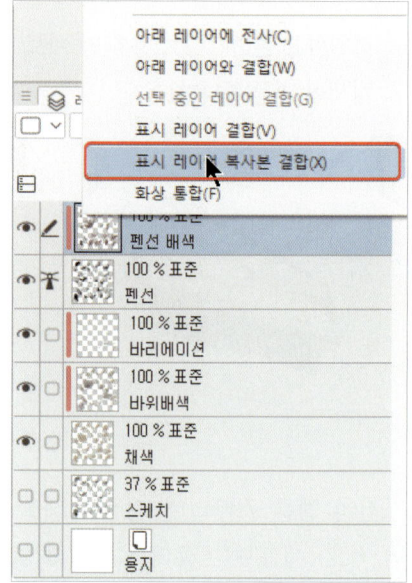

새 레이어가 생성되었습니다.

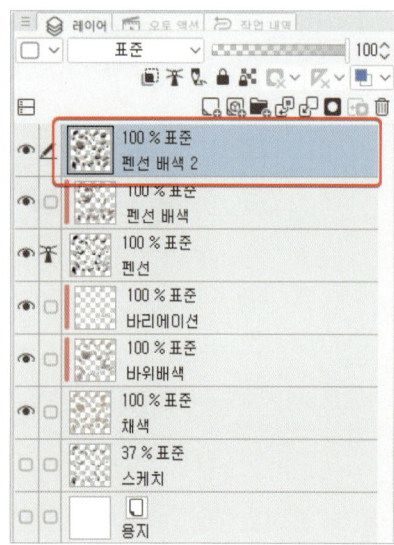

다른 레이어들은 폴더에 넣고, 보이지 않게 정리합니다. 작업용으로 만든 레이어는 '바위이펙트'로 이름을 수정합니다.

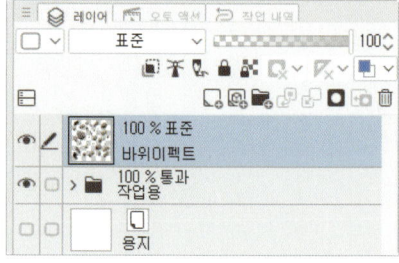

> **? 왜 복사해서 합치나요?**
>
> 기존의 레이어를 그냥 하나로 합치게되면, 나중에 수정할 일이 있을 때 어려울 수 있습니다. 설마 필요할까? 싶을 수도 있지만 세상은 무슨 일이 벌어질지 모릅니다. 항상 원본을 남겨두는 습관을 가집시다.

• **바위 이펙트용 소재 폴더 만들기**

소재로 만들기 전에 바위 이펙트용 소재 폴더를 만듭니다. 작업 전에 미리 폴더를 만들어두면, 소재를 보관하고 관리하기 편합니다. 소재 폴더 팔레트를 엽니다.

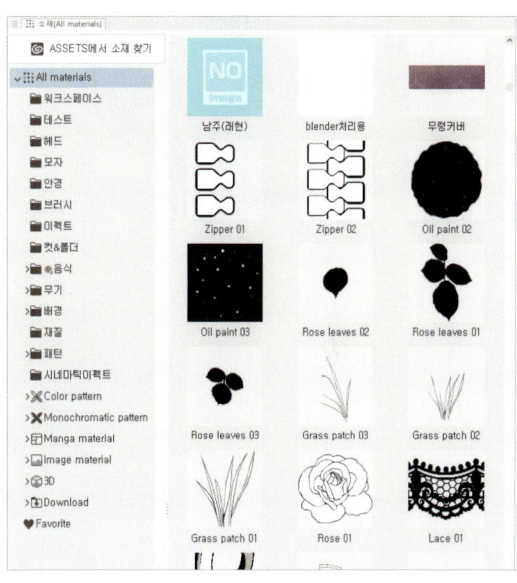

소재 폴더 리스트 아래에 '소재 폴더를 작성합니다.' 아이콘을 클릭해 새 소재 폴더를 만듭니다.

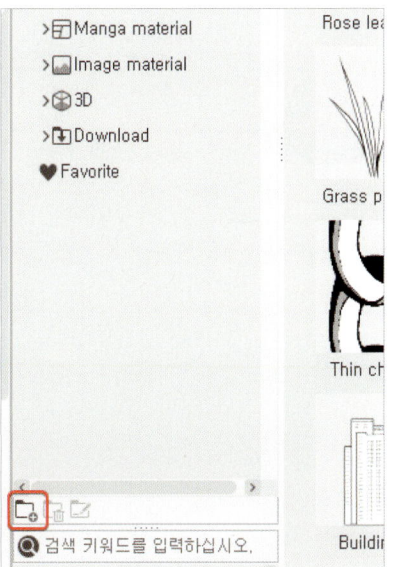

폴더 이름을 '바위이펙트'로 변경합니다.

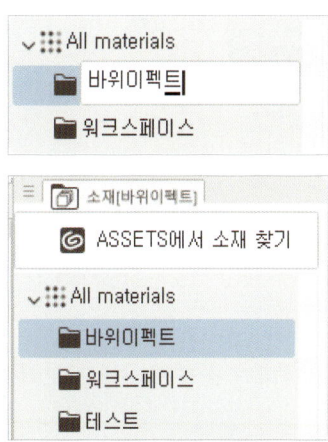

준비가 끝났습니다. 이제 소재로 만들어봅시다.

• **이미지 소재 만들기**

선택 툴을 이용해 바위를 하나 선택한 다음

메뉴에서 편집 → 소재등록 → 화상 메뉴를 선택합니다.

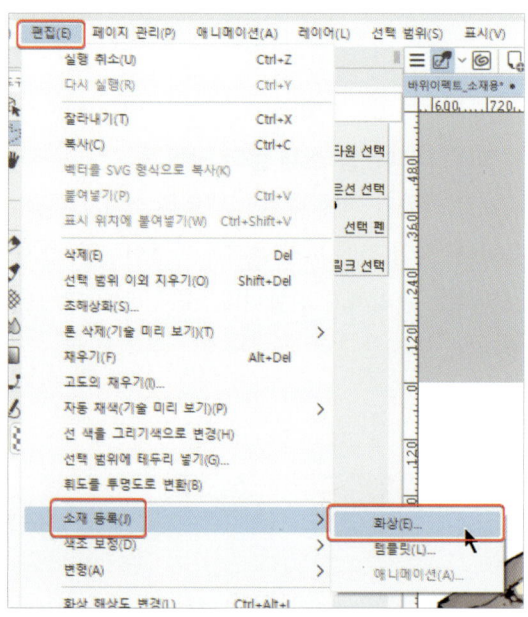

소재를 등록할 수 있는 소재 속성 팔레트가 보입니다.

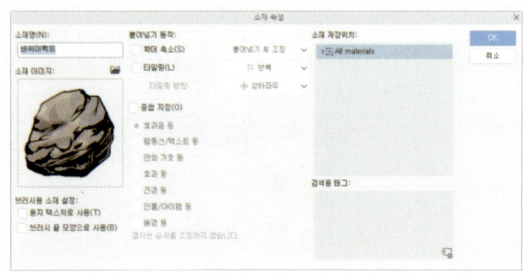

여러 개의 바위를 하나의 브러시로 만들 예정이므로 소재명은 **바위이펙트01**로 설정합니다. 소재 저장위치는 '바위이펙트'로 설정합니다. 끝으로 '브러시 끝 모양으로 사용'에 체크해서 브러시용도로 설정합니다.

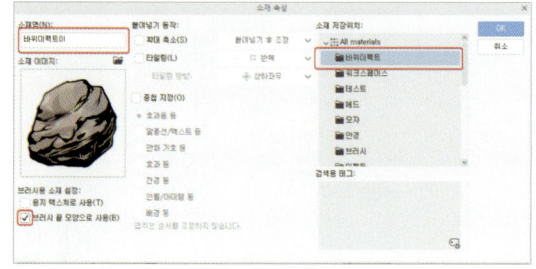

등록하면 소재 폴더에도 보이는 것을 알 수 있습니다.

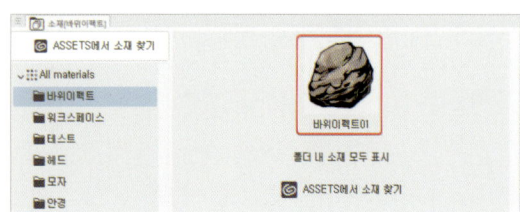

이어서 모든 바위를 하나하나 소재로 만들어봅시다. 꽤 시간이 걸리는 부분이지만, 이렇게 만든 소재가 나중에 큰 도움이 될 것을 생각하면서 빠짐없이 만들어주세요.

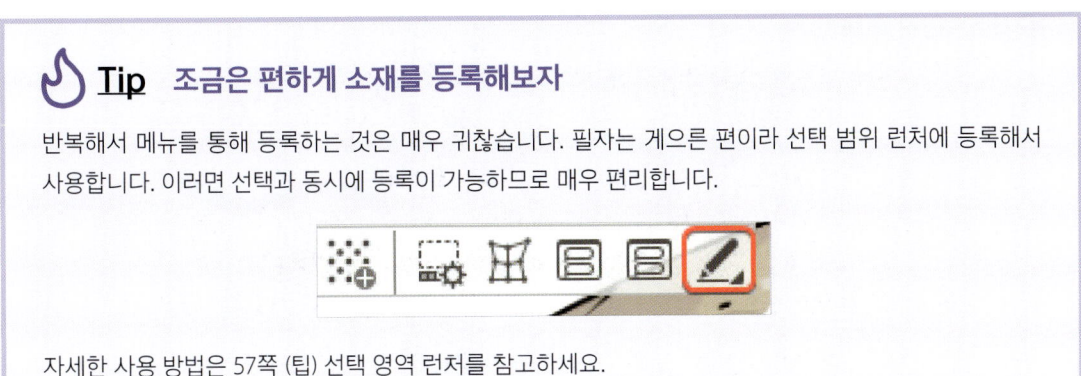

한땀한땀 진행하다보니, 모두 완료했습니다. 총 37개의 바위 소재가 완성되었습니다. 이렇게 만든 소재는 브러시 뿐만 아니라, 필요한 상황에서 꺼내어 쓸 수 있어 든든합니다.

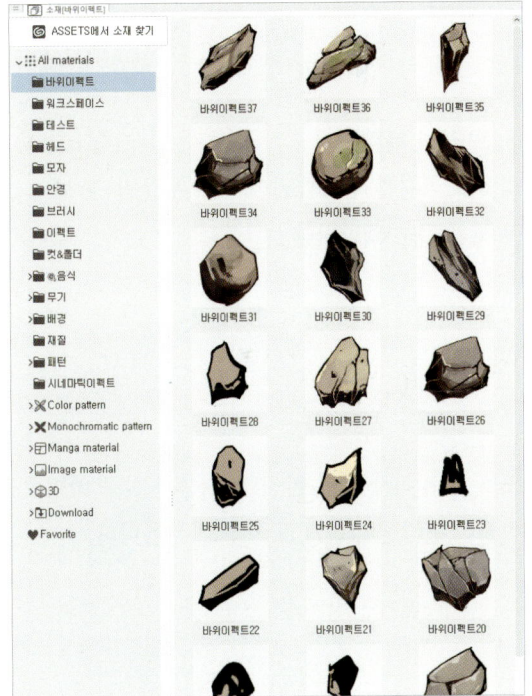

이제 브러시로 만들 차례입니다.

■ 유사한 브러시 복제하기

브러시는 처음부터 새로 만들기보다는 기존의 유사한 브러시를 수정하는 쪽이 시간을 아낄 수 있습니다.

• 유사한 브러시 고르기

유사한 브러시를 하나 선택합니다. 필자는 데코레이션 폴더의 벚꽃 브러시를 선택했습니다.

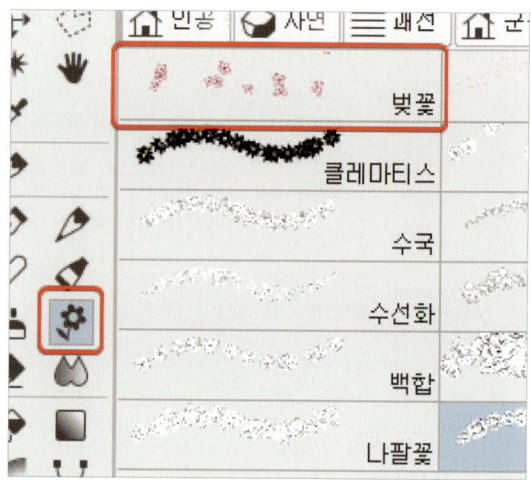

• 브러시 복제하기

벚꽃 브러시를 선택한뒤 마우스 우클릭 → 보조 도구 복제 를 선택합니다.

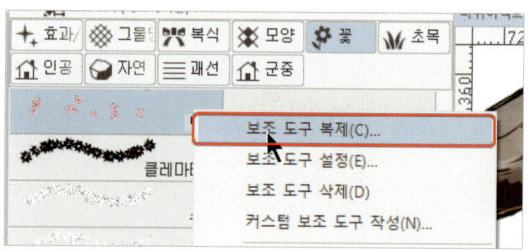

보조 도구 복제 창이 열리면, 이름과 도구 아이콘을 적절히 변경한 다음, OK 버튼을 누릅니다.

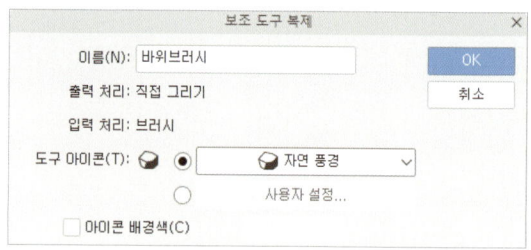

'바위브러시'라는 새 브러시가 만들어졌습니다. 하지만, 미리보기가 아직 벚꽃입니다.

■ **보조 도구 상세 팔레트를 이용한 브러시 수정하기**

벚꽃 브러시를 선택한뒤 마우스 우클릭 → 보조 도구 복제를 선택합니다. 도구 속성 팔레트에서 '보조 도구 상세 팔레트 보이기' 아이콘을 클릭해 보조 도구 상세 팔레트를 엽니다.

보조 도구 상세 팔레트가 열리며, 도구 속성에서는 볼 수 없는 다양한 속성들이 보입니다.

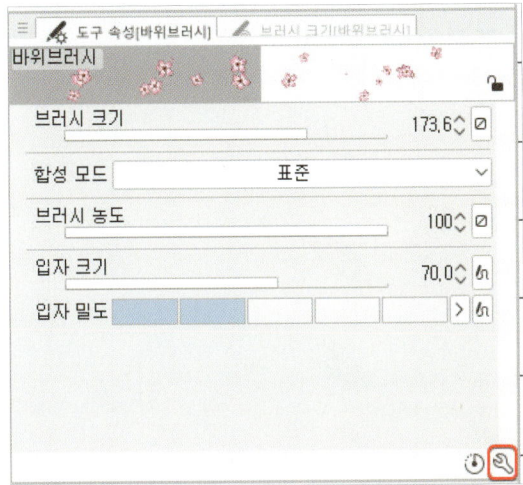

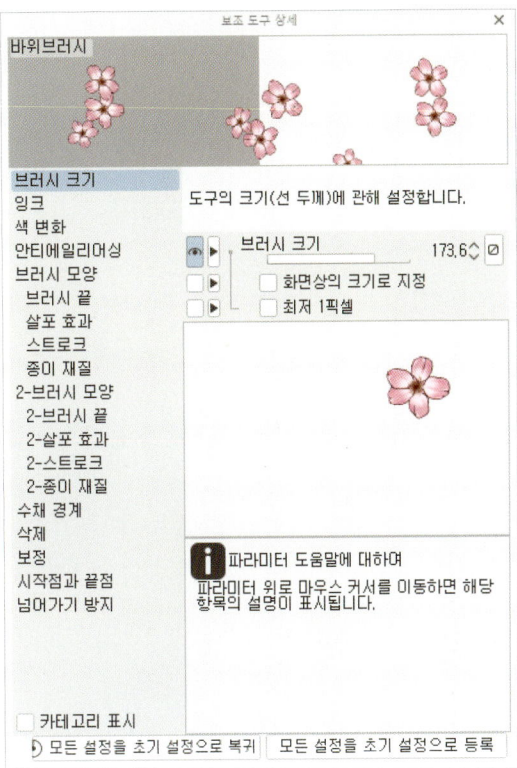

왼쪽 카테고리에서 브러시 끝 항목을 선택합니다.

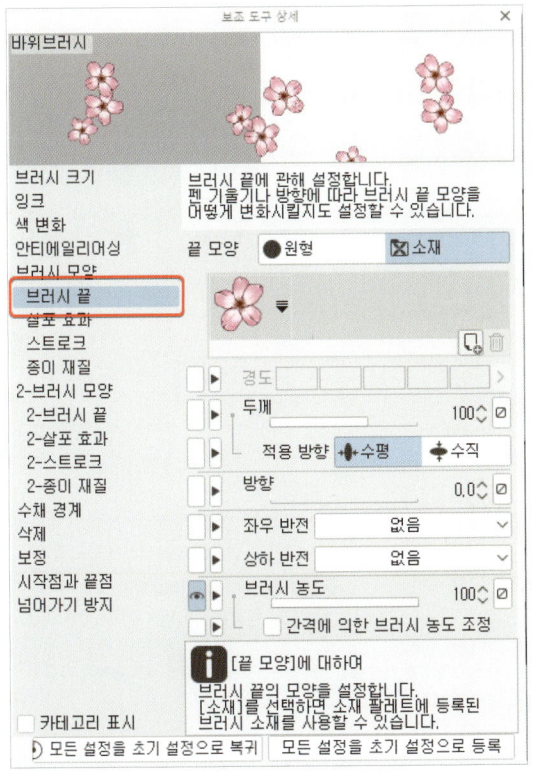

벚꽃 이미지가 보입니다. 선택한 뒤, 휴지통 아이콘을 눌러 제거합니다.

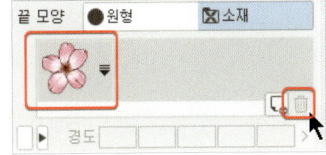

브러시 끝 모양 추가 아이콘을 클릭합니다.

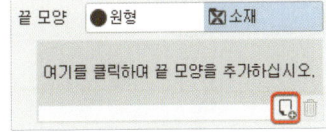

브러시 끝 모양 선택 창이 열립니다.

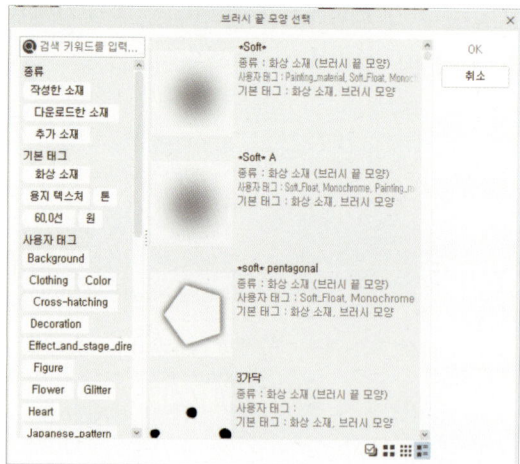

모든 바위 소재를 선택한 다음 OK를 눌러 등록합니다.

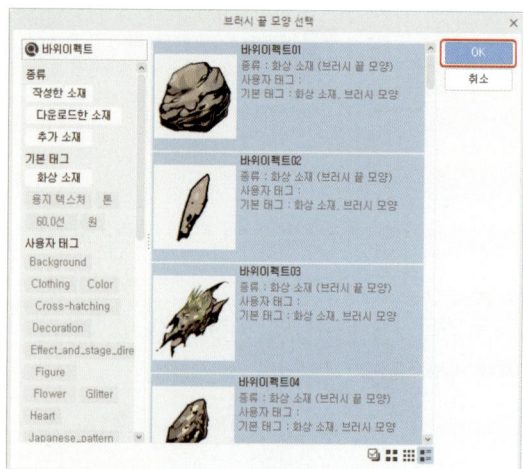

빈 캔버스를 열고 테스트해봅니다.

이곳에는 다양한 이미지 소재를 확인하고, 브러시 끝으로 등록해 사용할 수 있습니다. 검색 창에 '바위이펙트'를 검색하면 우리가 등록한 이미지가 보이게 됩니다.

등록하면 미리보기에 바뀐 브러시가 보입니다.

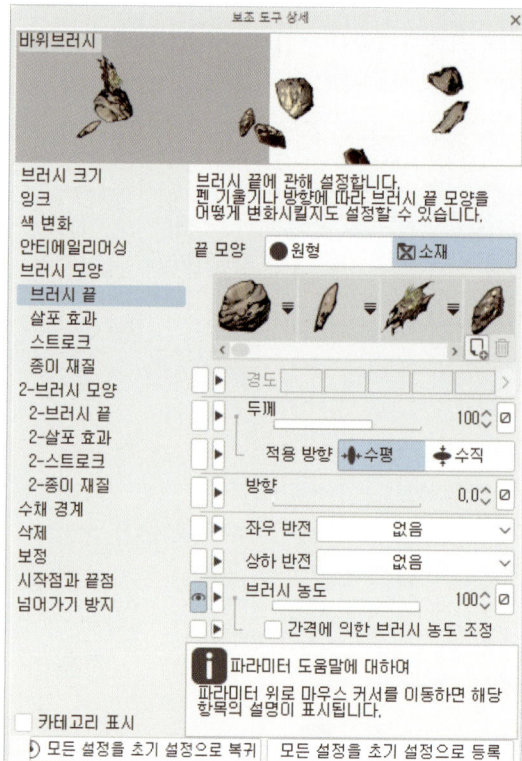

잘 되는 것을 확인할 수 있습니다. 도구 상세 팔레트에서 다양한 값을 조정하며 좀더 취향에 맞는 브러시로 수정해 봅시다.

■ 브러시 저장하기

마음에 드는 바위 이펙트가 완성되었나요? 이제 브러시 세팅을 고정하고, 소재로 만들어봅시다.

• 브러시 값 고정하기

브러시를 만들었다고 해서 끝이 아닙니다. 만든 브러시의 설정 값을 고정시켜두어야, 나중에 일부 값을 수정하더라도 원래 내가 원하는 값으로 되돌려 사용할 수 있습니다. 브러시 버튼에서 마우스 우클릭 → 초기 설정에 등록하면 현재 지정된 설정으로 고정되며, 수정을 하더라도, 다시 되돌릴 수 있습니다.

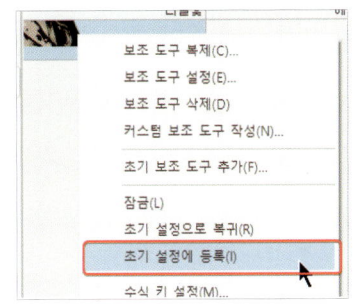

• 브러시 소재로 저장하기

만든 브러시는 다른 다양한 요소들처럼 소재로 등록이 가능합니다.

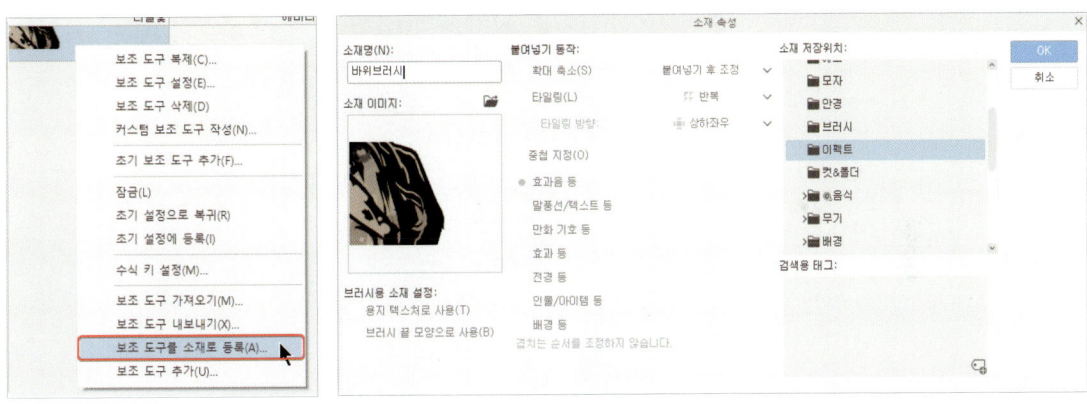

• 브러시 소재 내보내기 & 가져오기

만든 브러시는 소재 내보내기, 가져오기를 통해 파일로 만들어 보관하거나 공유할 수 있습니다.

브러시 파일의 확장자는 sut입니다. 만든 브러시는 84쪽 워크스페이스 관리하기를 참고해서 다른 사람과 공유해봅시다.

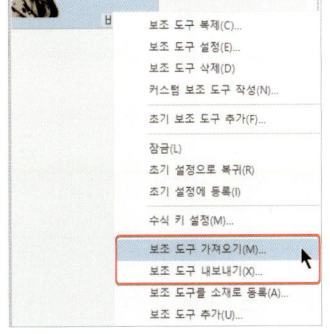

SECTION. 02 바람 이펙트 만들기

이번 시간에는 바람이 휘몰아치는 바람 이펙트를 만들어봅시다. 몇 종류의 바람 이펙트를 만들어두면, 매우 유용합니다.

▲ 바람이펙트_결과물_예시

▪ 새 창 설정하기

바람 이펙트는 위아래로 이어지는 브러시를 사용할 예정입니다. 이럴 경우 길이가 일정한 이미지를 사용하는 것이 좋습니다. 가로 512, 세로 2048 크기의 이미지를 하나 생성합니다.

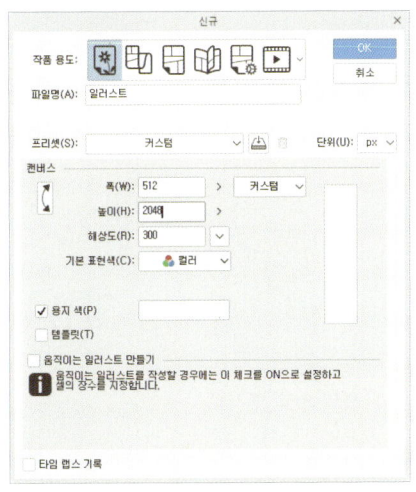

▪ 가이드용 사각형 그리기

레이어 이름을 바람1로 변경합니다.

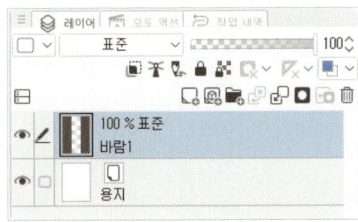

레이어 가운데에 사각형을 그립니다. 색은 바람에 어울리는 연한 회색을 선택합니다.

바람 이펙트가 자연스럽기 위해서는 회색 부분의 가장 윗부분과 가장 아랫부분은 이어져야 합니다. 주의하면서 내부 덩어리감을 바람 느낌으로 조정합니다.

■ 임시 브러시 소재 등록하기

모양이 잡혔다면, 먼저 임시 브러시를 만들어 테스트해봅시다. 그러기 위해서는 방금 그린 이펙트 이미지를 브러시용 소재로 만들어야 합니다.

레이어 전체를 선택한 뒤, 편집 → 소재 등록 → 화상을 선택합니다.

소재 속성 창이 열립니다. 소재 이름과 소재 저장 위치를 적절히 선택한 뒤 저장합니다. 이때, 브러시 끝 모양으로 사용에 체크를 해야 브러시로 사용 가능합니다. (나중에 소재 폴더에서 편집도 가능합니다.)

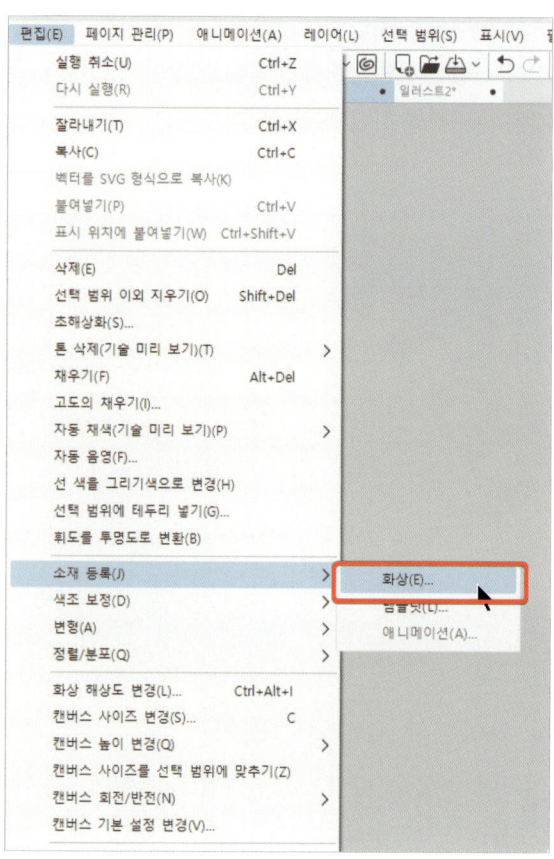

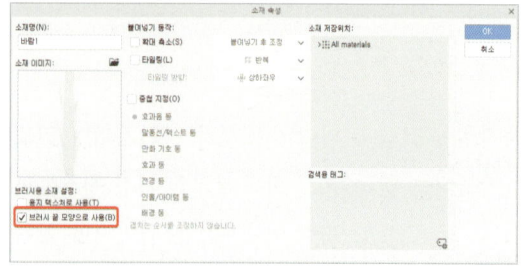

■ 임시 브러시 만들기

임시 브러시를 만드는 것은 기존의 브러시 중에서 가장 유사한 브러시를 선택해 수정하는 것이 가장 편합니다. 필자는 데코레이션 → 인공 → 철조망 브러시를 선택했습니다. 동일한 형태를 반복하는 브러시라, 기초로 삼아 변형하기 쉬운 편입니다.

브러시를 선택한 상태에서, 하단의 복제 버튼을 클릭합니다.

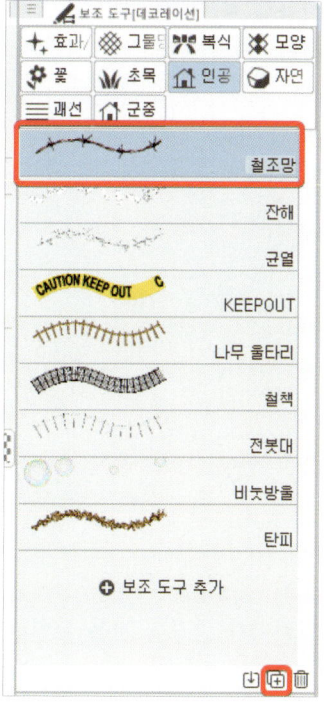

복제 창이 열리면, 이름을 바람브러시(임시)로 설정하고 저장합니다.

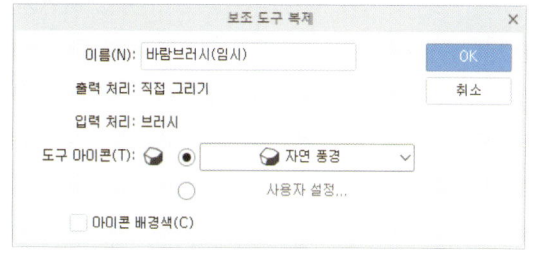

저장하면, 리스트에 바람브러시(임시)가 추가된 것을 확인할 수 있습니다. 하지만, 이름만 다를 뿐, 철조망의 형태입니다.

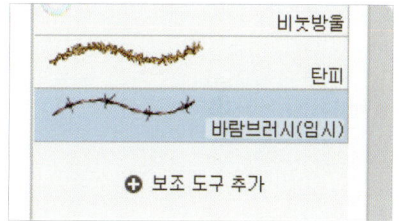

이제 내용을 변경해봅시다. 브러시의 내용 변경은 보조 도구 상세 팔레트에서 설정합니다. 도구 속성 팔레트에서 버튼을 눌러 보조 도구 상세 팔레트를 엽니다.

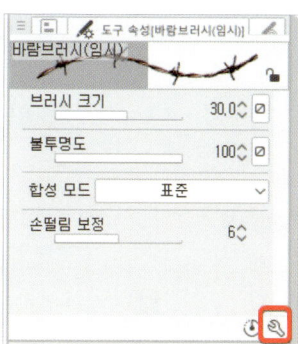

보조 도구 상세 팔레트에서는 다양한 속성을 변경할 수 있습니다. 이제 우리가 만든 이미지로 철조망을 교체할 차례입니다.

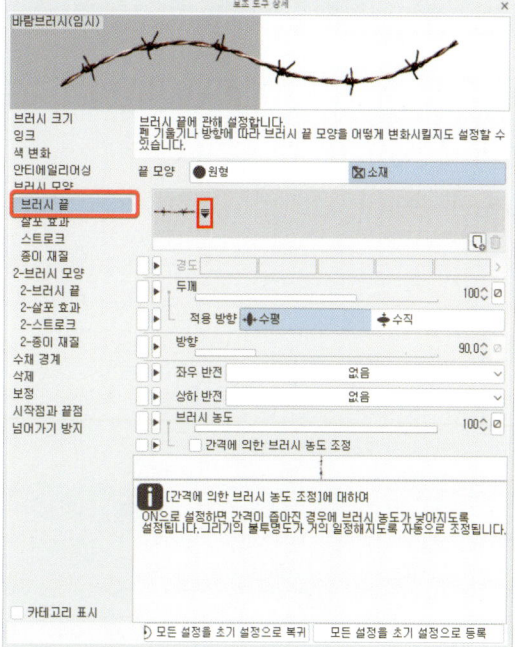

■ 임시 브러시 설정하기

브러시 모양 아래 있는 브러시 끝 탭을 선택합니다. 이 곳은 브러시를 구성하는 이미지를 변경하는 곳입니다.

끝 모양에는 이 브러시를 구성하는 소재를 볼 수 있습니다. 철조망 썸네일 옆 화살표를 클릭하면 소재를 변경할 수 있습니다.

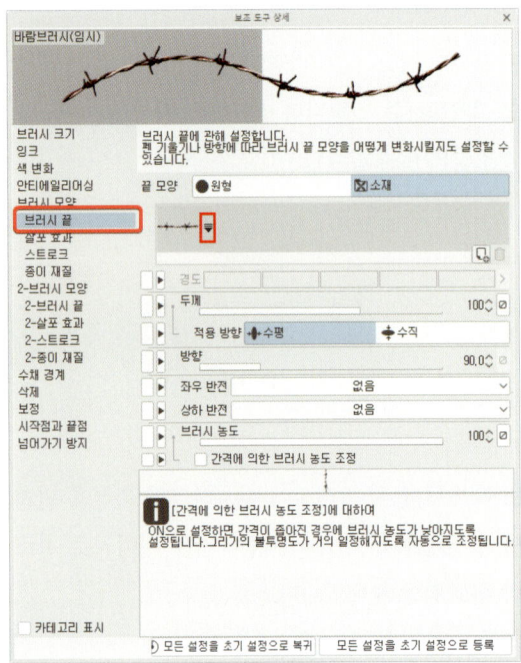

아까 만든 브러시끝 소재 이름을 검색해서 찾은 다음 선택해 등록합니다.

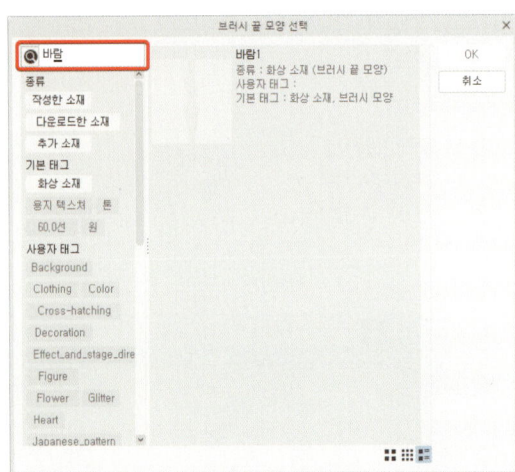

사용할 수 있는 다양한 브러시 끝 소재가 보입니다.

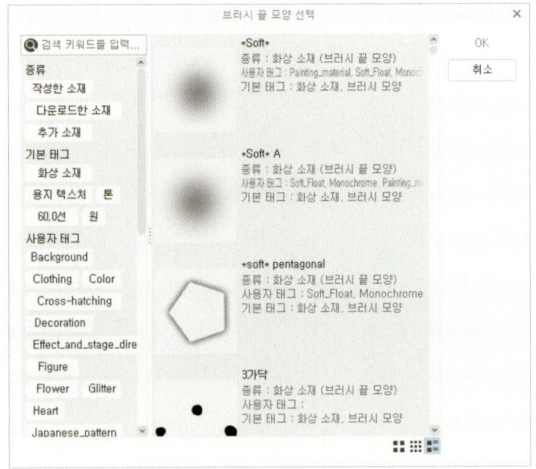

브러시가 변경된 것을 확인했습니다. 하지만, 모양이 세로로 되어 있어 이상한 모양입니다.

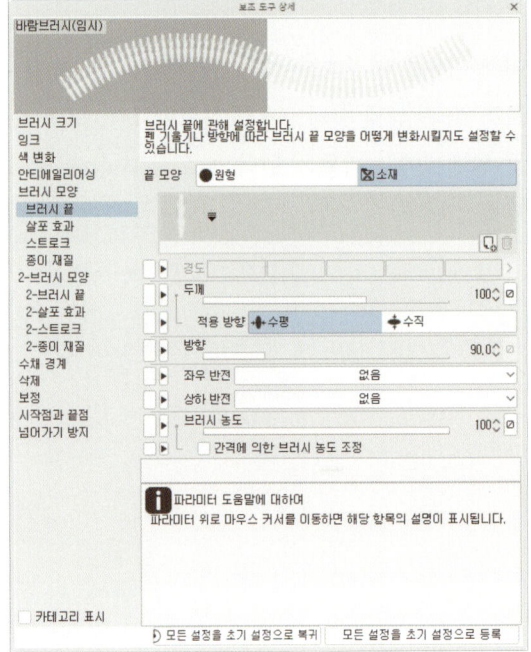

방향이 90으로 되어 있어 생기는 문제입니다. 0으로 수정하면 브러시가 그럴듯하게 바뀝니다.

이 상태에서 새 창을 열어 테스트해 봅시다. 중간 모양은 나쁘지 않지만, 끝부분이 전혀 이쁘지 않습니다.

끝 부분이 좀 더 날카로워지면 좋을 것 같습니다. 조정해봅시다.

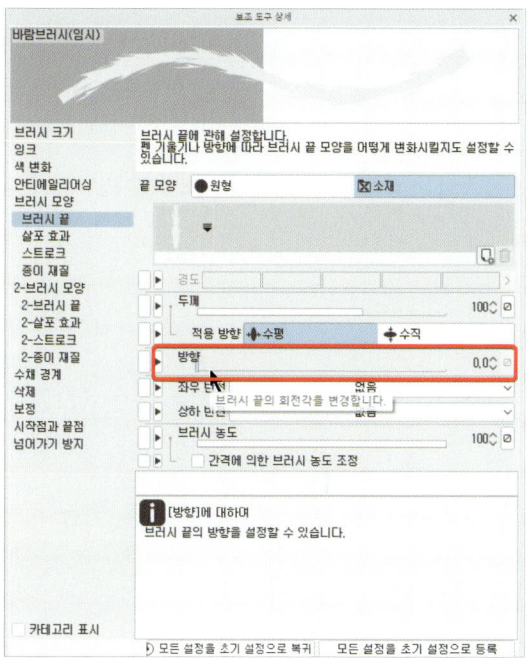

■ 임시 브러시 조정

먼저 브러시 두께가 브러시 압력과 연동되면 좋을 것 같습니다. 브러시 끝 탭에서 두께 속성 끝의 아이콘을 선택한 다음, 필압에 체크합니다.

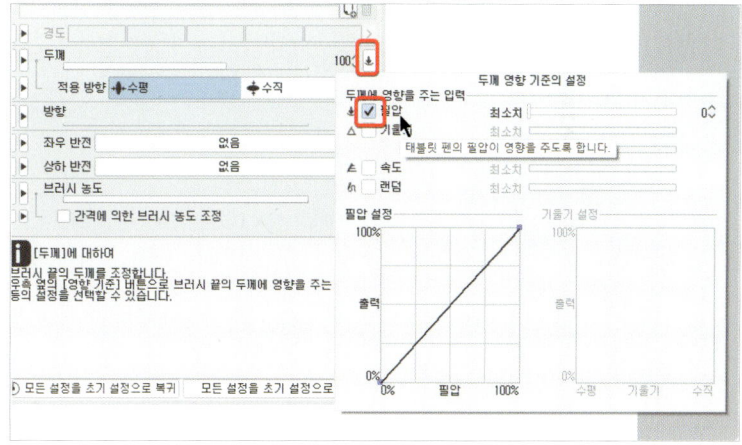

끝 부분이 좀 더 정리되면서 좀더 바람 느낌이 되는 것 같습니다.

하지만, 필압에 따라 여전히 뭉툭한 부분이 보입니다. 해당 부분까지 해결해봅시다.

시작점과 끝점 탭을 선택합니다. 이곳은 브러시의 시작과 끝부분을 강제할 수 있습니다.

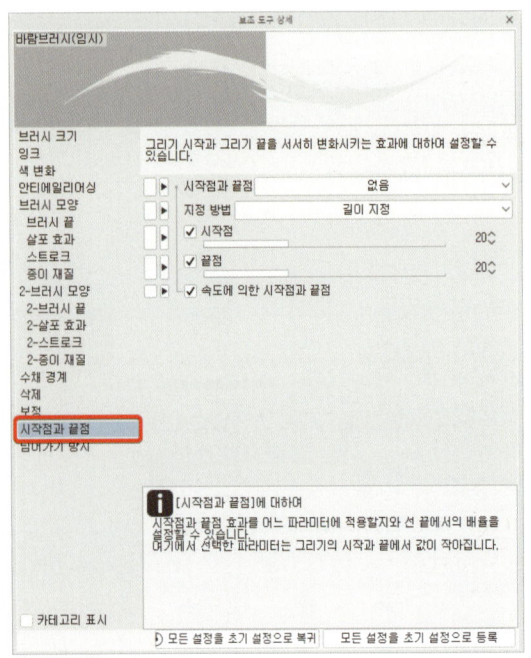

시작점과 끝점 옵션을 선택해 '두께'를 체크합니다. 지정 방법은 백분율을 지정합니다. 시작점과 끝점은 20, 20씩 지정합니다.

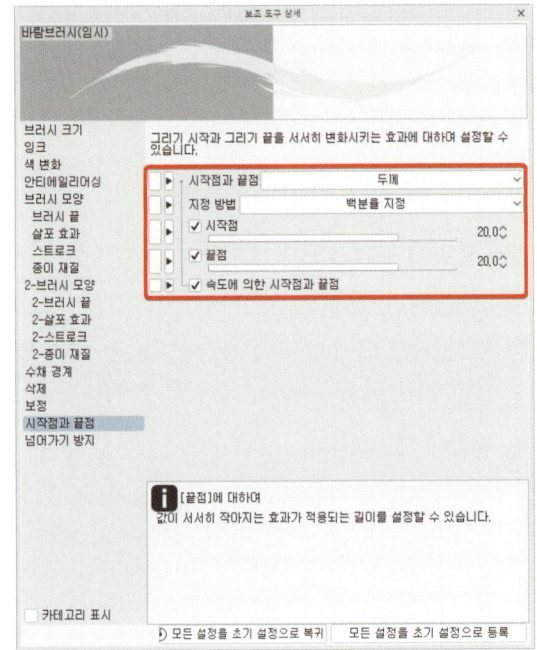

바람 이펙트가 훨씬 자연스러워진 것을 알 수 있습니다.

■ 디테일 높이기

브러시의 기본 세팅이 마무리되었습니다. 하지만, 그냥 회색으로는 조금 심심해보입니다. 앞서 브러시 이미지로 돌아가 봅시다. 명암 처리를 위해 새 레이어 '디테일'을 만들고, Ctrl + Alt + G를 눌러 클리핑합니다.

명암처리를 위해 좀더 짙은 회색으로 명암을 그린다. 처음과 같이, 위 아래가 연결되도록 사각형으로 시작하세요.

위 아래 연결을 신경쓰면서 디테일을 올려봅시다.

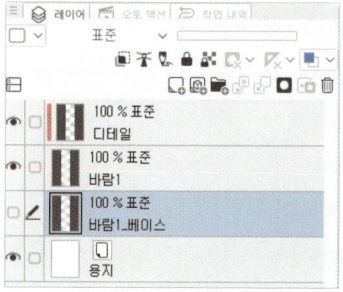

어느 정도 정리되었다면, 디테일 레이어를 합칩니다. 만약을 위해 원본은 미리 복사해두세요.

앞서와 동일한 방식으로 브러시용 소재를 만듭니다.

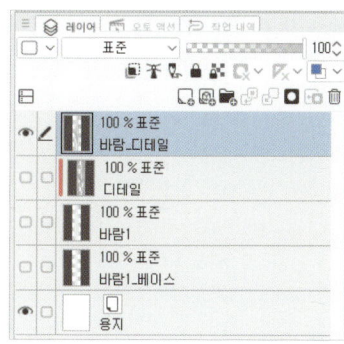

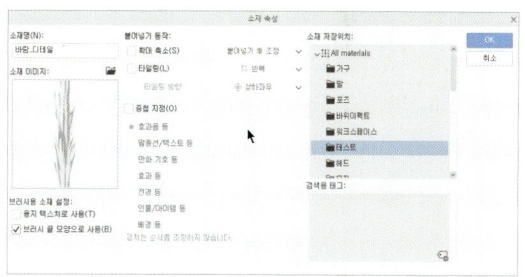

기존 임시 브러시를 복사한 다음, 보조 도구 상세 팔레트를 통해 이미지를 변경합니다.

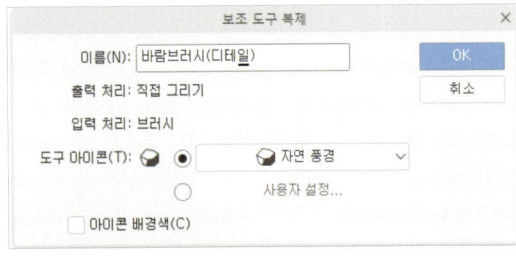

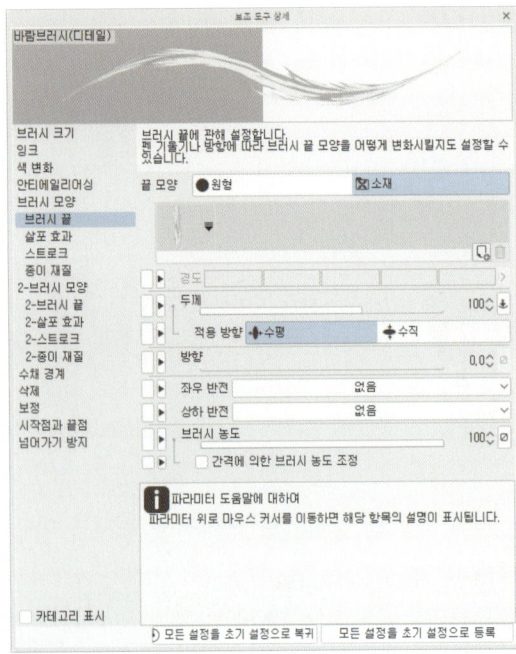

꽤 그럴듯한 느낌이 되었습니다. 설정을 조정하면서 원하는 형태를 만들어보세요. 만든 브러시는 웹툰 작업에 유용하게 사용할 수 있습니다. 여러분도 자신만의 바람 이펙트 브러시를 만들어보시기 바랍니다.

SECTION. 03 홀로그램 이펙트 만들기

SF 영화나, 판타지 등에 유용한 홀로그램 이펙트를 만들어봅시다. 홀로그램 혹은 글리치 효과는 재미있는 효과이지만, 클립스튜디오에서 표현하기는 조금 번거로운 편입니다. 최근에는 잘 사용되지 않는 고전적인 표현이지만, 응용하기에 좋을 듯 합니다.

▲ 결과물_예시

■ 글리치 효과 추가하기

글리치 효과는 옛날 TV의 지글지글하는 효과를 의미합니다. 우선 글리치 효과를 만들어봅시다.

> **Info** 　**글리치 효과는 왜 일어날까?**
>
> 예전 아날로그 TV는 RGB 3개의 빛(주사선)을 각각 따로 쏴서 보여지는 방식입니다. 아날로그 방식이라 자성 등의 주변의 영향으로 빛의 위치가 어긋날 경우 각각의 빛이 따로 겹쳐지면서 묘한 효과가 나타나게 됩니다. 옛날 출판형식의 컬러 만화에서도 인쇄가 어긋나면서 동일한 현상이 일어납니다. 글리치 효과를 위해서는 RGB 채널을 분리해야 합니다. 포토샵은 채널조정용 탭이 따로 있어, 손쉽게 해결할 수 있지만, 클립스튜디오는 수동으로 진행해야 합니다.

■ 채널 분리하기

적용할 이미지를 준비합니다. 단일색의 배경 이미지와, 인물 레이어로 되어 있는 이미지입니다.

컬러 툴을 더블클릭해서 색상을 선택합니다. R:255 G:0 B:0 을 선택합니다. 빨강색이 됩니다.

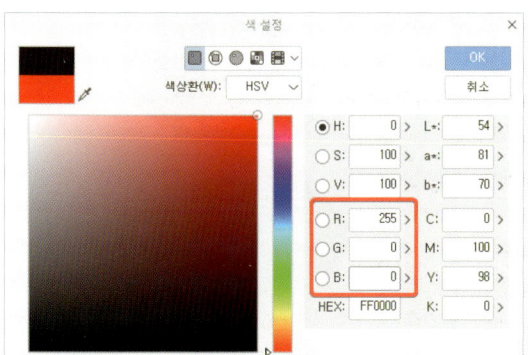

인물 레이어를 하나 복사합니다.

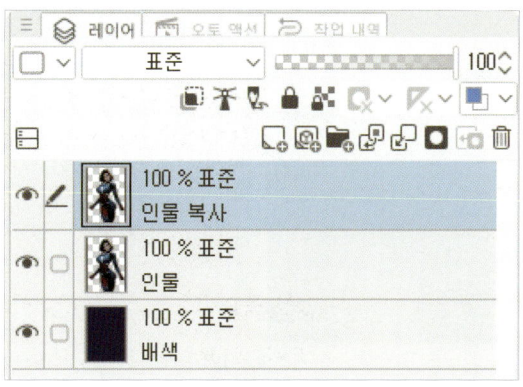

새 레이어를 만들고 빨강색을 칠한 다음, 곱하기 레이어로 만듭니다. 클리핑하면, 빨간색 부분만 보이는 이미지가 됩니다.

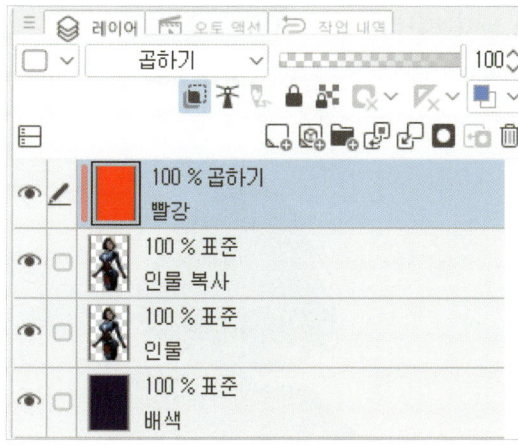

이 레이어들을 합쳐 하나의 레이어로 만듭니다. 이름은 빨강으로 설정합니다.

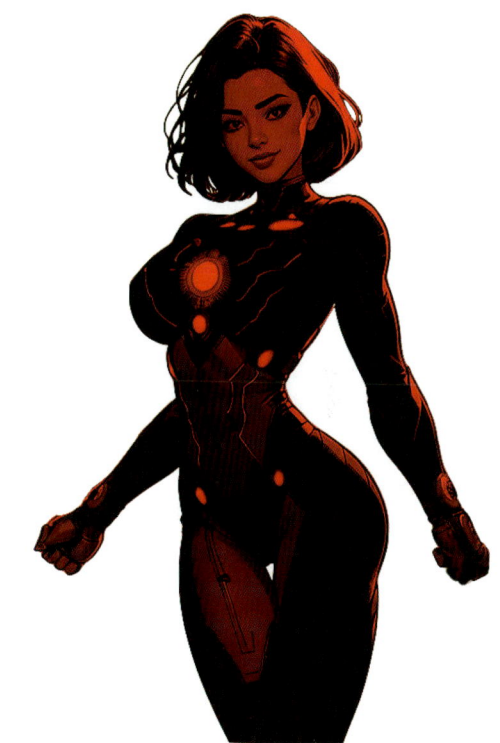

같은 방식으로 R:0, G:255, B:0 즉 초록색 레이어, R:0,G:0,B:255 인 파란색 레이어를 만듭니다.

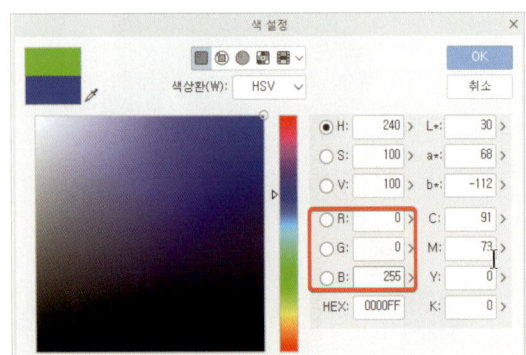

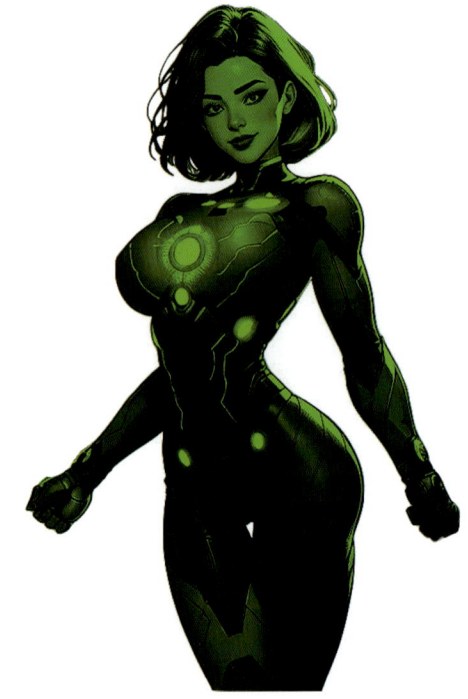

이제 각각 R, G, B 각각의 색만으로 이루어진 이미지가 만들어졌습니다. 이 이미지들을 채널삼아 글리치 효과를 만들어보겠습니다.

■ 레이어 속성 변경하기

채널이 잘 분리되었는지 확인해보겠습니다. 가장 아래 레이어를 제외한 위 레이어를 스크린 속성으로 변경합니다. 필자는 빨강, 초록 레이어를 스크린으로 변경하였습니다.

보이는 이미지가 원래 이미지와 같으면 채널이 제대로 분리가 된 것입니다.

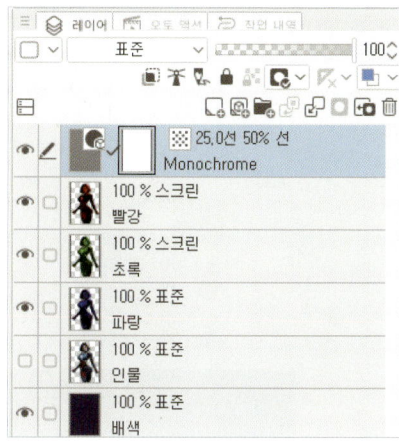

■ 레이어 위치 변경하기

이제 빨강, 초록 레이어를 조금씩 이동시켜봅시다. 이미지가 어긋나면서 글리치 효과가 나타납니다. 너무 과하지 않게 적절한 거리를 잡아보세요. 확대하면 이런 느낌입니다.

■ 브라운관 줄무늬 추가하기

앞서 이야기한 것처럼 옛날 브라운관 방식의 TV는 주사선을 쏘는 방식으로 이루어집니다. 그래서 빛 사이에 빈 공간이 보이며 줄무늬 형태가 됩니다. 이 부분 역시 꽤나 매력적인 느낌입니다. 줄무늬는 새로 패턴을 만들어 넣는 방법도 있지만, 이번에는 소재 폴더를 이용해봅시다.

소재 폴더의 Monochrome 폴더를 살펴보면 다양한 흑백 톤 레이어가 보입니다. 적절한 선 레이어를 선택합니다. 필자는 25.0선 50%선 소재를 선택했습니다.

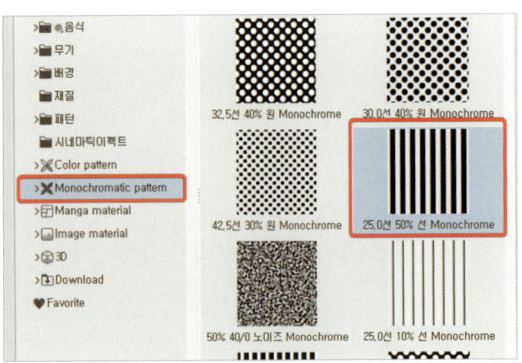

소재를 화면으로 드래그하면, 선이 입혀진 것을 볼 수 있습니다.

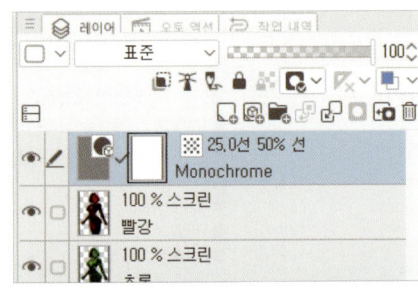

이 느낌도 나쁘진 않지만, TV 주사선 느낌은 아니군요. 톤 레이어를 빨강 레이어에 클리핑하면 좀 더 주사선에 가까운 느낌으로 바뀝니다.

끝으로 각도와 선 굵기를 조정해봅시다. 레이어창에서 톤 레이어를 선택합니다. 레이어 속성을 통해 톤의 크기와 농도, 각도 등을 변경할 수 있습니다. 각도를 0으로 바꾸면 비로소 TV주사선의 형태가 됩니다.

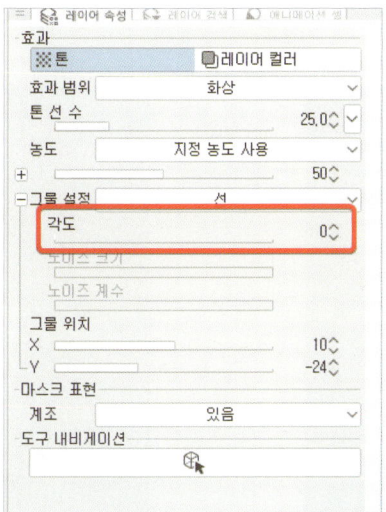

초록, 파랑 레이어도 동일하게 적용해준다면 좀 더 TV주사선처럼 보이게 되지만, 상대적으로 어두워지므로 갯수를 줄이거나 추가 조정을 해주시면 좋습니다.

망점 형태로 바꾸어서 조절하면, 옛날 만화책과 유사한 느낌을 낼 수도 있습니다.

■ 흔들림 추가하기

TV주사선은 빛을 쏘는 형태로, 주변의 자성 등에 의해 흔들리게 됩니다. 픽셀 유동화 툴을 이용해 부분부분 이미지를 변형시키면 좀더 그럴듯한 홀로그램 느낌으로 변경됩니다.

아래는 빛 효과를 더해 정리한 이미지입니다. 여러분들도 다양한 방법으로 사용해보시기 바랍니다.

MEMO

CHAPTER 06

스케치업

- **SECTION 01** 스케치업을 이용한 웹툰 배경
- **SECTION 02** 스케치업 이미지를 이용한 다양한 스타일의 배경 만들기
- **SECTION 03** 10배 어울리는 배경 만드는 4가지
- **SECTION 04** 흐린 원경 만들기
- **SECTION 05** 강렬한 흑백 펜터치 배경 만들기
- **SECTION 06** 파스텔 톤의 배경 만들기

SECTION. 01　스케치업을 이용한 웹툰 배경

■ 스케치업이란?

스케치업은 원래 건축 디자인을 위해 제작된 툴입니다. 하지만, 수작업 느낌의 선을 만들 수 있고, 뚜렷한 그림자를 만들 수 있다는 점, 사용하기 편하다는 점 등으로 웹툰 작업에 그대로 사용이 가능하였습니다. 그 덕분에 웹툰 작업에 많은 작가들이 사용하고 있습니다.

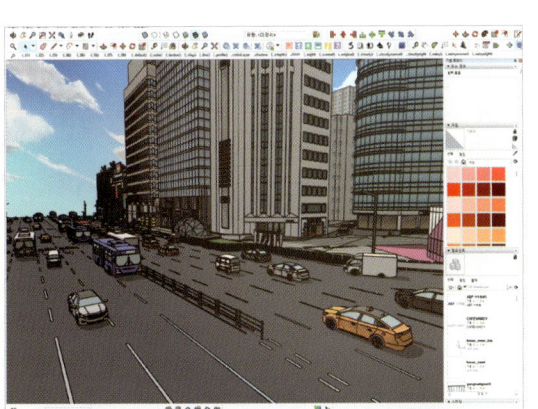

■ 왜 스케치업일까?

과거 출판만화 시장 때에는 배경을 손으로 직접 그렸습니다. 압정을 종이에 꽂고, 자를 그어 소실점을 맞추었습니다. 멀어질수록 달라지는 간격도 이해해야 했습니다. 그림적인 영역보다는 공간의 이해와 수학적 능력이 필수였고, 매우 많은 공부와 능력이 필요한 영역이었습니다. 그래서, 과거에는 배경을 작업할 수 있는 사람이 드물었고, 펜선 작가보다 더 많은 보수를 받기도 했던 직업이었습니다. 배경 어시스턴트에 따라 만화의 퀄리티도 천차만별인 상황이 벌어졌습니다. 하지만, 스케치업이 등장하면서 상황이 바뀌었습니다. 굳이 소실점을 고민하지 않아도, 배경 작업자의 실력과 크게 상관 없이 고퀄리티의 웹툰 배경을 만들 수 있게 되었습니다. 스케치업을 사용하면서 한국 웹툰의 퀄리티가 빠르게 상승했고, 해외 시장에 견줄 수 있는 수준까지 올라오게 됩니다. 고퀄리티를 요구하는 최근 웹툰 시장에서, 스케치업은 빼놓을 수 없는 툴이 되었습니다.

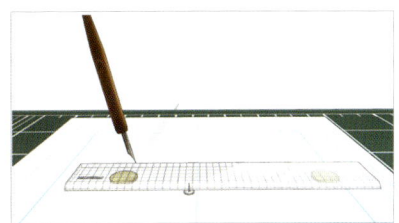

> **ⓘ Info　스케치업은 어떻게 탄생했을까요?**
>
> 스케치업은 당시 대학생이던 개발자가 건축수업을 듣다가 만들어졌습니다. 건축수업 과제인 도면 그리기가 너무 귀찮아서 대신 그려주는 3D프로그램을 만든 다음, 과제를 제출했다고 합니다. 교수님은 손으로 그렸다고 생각했지요. 손으로 그린 것처럼 교수님을 속이는 것(?)이 목적이었던 툴 답게, 스케치업은 손으로 그린 느낌을 매우 잘 내어주고 있습니다.

스케치업의 장점

이미 많은 웹툰 작가분들이 스케치업을 사용하고 있습니다. 스케치업의 장점에 대해 가볍게 알아봅시다.

• 같은 배경을 여러 번 사용할 수 있다.

보통 웹툰 배경은 한 장소가 상황에 따라 여러 각도로 등장하게 됩니다. 스케치업은 3D프로그램입니다. 한번 모델을 만들어두면, 각도만 바꿔 여러 번 재사용이 가능합니다. 매번 새로 그릴 필요가 없어진 것이지요. 마치 세트장을 만들고, 그 안에서 연기하는 감각으로 웹툰을 제작할 수 있게 되었습니다.

• 배우기 쉽다

스케치업의 가장 큰 장점은 배우기 쉽다는 점입니다. 일반적인 3D툴이 삼차원 공간에 오브젝트를 생성하는 개념입니다. 반면, 스케치업은 2D이미지에 두께를 더하는 식으로 작업을 할 수 있어 좀더 이해가 편합니다.

다른 3D툴에 비해 기능도 단순한 편입니다. 복잡한 곡면보다는 단순한 박스 형태를 조각해나가는 감각에 가깝습니다. 모든 것을 다 만들 수 있어야 하는 일반적인 3D작업에는 아무래도 부족한 기능이지만, 웹툰 작업에는 오히려 알맞은 수준입니다. 캐릭터는 어차피 작가가 그리면 되고, 필요한 것은 직선과 소실점 계산이 필요한 배경이니까요.

• 다양한 플러그인

앞서 이야기한 것처럼 스케치업은 매우 단순한 기능만을 제공합니다. 하지만, 다양한 플러그인을 통해 기능을 확장할 수 있습니다. 복잡한 모델링을 손쉽게 만들 수 있는 기능부터, 빠르고 쉽게 추출할 수 있는 Weex 같은 플러그인까지 수천개의 플러그인이 존재합니다. 필요한 플러그인만을 설치해, 손쉽게 기능을 확장할 수 있습니다.

• 거대한 스케치업 리소스 시장과 높은 퀄리티의 상업 모델들

스케치업이 쉽다고는 하지만, 거대한 도시나, 건물 안 등을 만들기 위해서는 많은 시간이 필요합니다. 그래서 웹툰 배경을 외부에 맡기는 일이 종종 있었습니다. 하지만, 초기에는 웹툰 배경의 가격이 100만원을 훌쩍 넘어가는 일이 허다했습니다. 웹툰 작가분들은 이러한 문제 때문에 웹툰 배경 구매를 위해 웹툰 작업을 중단하고, 아르바이트를 뛰는 일도 비일비재했습니다.

2015년 웹툰 상생 팀인 AB프로젝트가 처음으로 텀블벅에 고퀄리티의 웹툰 배경을 성공적으로 펀딩하면서 상황이 바뀌었습니다. 많은 웹툰 배경 생산자들이 스케치업 리소스를 만들어 제공하기 시작했고, 이를 기반으로 웹툰 리소스 시장이 생겨났습니다. 이제는 스케치업 모델 뿐만 아니라 다양한 클립스튜디오 리소스도 판매가 되기 시작했습니다.

웹툰어스, 에이콘 등의 2차 시장 역시 활발해졌습니다. 덕분에 많은 웹툰 작가분들은 직접 웹툰 배경을 제작하거나, 아르바이트를 할 필요없이, 저렴한 가격으로 고퀄리티의 웹툰 배경을 만들어 사용할 수 있게 되었습니다.

■ 스케치업을 더 잘 사용하기 위한 플러그인과 툴

웹툰 작업은 그 특성상 회당 적게는 50, 많게는 200 컷을 작업해야 합니다. 배경 이미지 역시 그만큼 많이 필요합니다. 스케치업은 웹툰에 어울리는 다양한 장점이 있지만, 스케치업은 한꺼번에 여러 장을 추출할 수 있는 기능이 부족합니다. 그래서, 스케치업 추출 작업은 최소, 하루는 꼬박 작업을 해야 하는 일이었습니다. 시간이 부족한 웹툰 작가들에게는 뼈아픈 일이었습니다. 다행히 스케치업은 다양한 플러그인을 통해 기능을 확장할 수 있습니다. 그 중 대표적인 플러그인을 소개해봅니다.

- Weex

AB프로젝트의 일원인 필자는 웹툰 작가의 의견을 받아 Weex라는 스케치업 플러그인을 만들었습니다. 웹툰에 필요한 다양한 장면을 한번에 생성하고, 여러 장의 이미지를 추출하고, PSD로 만들어주는 플러그인이지요. 이 덕분에 많은 웹툰 작가분들이 작업 시간을 아낄 수 있게 되었습니다. 만든지 꽤 되었지만, 여전히 많은 웹툰 작가분들의 사랑을 받고 있고, 업데이트도 꾸준히 하고 있습니다.

- PsdMaker

PSDMaker는 Weex가 포토샵이 필요하다는 점 때문에 만든 또다른 툴입니다. Sketchup 뿐만 아니라, Blender3D 등 다른 툴과의 연계도 염두에 두어 제작되었습니다. 이 툴 덕분에 기존처럼 포토샵이 필요하거나, 포토샵의 느린 속도 등의 단점이 해결되었습니다. 매우 빠르게 PSD 파일을 만들 수 있게 되었지요. 웹툰 작가분들의 시간을 좀 더 아낄 수 있게 되었습니다.

■ 이번 챕터에서는

필자의 '웹툰스케치업'을 필두로 스케치업에 대한 책은 이미 많이 나와있습니다. 여기서는 스케치업으로 무언가 만드는 내용보다는 어떻게 하면 잘 만들어진 결과물을 구할 수 있는지, 그 결과물을 어떻게 잘 활용할지에 대해 설명할 예정입니다.

SECTION. 02 스케치업 이미지를 이용한 다양한 스타일의 배경 만들기

한국 웹툰 작가분들의 작화실력은 세계 최고입니다. 매력적이면서도, 개성적인 멋진 그림체를 많이 보여주고 있습니다. 많은 독자분들과 실제 작업하는 현업 작가들이 비판하는 점 중 하나가 스케치업을 주로 사용하게 되면서, 일어나는 배경의 획일화입니다. 하지만, 스케치업을 제대로 사용한다면 스케치업의 편리함을 가져가면서도 작가의 스타일을 살릴 수 있습니다.

■ 배경의 중요성

스콧 맥클라우드는 '가면 효과'를 이야기하면서 배경의 리얼함도 함께 이야기합니다. 배경은 캐릭터가 존재하는 현실감을 강화시키는 중요한 요소입니다. 과거 흑백만화 시절에는 배경의 영향은 상대적으로 약한 편이었습니다. 강렬한 작화 속에서 현실적인 선을 쓰더라도, 오히려 캐릭터에 이입할 수 있는 요소가 되었습니다. 하지만 컬러를 사용하는 웹툰으로 시장이 변화하면서, 필요한 현실감의 조건이 늘었습니다. 색감입니다. 흑백중심이었던 과거와는 달리 캐릭터와 이질감이 커지면서 오히려 현실감을 해치는 방향으로 바뀌었습니다.

고퀄리티의 3D 애니메이션과 영화 등으로 인해 사람들의 눈높이도 올라갔습니다.

■ 더 나은 배경을 위해

이것은 스케치업의 잘못은 아닐 것입니다. 배경을 좀더 캐릭터에 어울리게 조정함으로써 더 좋은 작품으로 만드는 방법을 알아보도록 하겠습니다.

SECTION. 03　10배 어울리는 배경 만드는 4가지

더 나은 배경을 만들기 위해서 익혀야 할 한 가지! 바로 원근법입니다.

■ 공기 원근을 이해하자

원근법에는 다양한 종류가 있습니다. 그 중 소실점을 이용한 원근법은 스케치업이 자동으로 해주면서 많이 편해졌습니다. 하지만, 그 외의 원근법은 우리가 스스로 체크해야 합니다. 공기원근법은 현대 미술에서 중요한 위치를 차지하는 원근법입니다. 대부분 학교 다니면서 배우게 되는 원리이나, 여기서 다시 한번 짚어보도록 하겠습니다.

법칙 1 가까울수록 명암 대비가 뚜렷해지고 멀수록 흐려진다.

공기 원근법의 특징 중 하나는 가까울수록 명암대비가 뚜렷해진다는 점입니다. 그래서, 가까이 있는 것의 명암은 흑백에 가까운 뚜렷함으로, 멀수록 평평한 느낌의 명암대비로 처리할수록 장면이 명확해집니다. 다만, 멀수록 흐려지는 이유는 2가지입니다.

법칙 2 맑은날은 가까울수록 원색을, 멀수록 밝은 푸른색을 띠며 흐려진다.

일반적인 맑은 날일 경우, 멀수록 푸른색을 띠게 됩니다. 이는 공기중의 산란으로 일어나는 일입니다. 파장이 짧은 푸른색이 산란해서 공기를 푸른빛으로 채우는 것입니다. 포토샵으로는 스크린레이어나 더하기 레이어에 가까운 감각입니다.

법칙 3 먼지가 많은 날은 멀수록 먼지색깔을 띠며 흐려진다.

먼지가 많은 날은 멀수록 앞의 맑은 날과 달리 먼지 색깔을 띠게 됩니다. 산란의 경우 공기가 빛나는 것에 비해, 멀수록 먼지들이 빛을 가리는 느낌입니다.

상대적으로 어두워지지요. 포토샵으로는 노멀 레이어에 가까운 느낌입니다.

법칙 4 노을은 푸른색이 먼저 사라진다.

노을의 경우는 또 다릅니다. 노을은 빛이 낮보다 공기층을 많이 뚫고 지나오게 됩니다. 먼지나, 공기에 부딪치면서 파장이 짧은 푸른색은 점점 사라지고, 초록색과 붉은색이 차례로 남습니다. 시간이 지나면 초록색도 사라집니다. 빛은 물감과 달리 초록색과 붉은색이 섞이면, 노랑색이 됩니다. 그래서 노을은 노랑색부터 붉은색으로 이어지게 되는 것이죠. 또한 공기층이 두꺼워 햇빛도 약하도, 낮에 비해 흐려짐도 더 강해집니다.

■ 심리를 이해하자

이러한 공기원근법의 원리는 심리적인 부분에서도 영향을 미칩니다. 가까울수록, 우리에게 영향을 미칠 가능성이 높기 때문입니다. 1킬로미터 밖의 적과 내 눈앞의 적의 영향력은 다를 수 밖에 없습니다. 그래서, 공기원근법을 통한 거리 표현은 심리에 영향을 미칩니다.

■ 보통 캐릭터가 더 중요하다

상황에 따라 다르지만 웹툰에서 배경과 캐릭터의 중요도를 비교한다면 중요한 것은 단연 캐릭터일 것입니다. 그렇기 때문에 상대적으로 캐릭터는 '가까운' 느낌으로 처리하게 됩니다. 캐릭터에 집중해야 할수록, 배경을 옅게 처리하거나, 흐림(블러) 처리를 하거나, 아예 제거하기도 합니다. 이러한 요소는 영화 제작에도 기본 문법으로 사용될 정도로 중요한 요소입니다.

여러분이 스케치업으로 배경을 열심히 만들더라도, 그 퀄리티가 너무 멋지더라도 그 장소의 현실감보다, 캐릭터의 내러티브가 중요할 경우에는 배경을 흐리게 하거나, 아예 없애버리는 방법을 사용해야 합니다. 열심히 만든 배경을 뭉개버리는 것은 아무래도 아쉽지만, 캐릭터를 살리기 위해서 꼭 필요한 일입니다.

> **Info** 　배경 뭉개기는 중요합니다
>
> '너의 이름은'으로 유명한 신카이 마코토 감독 역시 비슷한 말을 한 적이 있습니다. 신카이 마코토의 만행이라는 이름으로 검색하면 나오니 한번 찾아보세요.

④ 배경이 중요한 경우도 있다

반대로 배경 자체가 내러티브가 될 경우, (숲 속을 뛰어다니는 주인공) 배경 역시 뚜렷하게 처리하는 게 좋습니다. 아예 뚜렷한 배경에 연출음만 넣는 것도 방법입니다. 예를 들어서 캐릭터와 함께 이 장소가 '교실'이라는 것도 전달하고 싶다면 배경 디테일을 살려주는 것이 좋습니다.

> **Tip** 인물도 마찬가지!
>
> 사실 이러한 뚜렷함의 특징은 인물에도 적용됩니다. 여러 인물이 있을 경우, 얼굴에 명암이 있고, 앞에 나와 있는 쪽이 주연이죠. 같은 인물이라도 중요한 장면에는 얼굴에 검정이나, 짙은 그림자를 드리우는 식으로 명암이 뚜렷해집니다. 엑스트라의 경우 얼굴에 강한 그림자를 넣으면 모순이 생겨 오히려 개그컷이 되기도 하죠.

■ 중요하지 않을수록 푸른색을 띈다.

공기 원근법을 중심으로 멀게 이미지할수록 더더 인간의 심리에서도 멀어집니다. 즉, 푸른색이거나, 명암이 옅거나, 어두우면 중요하지 않게 여겨지게 됩니다. 반대로, 중요한 인물을 푸른색을 추가해 복선으로 숨기는 것도 가능하겠지요. 다만, 푸른색이 인물에게 사용될 경우, '시체'의 느낌을 줄 수도 있으므로, 흐리게나, 평평한 느낌을 주는 형태로 보완해주시는 것이 좋습니다. 앞서 장면의 배경에 푸른색 스크린을 추가해 보았습니다. 디테일을 흐리게 만들지 않고도 캐릭터에 집중되는 것을 알 수 있습니다.

■ 컬러를 이해할 것

공기 원근법 이외에도 색의 많은 요소들이 심리에 영향을 미칩니다. 봄에 자주 볼수 있는 분홍색과, 연두색이 섞이면 따듯한 느낌이, 겨울에 볼 수 있는 흰색과 회색, 푸른색의 조합은 찬 느낌이 듭니다. 이러한 컬러가 주는 감각도 색과 심리에 중요한 영향을 미칩니다. 또한 도시의 네온사인이 주는 느낌도 색다르지요.

배경을 만들때, 현실적인 색 뿐만 아니라 심리적인 색감을 고려해야 하는 이유중 하나입니다. 있는 배경모델의 색을 그대로 사용하는 것보다 심리에 어울리는 색을 사용해본다면 웹툰 연출을 한층 더 깊이있게 할 수 있을 것입니다.

■ 선을 이해할 것

과거 출판만화에는 만화는 흑백. 선과 먹의 예술이었습니다. 표현 수단이 많지 않았기 때문에, 선은 사물을 구별하는 중요한 요소였습니다. 그래서, 배경과 캐릭터 모두 선이 중요했습니다. 선의 굵기나, 터치를 바꾸는 식으로 구별하였습니다. 하지만, 지금은 웹툰. 컬러의 시대입니다. 선보다 컬러가 먼저 눈에 들어오고, 사물을 구별하는 요소가 되었습니다. (당연하다면 당연한 이야기입니다. 현실에는 선이 없으니까요.)

실제 애니메이션에서는 아예 선을 제거하는 방법으로 현실감을 살리고, 캐릭터와 구별하는 용도로 사용하기도 합니다.

SECTION. 04　흐린 원경 만들기

▲ 적용 전

▲ 적용 후

이미지의 원경을 보완하면 입체감이 생깁니다. Weex 등의 플러그인을 이용해 스케치업에서 두 장의 이미지를 추출합니다. 첫번째 장은 자신의 웹툰 스타일에 맞게, 두번째 장은 zdepth로 추출합니다.

> **ⓘ Info**
>
> zDepth란 거리가 멀수록 까맣게 표시하는 이미지입니다. 거리에 따라 색이 달라지므로 이를 이용해서 원근감 등 거리에 관련된 작업을 할 수 있습니다

▪ 원경 푸른색으로 변경하기

우선 간단히 원경을 푸르게 해볼까요? 기본 이미지 위에 zDepth 이미지를 레이어로 올립니다

zDepth 레이어를 스크린으로 바꾸면 멀수록 하얗게 변합니다. 마치 비오는 날 같군요.

Ctrl + I를 눌러 zDepth 이미지를 반전합니다.

zDepth 이미지의 색상을 변경해봅시다. 편집 → 색조 보정 → 컬러 밸런스를 선택해 컬러밸런스 창을 엽니다.

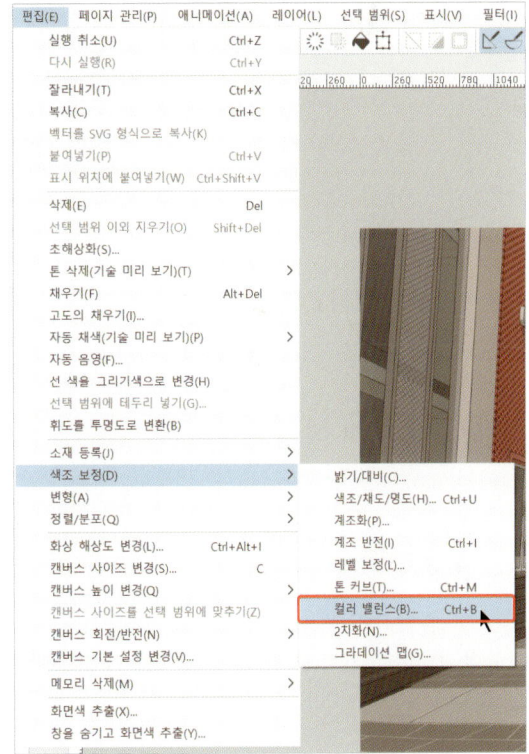

블루와 시안 값을 높이면 좀더 푸른 색상의 공기톤으로 변합니다.

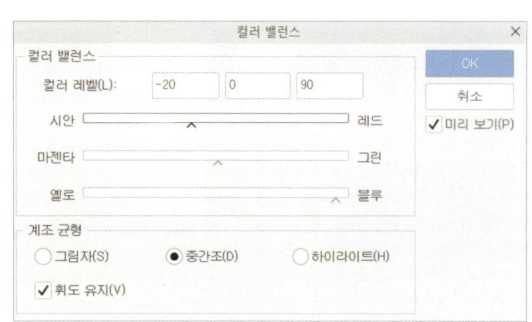

색조/채도/명도 등을 조정하면 더 자연스러운 색상으로 바뀝니다.

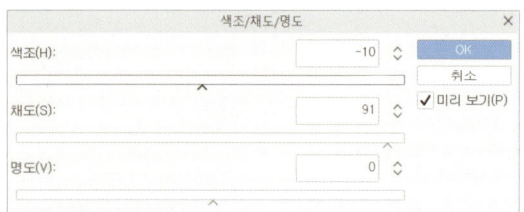

푸른색으로 변경되었습니다. 원경으로 갈수록 흐려지면, 더 자연스러운 느낌이 될 것 같습니다. 진행해 봅시다.

■ 원경 흐리게 하기

레이어 에서 '표시 레이어 복사본 결합'을 선택해 기존 이미지를 새 통합 레이어로 복사합니다.

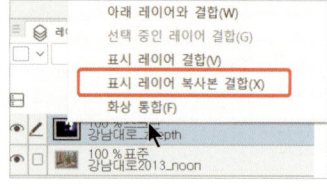
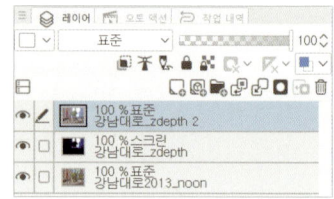

zDepth 이미지를 다시 새 레이어로 추가합니다.

추가한 zDepth 레이어를 래스터 레이어로 변환합니다.

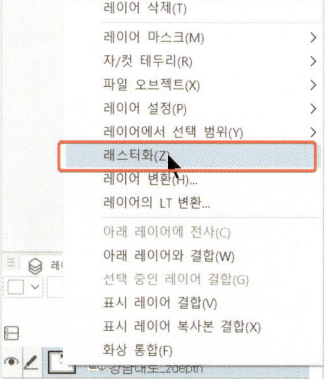

편집 → 휘도를 투명도로 변환을 실행합니다.

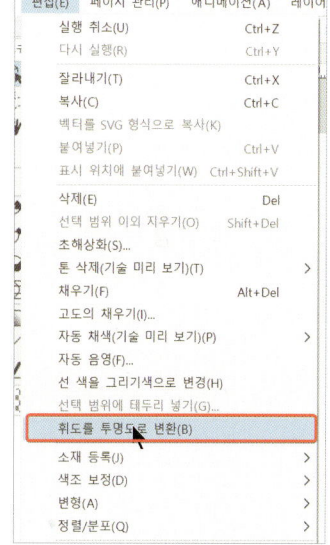

이미지가 흰색일수록 투명하게 바뀌는 것을 확인할 수 있습니다.

이 레이어를 이용하면 거리별 선택 영역을 만들 수 있습니다. 레이어 탭에서 썸네일을 Ctrl + click 합니다. 새로운 선택 영역이 생기는 것을 확인할 수 있습니다.

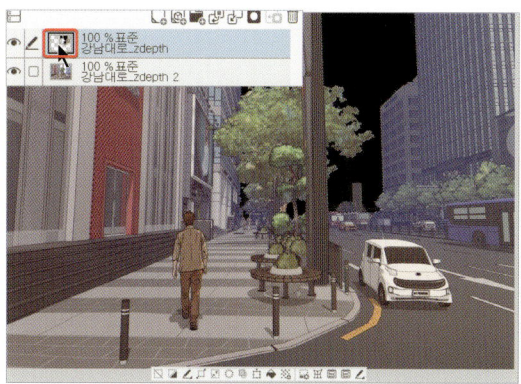

투명도의 레이어를 숨기고 앞서 만든 통합 레이어를 선택합니다. 이전의 선택 영역이 살아 있어야 합니다.

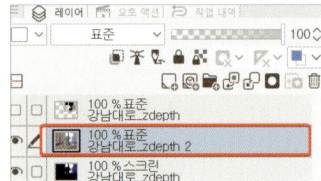

필터 → 흐림 → 가우시안 흐리기를 선택합니다.

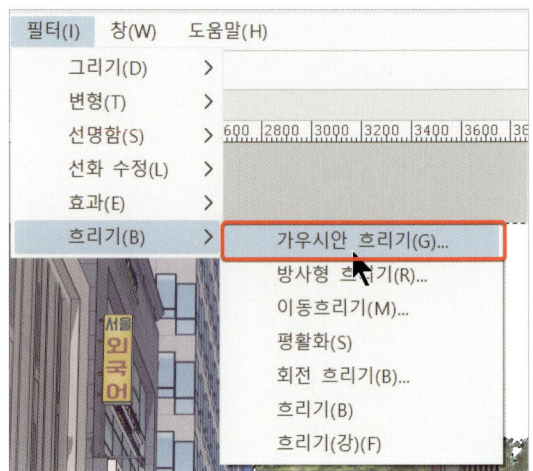

선택 영역 덕분에 멀수록 흐려지는 것을 확인할 수 있습니다. 미리보기를 확인해 가면서 흐림 정도를 조정합니다.

원경에 흐림과 색을 추가해서 더 자연스러운 배경으로 바꾸어 보았습니다.

SECTION. 05 강렬한 흑백 펜터치 배경 만들기

출판만화 시절의 만화는 인쇄의 문제로 컬러를 사용하지 못했습니다. 대신, 흑백 내에서 밀도와 명암 등을 표현하는 다양한 기술이 발전했습니다. 그 자체가 만화가 가진 매력의 일부가 되기도 하였습니다. 이번 시간에는 마치 출판만화와 같이 강렬한 흑백과 펜터치가 조합된 배경을 만들어 볼 예정입니다.

사용할 이미지를 가져옵니다. 필자는 전동성당 이미지를 사용하였습니다.

이미지를 복사해 새 레이어를 만듭니다

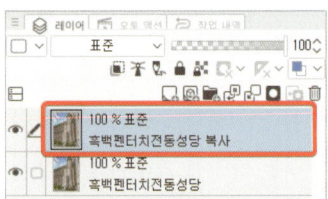

이미지가 적당히 흐려지도록 필터 → 흐리기 → 가우시안 흐리기를 선택해 적용합니다.

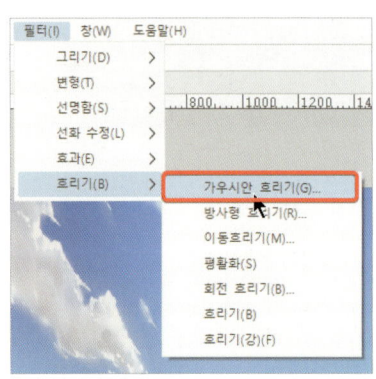

편집 → 색조 보정 → 색조/채도/명도 를 선택한 다음, 채도를 낮춰 흑백 이미지로 만듭니다.

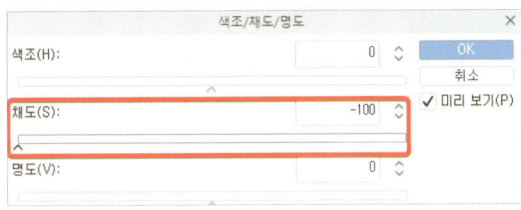

편집 → 색조 보정 → 밝기/대비를 선택한 다음, 대비를 조정해 흑백 이미지에 가깝게 변경합니다. 이 명도에 따라 펜터치가 입혀질 예정이므로 펜터치가 들어갈 영역을 고려해서 조정하세요.

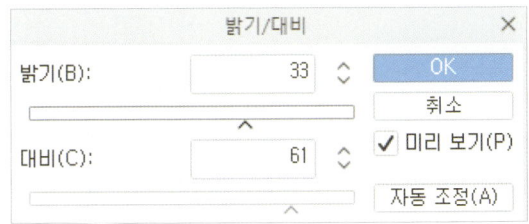

해칭 패턴을 새 레이어로 추가합니다. (Asset에 올려 두었으니 '펜터치'를 검색해 다운로드받으세요.)

이미지 속성을 '스크린'으로 변경합니다. 명암비에 따라 펜터치가 입혀지는 것을 확인할 수 있습니다.

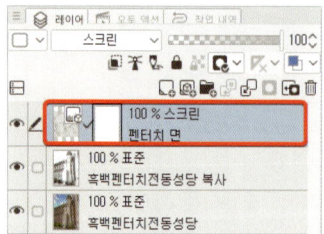

펜터치 레이어와 흑백 레이어를 선택 하나로 합칩니다.

합친 레이어를 곱하기로 변경하면, 기존 이미지에 펜터치가 들어간 형태가 됩니다.

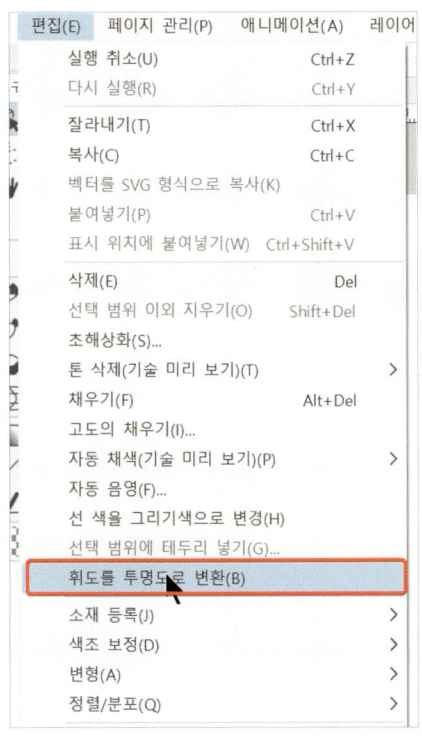

이렇게 사용하는 방법도 있지만, 이번 목표는 전체를 펜터치 이미지로 바꾸는 것입니다. 원본 이미지를 선택한 다음, 라인추출을 선택하고, 적절히 조절합니다.

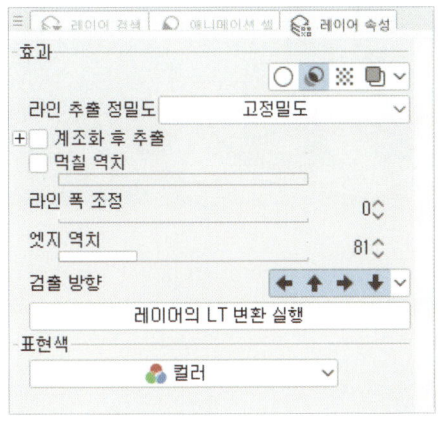

펜터치 레이어의 명암도 재조정해서 어울리게 변경합니다.

마치 손으로 그린듯한 강력한 흑백펜터치 이미지가 완성되었습니다.

SECTION. 06 파스텔 톤의 배경 만들기

스케치업의 단점은 대부분 비슷한 색상톤을 가지고 있다는 점입니다. 하지만, 클립스튜디오의 다양한 색상보정을 이용하면 자신의 웹툰과 어울리면서도 색다른 느낌을 낼 수 있습니다. 다양한 색상보정이 있지만, 개인적으로는 그라데이션 맵을 유용하게 사용합니다. 좀더 유연하며, 전체 명암을 깨트리지 않으면서 원하는 스타일을 유지할 수 있기 때문입니다. 이번 시간에는 그라데이션 맵을 이용해서 색감을 바꾸는 방법에 대해 알아보도록 하겠습니다. 이번에 사용할 이미지는 구로디지털 단지 이미지입니다.

새 그라데이션 맵을 만듭니다. 레이어 창에서 마우스 우클릭 → 신규 색조 보정 레이어 → 그라데이션 맵을 선택합니다.

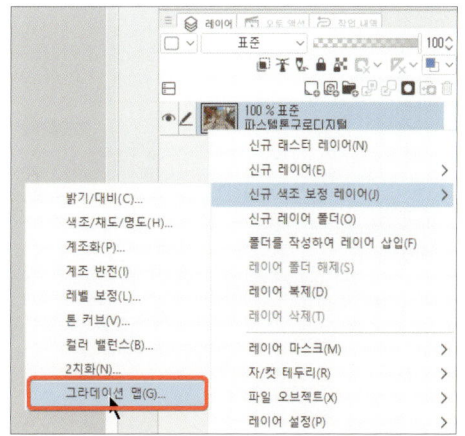

그라데이션이 적용되면 화면이 흑백으로 바뀝니다.

레이어 창에서 그라데이션 맵 레이어의 썸네일을 더블클릭하면 그라데이션 맵 창이 열리며, 그라데이션 종류를 고를 수 있습니다.

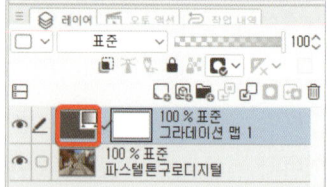

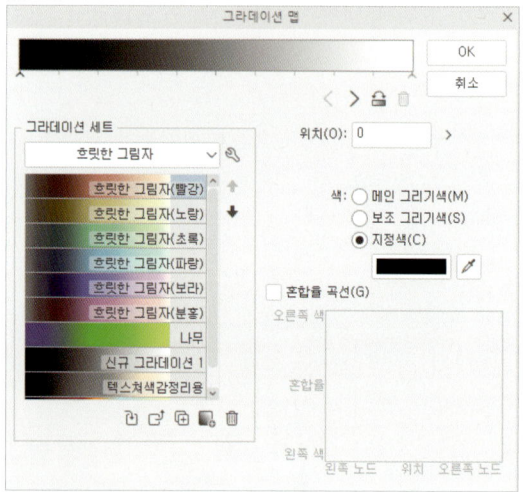

그라데이션에 따라 다양한 색상을 볼 수 있으며, 새로운 그라데이션을 만들어 쓸 수도 있습니다. 필자는 아래와 같은 그라데이션을 사용하였습니다.

강렬한 느낌의 이미지가 되었습니다. 하지만, 파스텔 톤과는 거리가 멀군요.

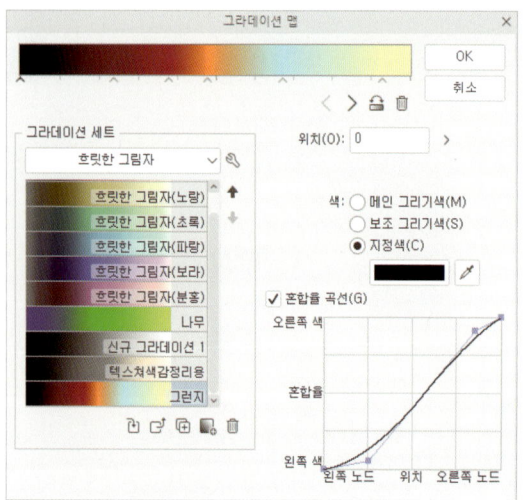

파스텔 톤으로 만들기 위해서는, 원본 이미지를 좀 밝게 만들 필요가 있을 것 같습니다. 원본 이미지를 새 레이어로 복사한 뒤, 스크린으로 변경합니다.

파스텔 톤으로 바뀌었지만, 여전히 강렬합니다.

그라데이션 맵 레이어와 스크린 레이어의 투명도를 조정하면 원본의 느낌을 가지면서도 적절한 파스텔톤을 찾을 수 있습니다.

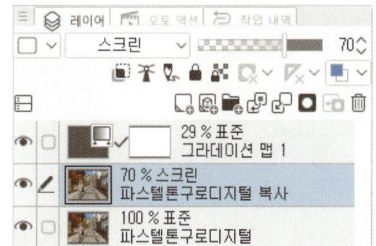

이처럼 그라데이션 맵 레이어를 적절히 이용하면, 간단히 파스텔 톤의 이미지를 만들 수 있습니다.

CHAPTER 07

이런 게 공짜?
무료 3D 소스
이용하기

SECTION 01　무료로 3D 소재를 구할 수 있는 곳
SECTION 02　무료 3D 소재 다운로드 받아 사용하기

SECTION. 01 무료로 3D 소재를 구할 수 있는 곳

해외에는 무료로 3D 소재를 제공하는 곳이 많습니다. 대부분 영어로 제공되므로 영어의 압박에 얼핏 꺼려지기도 할 듯 합니다. 하지만 전 세계 사람들이 다양한 소재를 만드므로 필요한 소재를 쉽게 구할 수 있습니다.

■ 무료 3D 소재를 사용할 때 주의할 점

무료 3D 소재는 다운받아 클립스튜디오나 스케치업 등에서 사용할 수 있습니다. 하지만, 상업적 용도로 사용하는 것은 금지하는 소재도 많습니다. 미리 상업용도로 작업가능한지 잘 확인하신 뒤 사용하시는 것을 권합니다. 작업 후 원고 등에 출처를 밝히는 것도 무료사용에 도움이 될 것입니다.

또한, 개인이 직접 소재를 올리는 Warehouse 등의 경우 타인의 오브젝트, 타인의 저작권이 포함된 오브젝트(디X니 캐릭터라던가)가 종종 올라옵니다. 이 경우 역시 저작권 문제가 있을 수 있으므로 주의해야 합니다.

- **SketchFab (https://sketchfab.com/)**

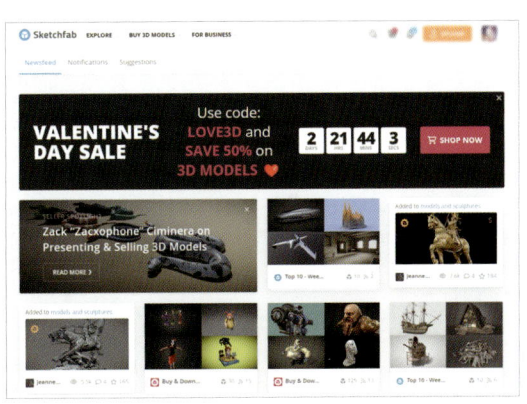

SketchFab은 웹에서 3D를 볼 수 있는 3D 뷰어 사이트입니다. 많은 사람들이 자신의 소재를 무료나 유료로 업데이트합니다. 별다른 프로그램 없이도 웹에서 3D 파일을 볼 수 있고, 다운로드도 가능합니다. 무료이면서 매력적인 소재가 많으므로 눈으로 즐겨보는 것도 도움이 됩니다. 유료 소재 역시 종종 세일을 하니, 세일 기간을 눈여겨 보는 것도 좋을 것 같습니다.

작업자들이 직접 만든 디테일한 인체 모델, 카툰 스타일의 모델들도 있으므로, 웹툰 연구에도 도움이 되는 곳입니다.

> **Info** 지나가는 이야기
>
> SketchFab은 필자 역시 종종 사용하는 곳으로, 웹에서 바로 3D를 볼 수 있다는 장점을 이용해, 3D 웹툰을 위한 전시공간으로도 활용했습니다. 아래 링크를 한번 확인해 보세요.
> - https://skfb.ly/oqGWo

- KitBash3D (https://kitbash3d.com/)

고퀄리티의 영상미와 게임경험을 보여주는 게임들을 보통 AAA게임이라고 합니다. KitBash3D는 실제 이러한 AAA급 게임에 바로 사용할 수 있는 고퀄리티의 3D 도시 모델링을 판매하는 곳입니다.

하지만 무료로, 꽤 괜찮은 모델을 공개하고 있습니다. 무료라고 해도 분량이 작을 뿐, 충분히 좋은 퀄리티의 모델이며, 종종 공개하는 모델이 바뀌기도 하니 종종 살펴보시기 바랍니다.

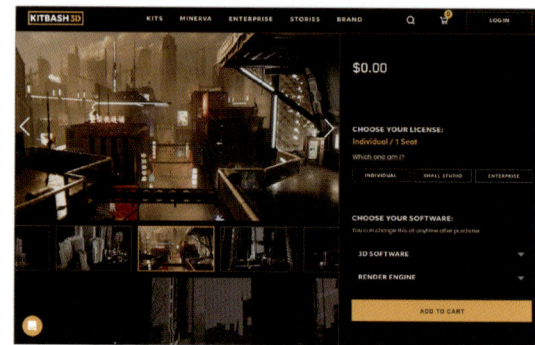

- 3DWarehouse (https://3dwarehouse.sketchup.com)

스케치업 사이트 역시 무료로 다양한 3D 모델을 제공합니다. 앞서, SketchFab과는 달리 관절이 포함되는 모델은 없지만 건축물이나 가구, 자동차 등 실제 웹툰에 사용할 수 있는 모델들이 많은 편입니다. 스케치업에서 접근해 직접 스케치업으로 받는 것도, 웹에서도 접근해 파일을 다운로드 받아 사용하는 것도 가능하므로 편한 방법을 선택하시면 됩니다.

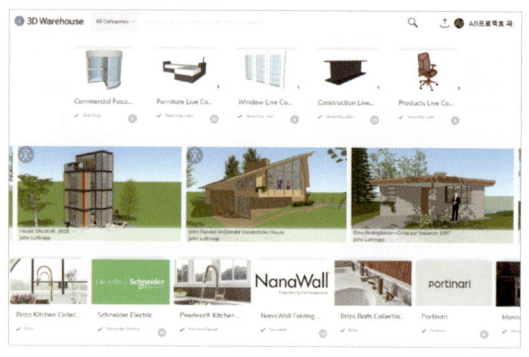
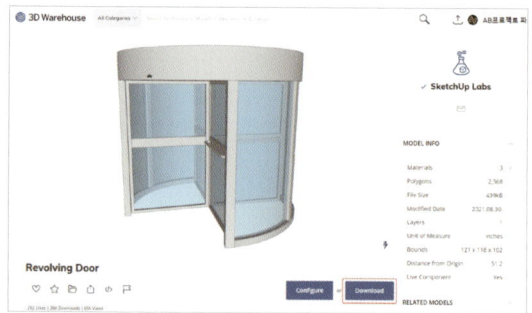

SECTION. 02 무료 3D 소재 다운로드 받아 사용하기

이번 시간에는 무료 3D 소재를 다운로드받고 클립스튜디오에서 사용하는 방법에 대해 알아볼 예정입니다. 사용할 사이트는 SketchFab이지만, 다른 사이트도 유사합니다.

■ 원하는 모델 고르기

사이트를 둘러보며, 원하는 모델을 검색하거나, 고릅니다. 필자는 멋진 디자인의 빈티지 촛대를 선택했습니다.

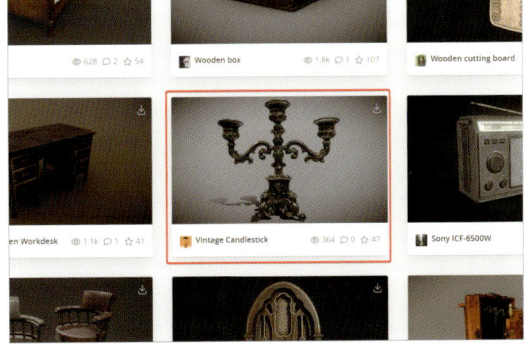

클릭해 들어가면, 촛대와 제작자 등 디테일한 정보가 등장합니다.

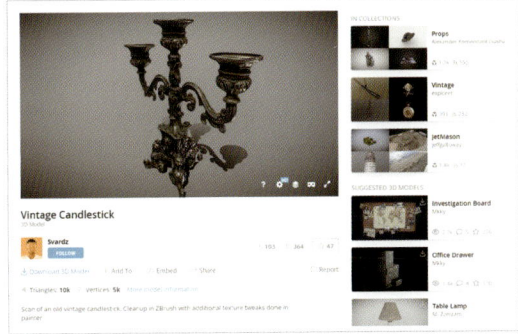

여기서 주의깊게 볼 것은 아래 라이센스 항목입니다. CC Attribution은 상업적 무료로 사용할 수 있다는 의미입니다. 웹툰에서도 쓸 수 있을 듯 합니다. 라이센스의 자세한 내용은 ? 표시에 있으니 참고합시다.

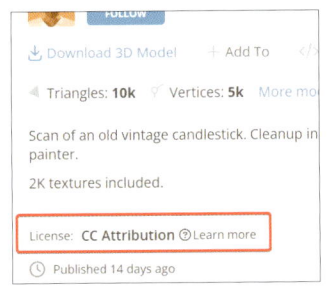
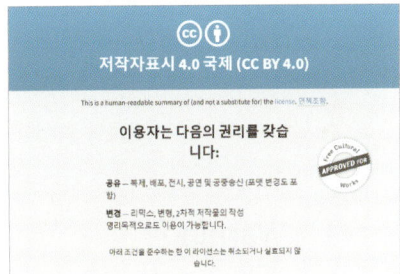

다운로드 버튼을 클릭하면 다양한 포맷으로 다운로드 받을 수 있는 화면이 열립니다. 클립스튜디오는 상당히 많은 3D 파일포맷을 지원합니다. 필자는 glb 파일포맷을 선택해 다운로드 하였습니다.

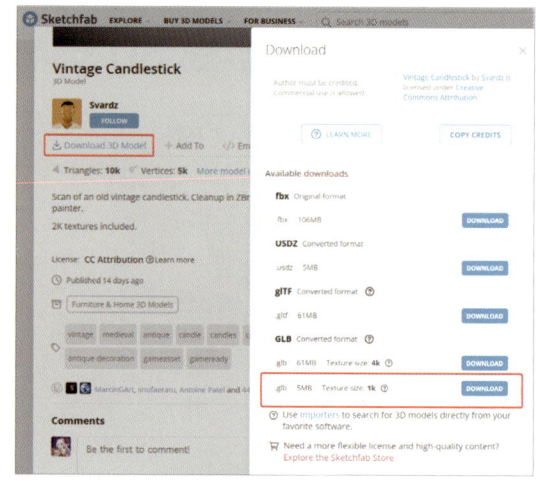

다운로드 받은 파일입니다.

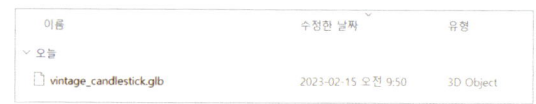

■ **클립스튜디오에서 열기**

클립스튜디오에서 여는 방법은 간단합니다. 파일 → 가져오기 → 3D데이터를 선택하거나, 다운로드 받은 파일을 캔버스에 드래그 드롭합니다. 클립스튜디오 화면에서 잘 삽입된 것을 확인할 수 있습니다.

이처럼, 무료 3D 사이트를 적절히 이용하면, 비용을 아끼면서도 고퀄리티의 웹툰 소품을 사용할 수 있어 편리합니다. 다양한 소스를 보면서, 원하는 것들을 다운로드받아보세요.

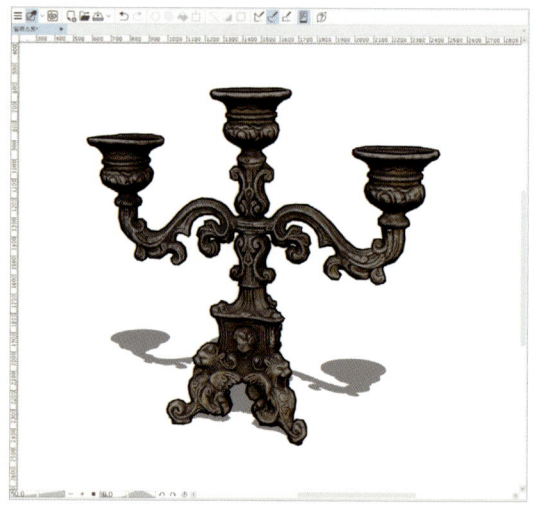

 Warning

일부 파일은 작업 형태에 따라, 텍스쳐가 보이지 않는 등의 문제가 있을 수 있습니다. 그럴 경우 제작자에게 문의하거나 별개의 3D 툴을 사용해 변환해야 합니다.

MEMO

CHAPTER 08

근손실 없는 인체, DAZ를 이용한 인체 작업

SECTION 01   DAZ3D를 이용한 인체작업
SECTION 02   DAZ CENTRAL 설치하기
SECTION 03   DAZ STUDIO 기본 사용법
SECTION 04   DAZ 모델 추출하기
SECTION 05   클립스튜디오에서 불러오기

SECTION. 01　Daz3D를 이용한 인체 작업

■ Daz3D란?

DAZ는 무료로 사용할 수 있는 인체 툴입니다. 다양한 인체와 의상을 적용할 수 있어 클립스튜디오의 인체보다 훨씬 자유로운 커스터마이징이 가능합니다. 이를 이용해 웹툰 작업의 시간을 빠르게 단축할 수 있습니다.

이번 시간에는 Daz3D를 활용해 디테일한 인체를 제작하고, 이를 클립스튜디오로 가져와 사용하는 방법에 대해 설명하겠습니다. Daz3D는 매우 강력한 도구이지만, 그만큼 배워야 할 기능이 많습니다.

이를 모두 설명하려면, 현재 이 클립스튜디오 서적만큼의 분량이 더 필요할 것입니다. 따라서 모든 내용을 세부적으로 다루지는 않겠습니다. 여기서는 Daz3D에 대한 간략한 소개와 클립스튜디오와의 연동 방법에 초점을 맞춰 설명하도록 하겠습니다.

SECTION. 02   Daz Central 설치하기

DAZ3D는 DAZCentral이라는 프로그램을 우선 설치한 다음, 이 프로그램을 통해 실제 사용할 DAZ STUDIO를 설치할 수 있습니다. 클립스튜디오와 클립스튜디오 페인트, 모델러의 관계과 같은 방법입니다.

DAZ3D의 공식사이트에 접속합니다.

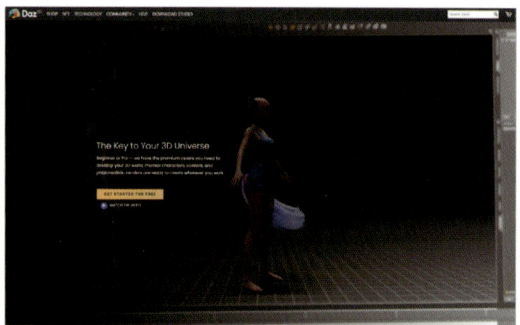

상단 메뉴에서 DOWNLOAD STUDIO 를 선택해 다운로드 페이지로 이동합니다.

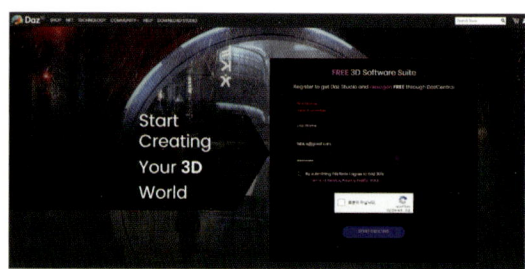

Daz3D를 사용하려면 우선 가입(Register)를 해야 합니다. 요청한 각 항목을 입력한뒤, 등록합니다.

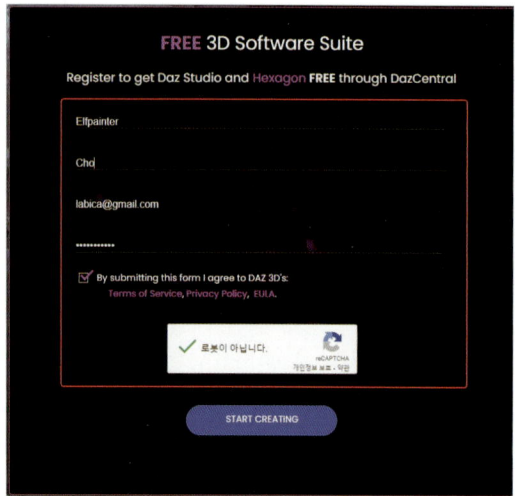

등록이 완료되면 설치 파일을 다운로드 받습니다. 다운로드 받은 설치파일을 받은 뒤 설치합니다. 딱히 변경할 사항은 없으며 next를 이어 눌러주는 것만으로 설치됩니다.

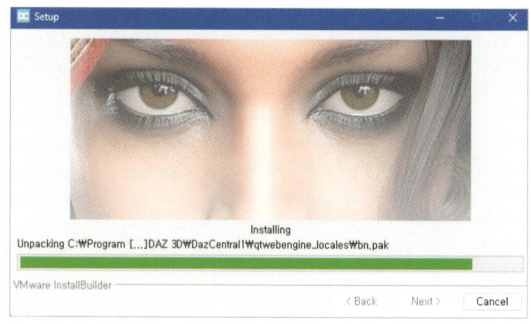

설치가 끝나면 바탕화면에 아 이콘이 등장합니다.

설치 후 실행을 선택하거나, 실행 아이콘을 클릭하면, DAZ Central이 실행됩니다.

첫 화면은 로그인 화면입니다. 앞서 등록화면에서 입력한 내용으로 로그인할 수 있습니다.

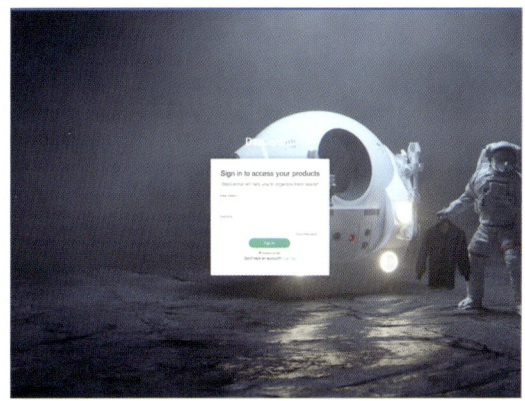

로그인을 하면, Daz Studio를 설치할 수 있는 화면이 나옵니다. 버튼을 눌러 설치합니다.

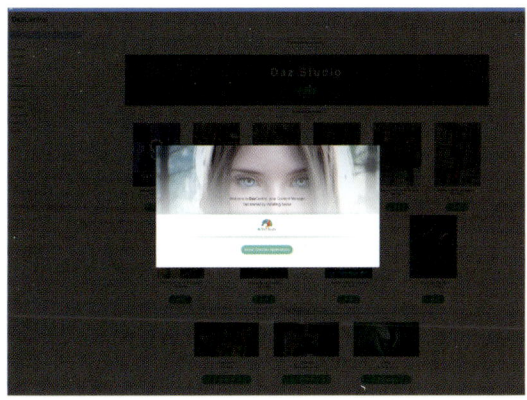

설치가 끝나면 Daz Central 왼쪽 메뉴에서 Daz Studio를 선택한 다음, Open버튼을 누르면 실행할 수 있습니다.

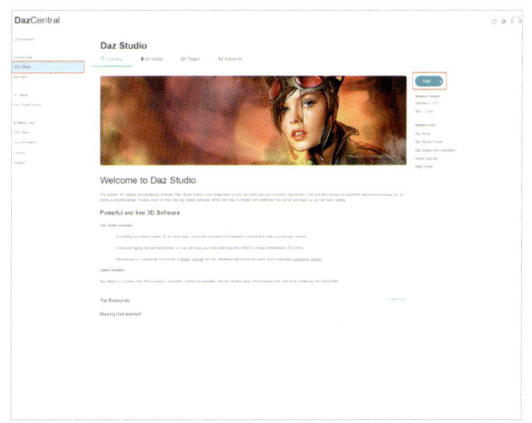

혹은 바탕화면에 등록된 Daz Studio 아이콘으로 실행할 수 있습니다.

Daz Studio의 첫 화면입니다.

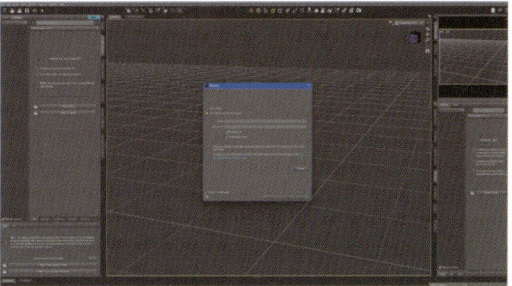

로그인 화면이 나오므로 로그인하면 사용이 가능합니다.

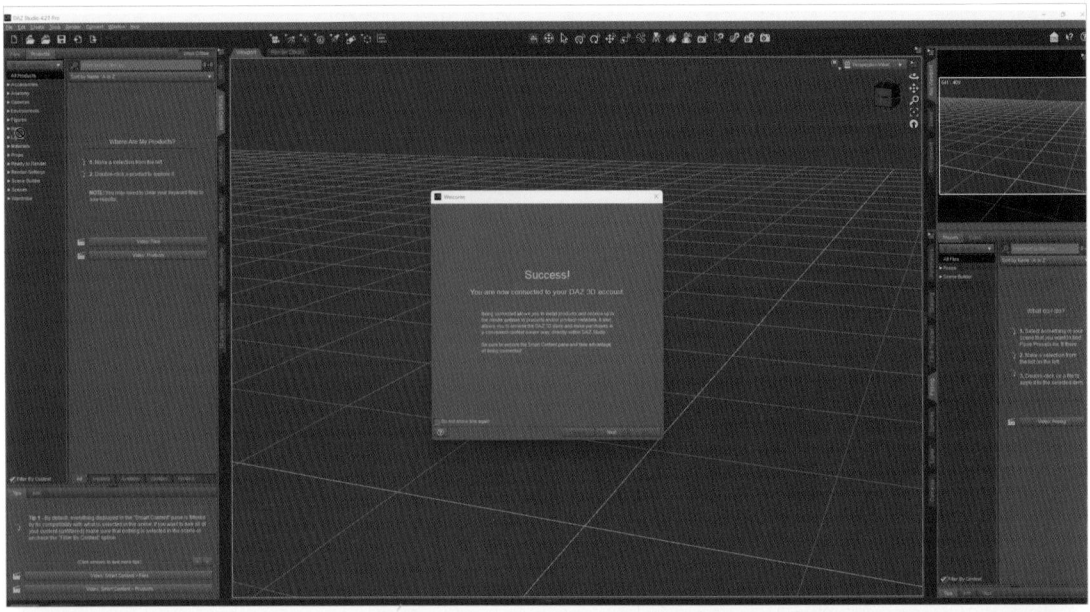

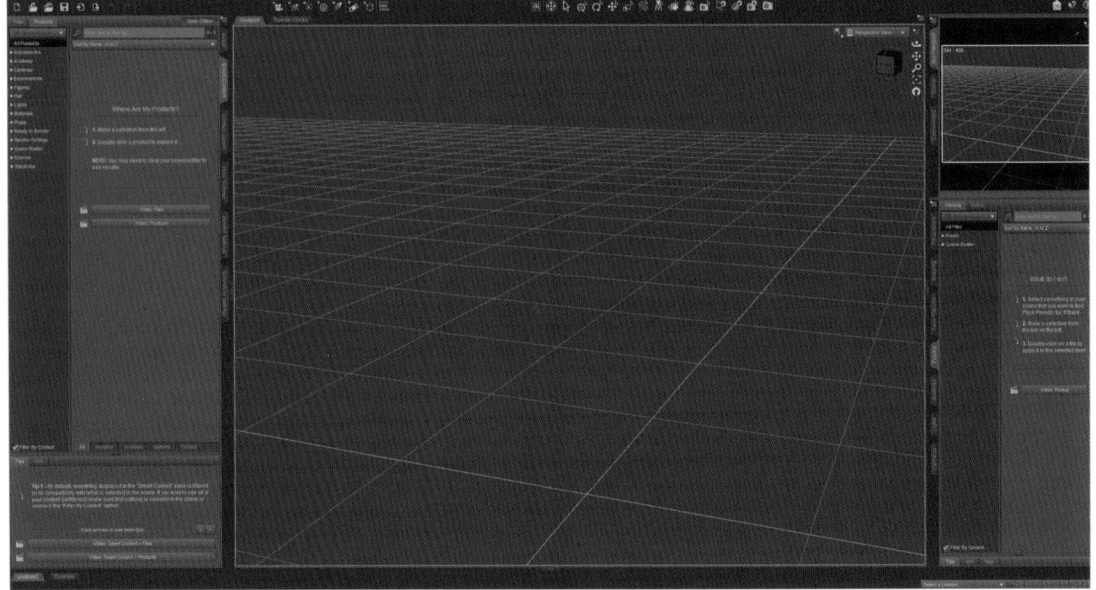

SECTION. 03 Daz Studio 기본 사용법

이번 시간에는 Daz Studio의 기본 UI 와, 간단한 사용법에 대해 설명합니다. 복잡한 기능 설명보다는, 클립스튜디오에서 사용하기 적절한 수준만 이야기할 예정입니다.

■ 기본 UI

DazStudio는 다양한 탭들로 구성되어 있습니다. 대표적인 탭들에 대해 설명합니다.

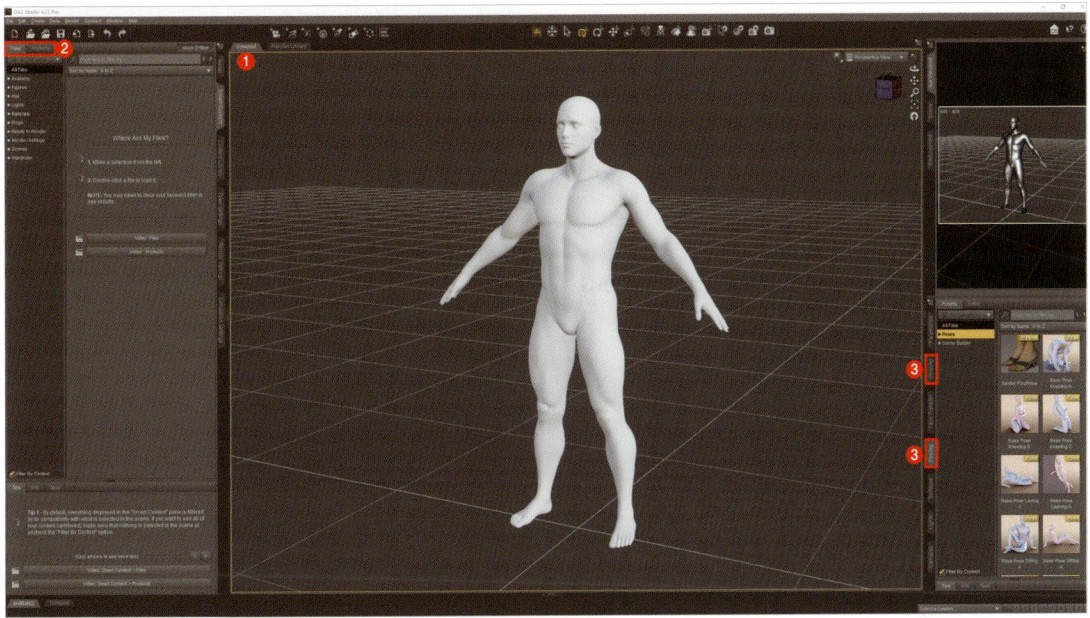

탭 이름	일회성 구매
❶ ViewPort	캐릭터를 보고 조작할 수 있는 탭입니다.
❷ Files	인체,의상,소품들을 관리하고, ViewPort로 꺼낼 수 있습니다.
❷ Products	다양한 오브젝트를 다운로드받을 수 있는 곳입니다. 다운로드 받은 파일은 Files에서 확인할 수 있습니다.
❸ Shading	선택한 오브젝트의 특성을 조정할 수 있습니다.
❸ Posing	포즈를 선택할 수 있습니다.

그 외 다양한 탭들이 있지만, 클립스튜디오와 연동과는 크게 관련이 없는 편입니다.

❶ ViewPorts

인체를 배치하고, 조정할 수 있는 탭입니다. 클립스튜디오의 인체인형과 유사하게 각 부위를 드래그함으로써 손쉽게 조정할 수 있습니다.

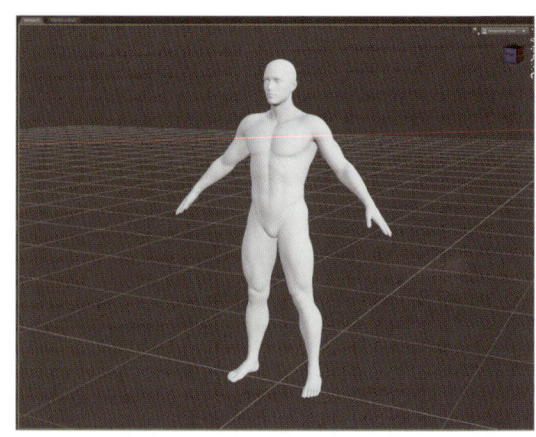

❷ Files/Products

인체나 의복의 경우 Files / Products 에서 관리합니다. Product 탭에서는 기본으로 제공되는 인체와 소품들이 포함되어 있습니다. 아직 다운로드받지 않은 파일의 경우 회색으로 표시되며, 다운로드 받은 항목은 컬러로 표시됩니다. 다운받지 않은 파일은 더블클릭하면 다운로드 받을 수 있습니다.

다운로드 받은 인체 등의 오브젝트는 Files에서 찾을 수 있으며, 더블클릭해 ViewPort로 불러올 수 있습니다.

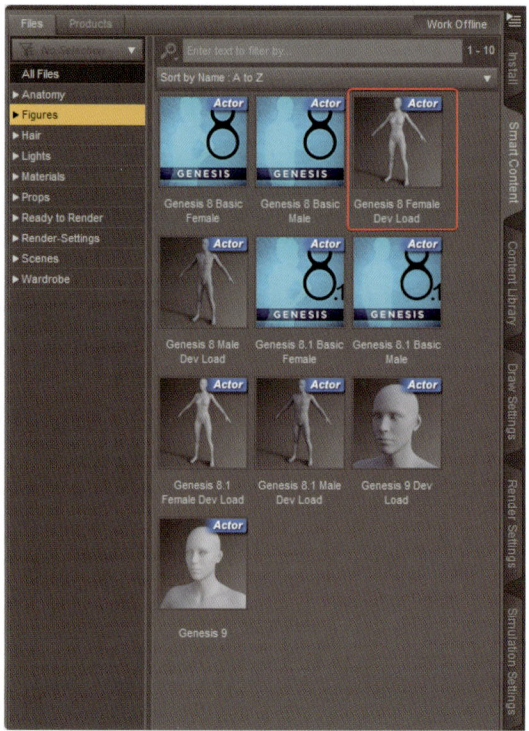

❸ **Shading / Posing**

수정관련된 내용은 우측의 사이드 탭에서 수정 가능합니다. 그중 Shading은 인체의 특성을 변경할 수 있는 항목입니다. 인체, 오브젝의 종류에 따라 수정할 수 있는 부분은 달라집니다.

Posing에서는 원하는 포즈를 조정하거나 선택할 수 있습니다.

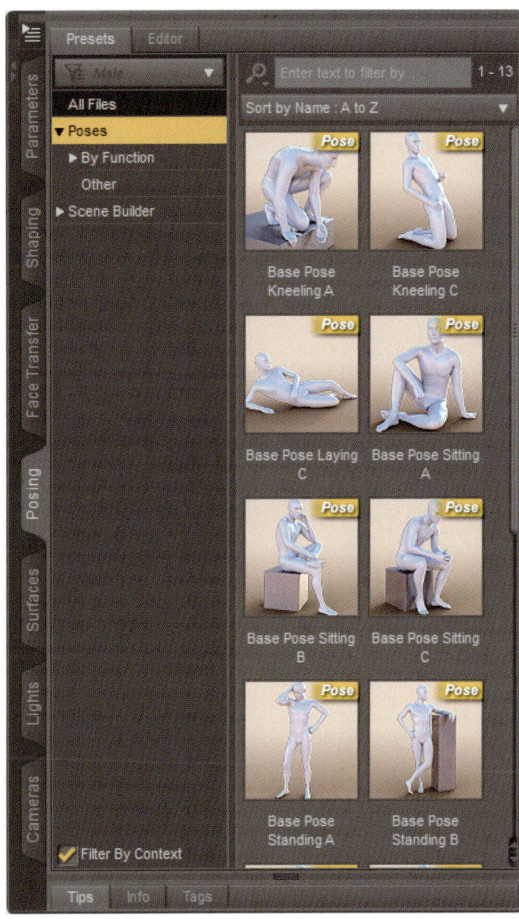

SECTION. 04　Daz 모델 추출하기

이번 시간에는 만든 DAZ 모델을 추출해보도록 하겠습니다. 추출하고자 하는 포즈를 만듭니다.

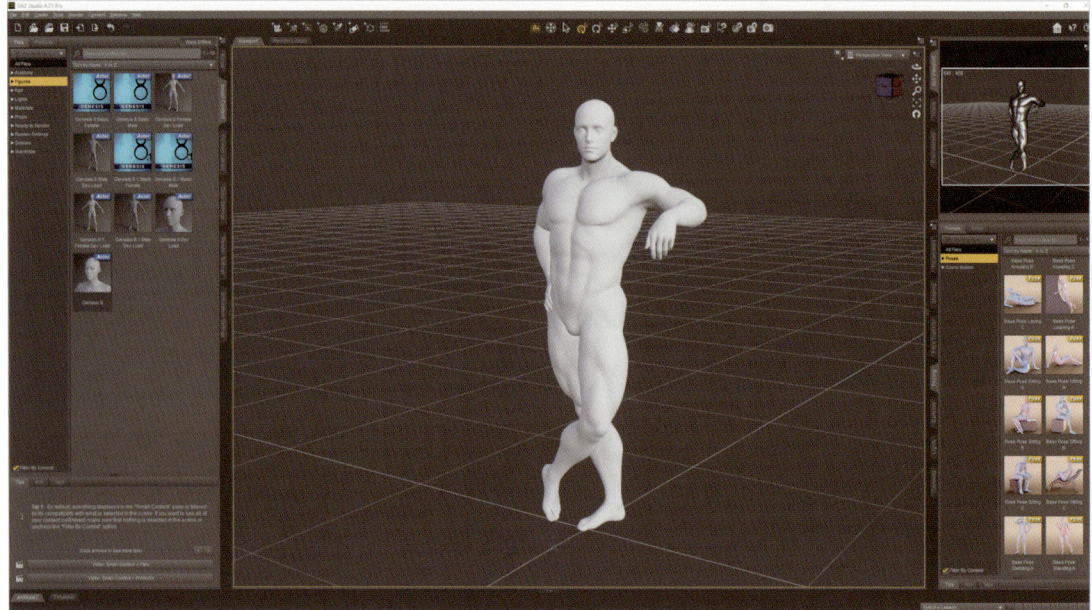

인체를 마우스 클릭해 선택합니다.

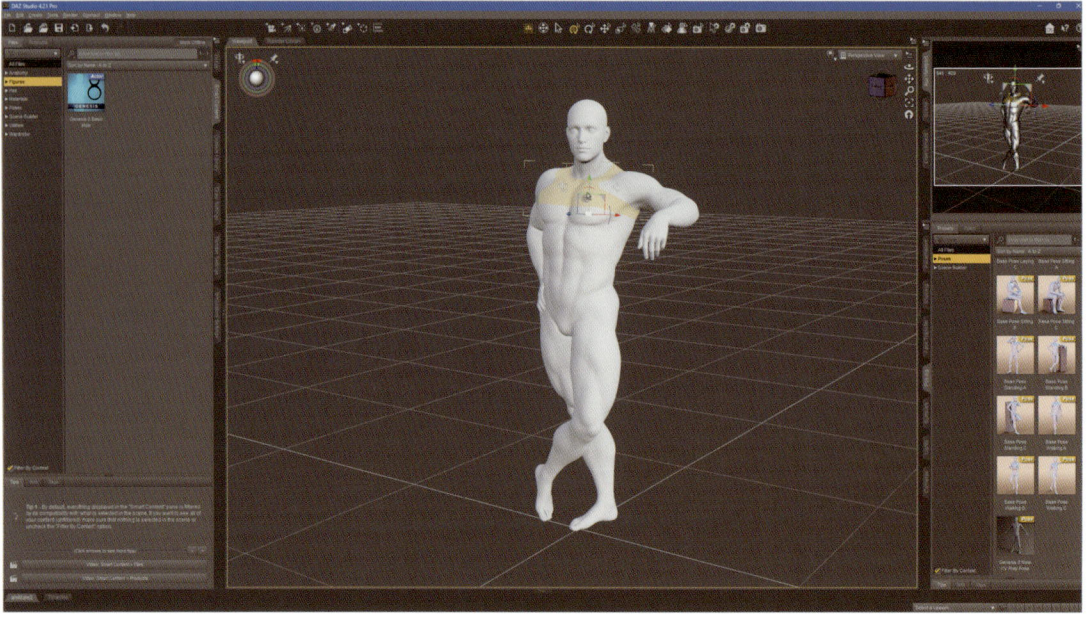

메뉴에서 File → Export 를 선택하면 추출할 수 있습니다.

저장할 수 있는 창이 열립니다. 확장자는 클립스튜디오에서 사용할 수 있도록 FBX를 선택합니다.

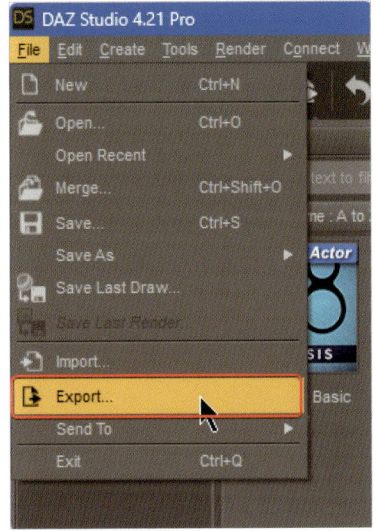

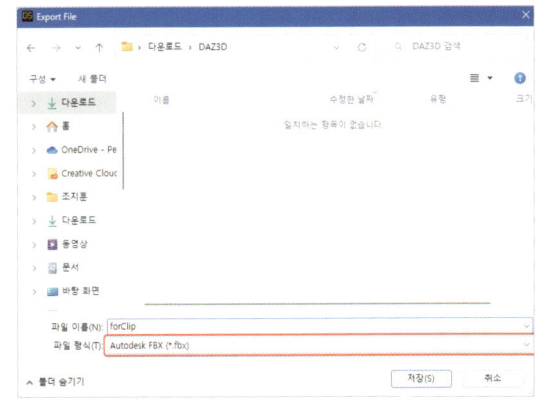

저장할 파일명을 입력하면. 옵션 창이 등장합니다. 자세히 살펴보고, 원하는 항목을 선택합니다. 기본 세팅을 유지하셔도 상관없습니다.

Accept를 선택하면, fbx 파일이 추출됩니다. 이어서, 클립스튜디오로 가져오도록 하겠습니다.

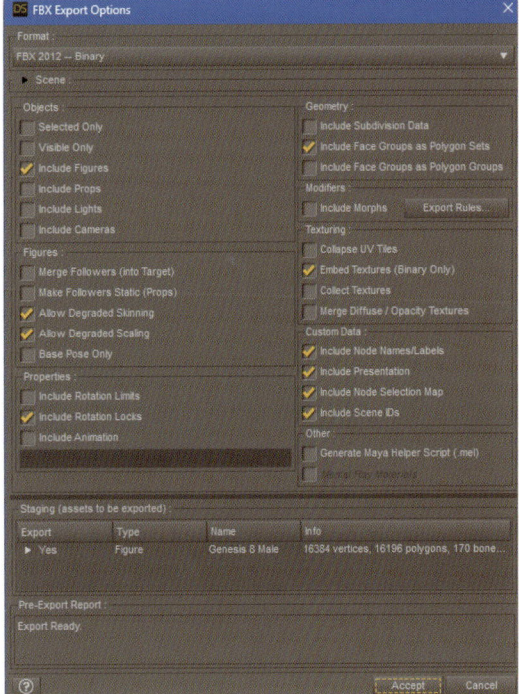

SECTION. 05 클립스튜디오에서 불러오기

Daz Studio에서 만든 인체는 클립스튜디오로 손쉽게 가져올 수 있습니다. 클립스튜디오는 3D 파일인 FBX 파일을 불러와 사용할 수 있습니다.

앞서 만들어진 FBX 파일을 메뉴 → 가져오기 → 3D데이터로 가져옵니다. 혹은 그냥 캔버스에 드래그해 넣어도 됩니다.

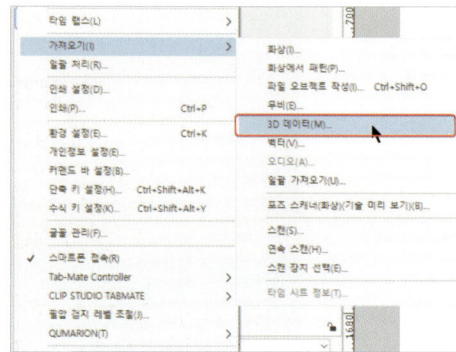

잘 들어온 것을 확인할 수 있습니다.

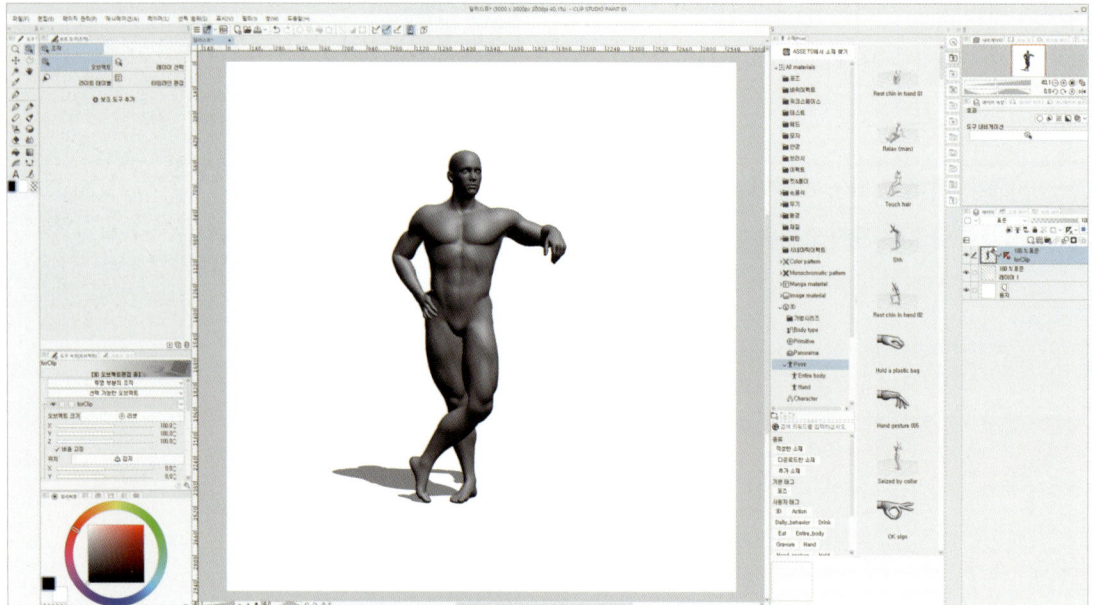

이렇게 옮겨진 인체는 관절이 살아있는 상태입니다. 클립스튜디오 기본 포즈 인형과 유사하게, 원하는 부위를 드래그해 포즈를 변경할 수 있습니다.

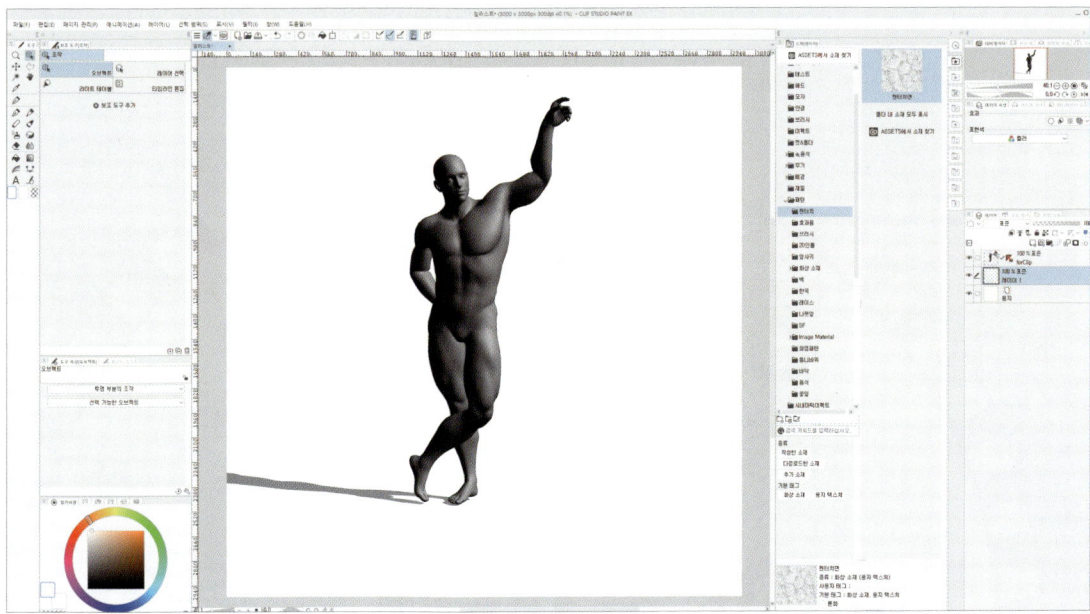

CHAPTER 09

나만의 3D소재 만들기. 클립스튜디오 모델러

SECTION 01   클립스튜디오 모델러란
SECTION 02   클립스튜디오 모델러 설치하기
SECTION 03   클립스튜디오 모델러 기본 사용법

SECTION. 01 클립스튜디오 모델러란

클립스튜디오 모델러란 클립스튜디오에서 사용되는 3D 소재를 제작하는 툴입니다. 2D 작업이 중심인, 클립스튜디오 페인트와는 별개의 프로그램입니다. 따로 설치를 해야 합니다. 웹툰 작업에 메인으로 사용되는 툴은 아니며, 3D 소재를 만들기 위한 기능이므로 웹툰 작가보다는 리소스 제작자에게 좀더 필요한 툴입니다. 다만, 웹툰 작가 역시 본인이 원하는 리소스를 제작할 상황이 오거나, 기존의 리소스를 수정할 필요가 발생하기 마련입니다. 그럴 때를 위해, 지면을 빌어 소개합니다.

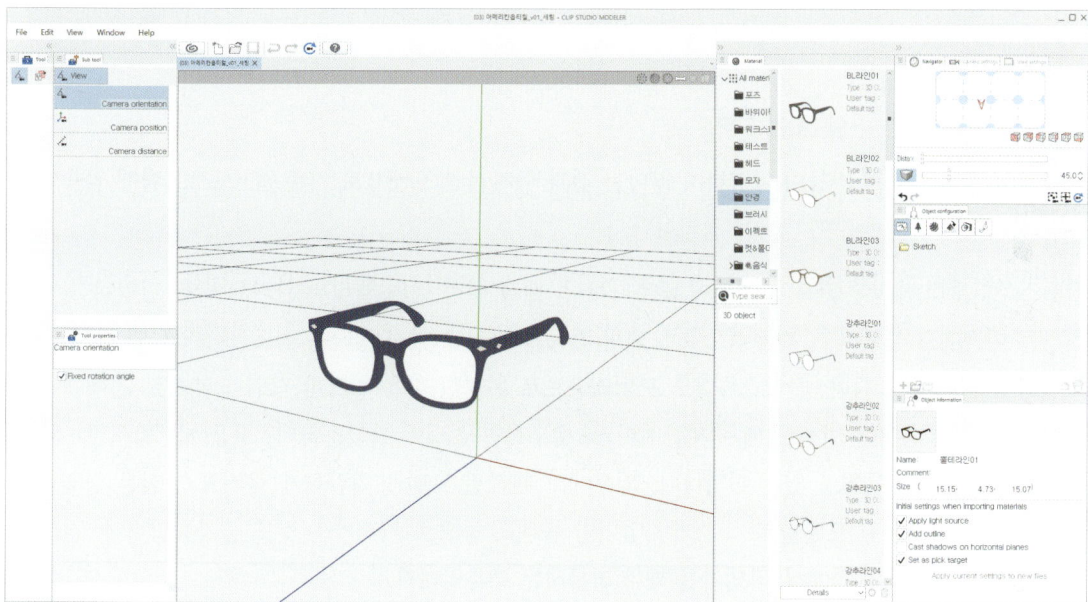

■ 클립스튜디오 모델러의 장점

클립스튜디오 모델러의 장점은 다양한 프로그램에서 제작한 모델을 손쉽게 가져와서 설정할 수 있다는 점입니다. 클립스튜디오를 잘 사용하고 있는 사람이라면 매우 원활하게 통합이 가능합니다. 클립스튜디오 모델러는 배우기 쉬운 것도 장점입니다. 다른 3D 프로그램에 비해 단순한 편이며, 원하는 것을 쉽게 처리할 수 있습니다. 클립스튜디오에서 사용할 수 있도록 각도, 색상등 다양한 속성을 제공하며, 이렇게 설정한 속성들은 클립스튜디오에서 편리하게 사용할 수 있습니다.

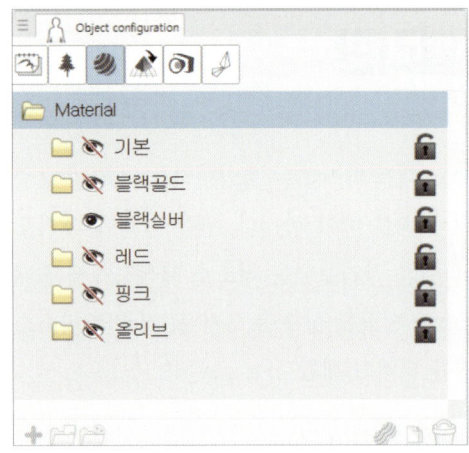 

■ **클립스튜디오 모델러의 단점**

모델러의 단점은 첫째 기능이 다양하지 않다는 점과 독자적인 포맷으로 기존 3D 프로그램에 익숙할 경우 오히려 헷갈리는 부분이 많다는 점입니다.

클립스튜디오의 제한된 렌더링 엔진에 맞추다보니, 재질 설정 등의 퀄리티 관리도 약한 편입니다. 모델러라는 이름에도 불구하고, 자체적으로 모델링 기능을 가지고 있지 않다는 점도 단점입니다. 그래서 외부에서 모델을 만든 다음, 클립스튜디오 모델러용으로 변환한 다음 필요한 작업을 추가로 진행해야 합니다. 뼈대를 적용하는 방식도 매우 제한적이라, 세부적인 설정이 불가능하며, 제공하는 방식만 사용해야 합니다. 호환성 문제도 있는 편입니다. 외부에서 제작된 모델을 깔끔하게 불러오기 힘든 편입니다. 또 모델러에서 변환된 모델을 다시 스케치업이나 블렌더 등으로 가져가는 것도 불가능합니다. 결국 이중 작업을 강제한다는 점에서, 작업자를 꽤나 괴롭히는 부분입니다.

■ **총평**

클립스튜디오 모델러는 장점과 단점이 매우 명확한 편으로, 메인 3D 툴로 생각하기 보다는, 클립스튜디오를 지원하는 서브 툴로 생각하는 편이 좋습니다.

SECTION. 02   클립스튜디오 모델러 설치하기

클립스튜디오 모델러를 설치해보는 시간입니다.

■ 클립스튜디오 모델러 설치 파일 다운로드
모델러를 설치하는 방법은 두 가지입니다.

- **클립스튜디오로부터 설치하는 방법**

클립스튜디오 왼쪽 메뉴 패널을 통해 모델러를 설치할 수 있습니다.

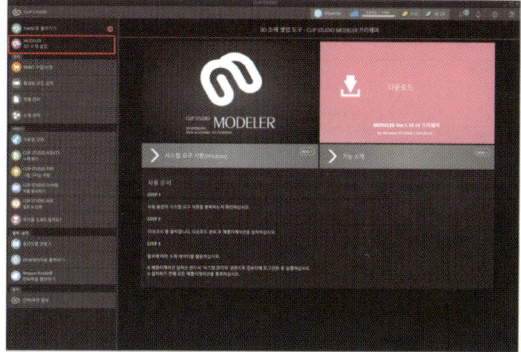

- **클립스튜디오 공식사이트로부터 설치하는 방법**

클립스튜디오 공식페이지에서도 모델러를 다운로드 받을 수 있습니다. 클립스튜디오를 설치하지 않고, 모델러만 설치할 예정이라면, 이 방법을 추천드립니다.

- **사이트링크**: https://www.clipstudio.net/kr/modeler/

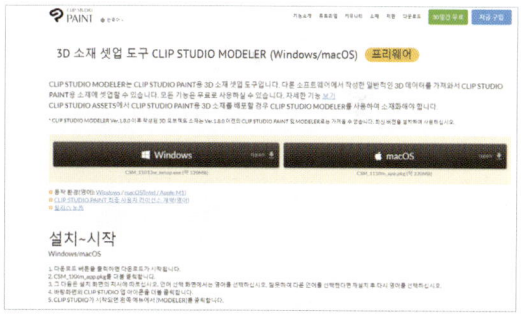

■ 모델러 설치하기

설치파일을 다운로드받은뒤, 설치하시면 됩니다. 방법은 다른 툴과 유사하므로 따로 설명은 하지 않습니다.

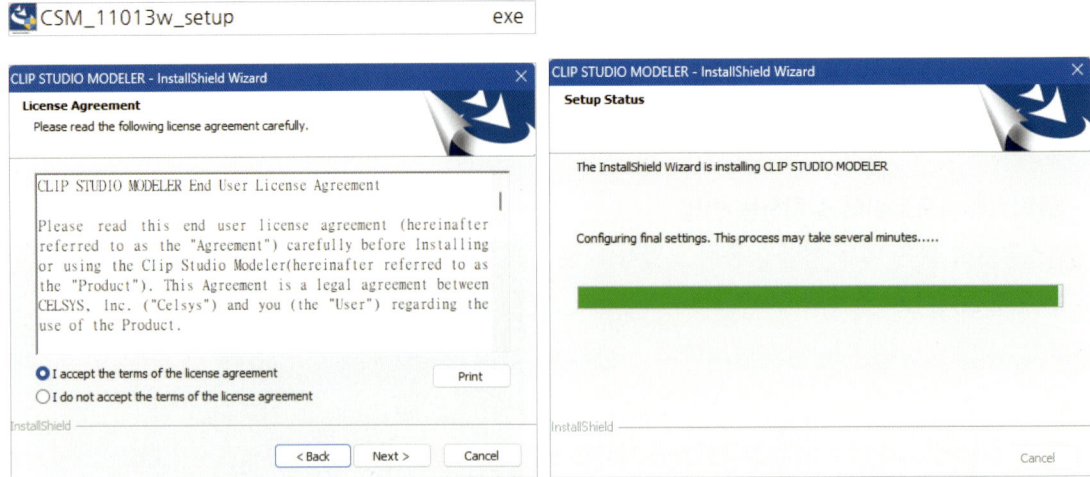

■ 모델러 설치 화면

모델러를 실행하면 기본 화면이 보입니다.

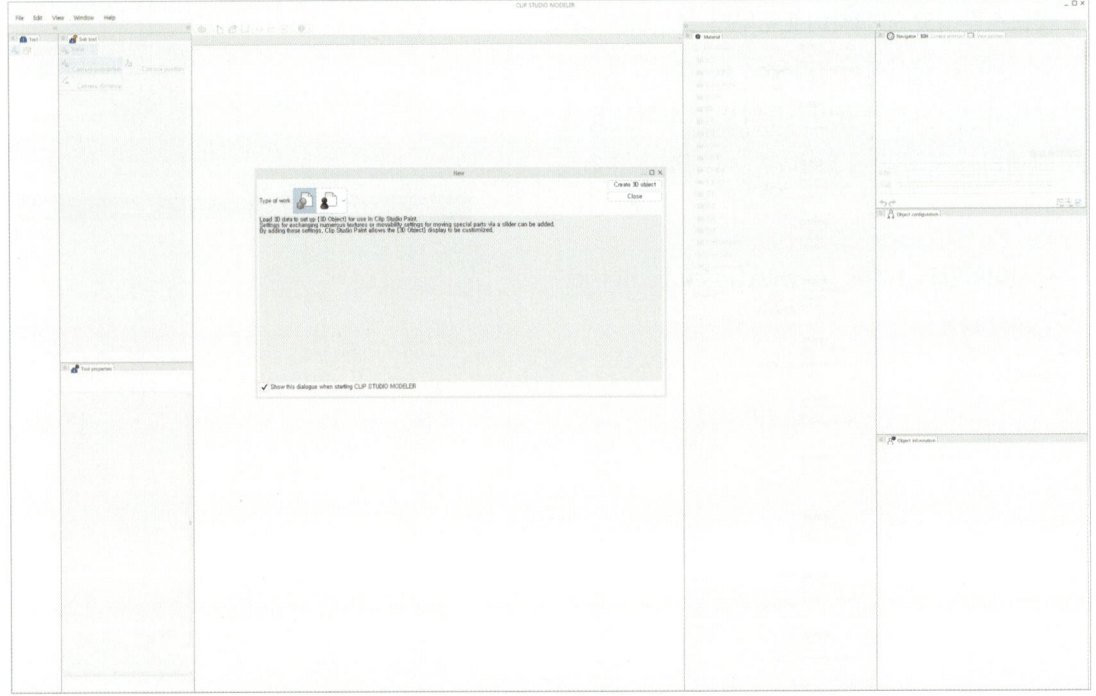

이어서 모델러의 기본 기능에 대해 설명하도록 하겠습니다.

SECTION. 03 클립스튜디오 모델러 기본 사용법

클립스튜디오의 기본 UI와 사용 방법에 대해 알아볼 시간입니다. 기본 UI는 클립스튜디오 페인트와 유사합니다. 다만, 3D에 최적화되어 있으며, 도구의 상세한 설정은 부족한 편입니다.

클립스튜디오 모델러는 현재 한글 지원을 하지 않으며, 영어, 일어만 지원합니다. 여기서는 영문판을 중심으로 설명합니다.

■ 기본 창 설명

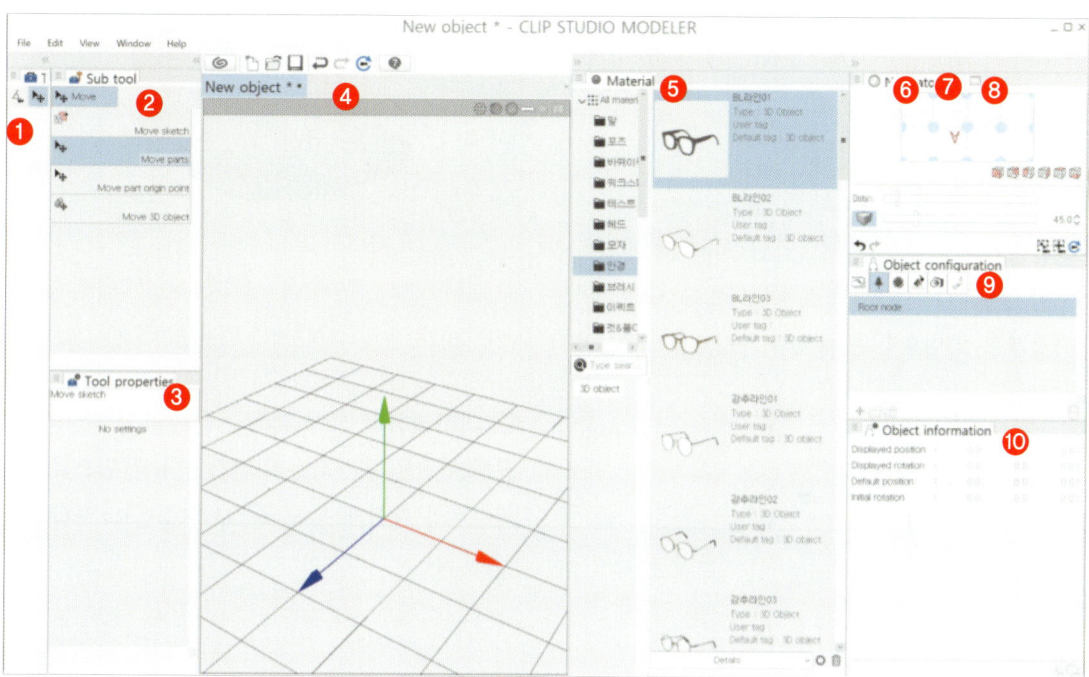

❶ 도구 창 (Tool)

도구를 선택하는 창입니다.

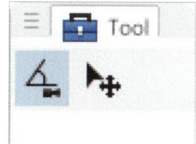

❷ 보조 도구 창 (Sub Tool)

도구창에서 선택한 도구의 보조 기능을 선택하는 기능입니다. 도구에 따라 달라집니다.

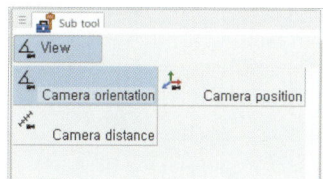

❸ 도구 설정 창 (Tool properties)

도구의 세부 기능을 설정합니다.

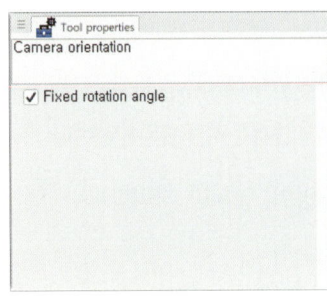

❹ 문서 창 (Document)

클립스튜디오의 캔버스와 유사한 개념입니다. 오브젝트를 배치하고, 확인해가며 조정할 수 있습니다.

❺ 소재 폴더 창 (Material)

소재 폴더는 클립스튜디오, 클립스튜디오 페인트와 공유합니다. 즉, 클립스튜디오에서 사용하던 3D소재를 화면으로 드래그해 가져오는 것이 가능합니다.

❻ 네비게이터 창(Navigater)

전체 화면을 조감하는 화면입니다. 클립스튜디오 페인트와 다르게 3차원용 보기 툴들이 포함되어 있습니다.

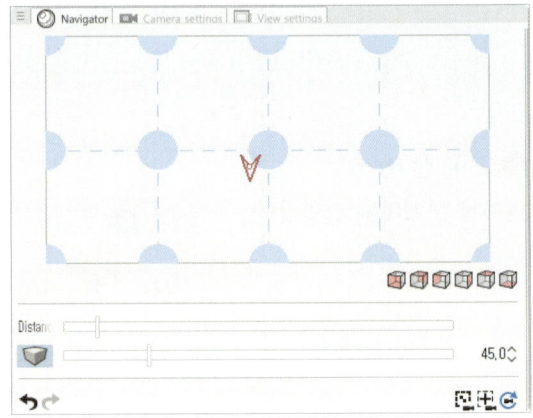

❼ 카메라 설정 창 (Camera Settings)

현재 보이는 카메라의 x, y, z축 및 거리, 각도 등을 수동 설정할 수 있는 창입니다.

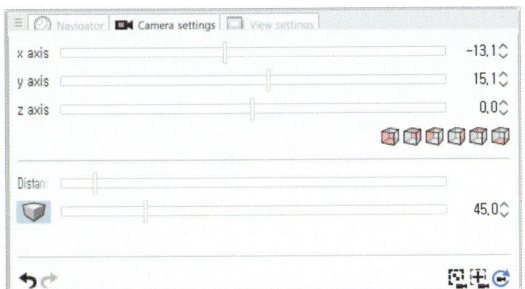

❽ 보기 설정 창 (View Settings)

현재 재질 및 그리드의 속성을 설정합니다.

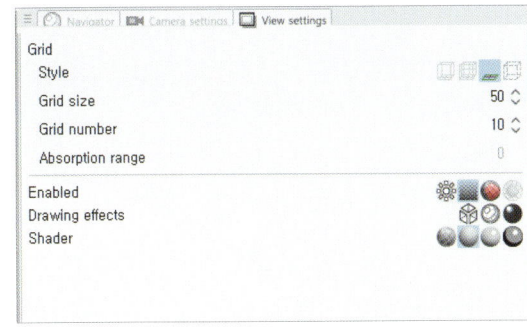

❾ 오브젝트 설정창 (Object Configuration)

현재 문서창에 보이는 오브젝트를 설정하고, 불러오는 기능을 담당하는 창입니다.

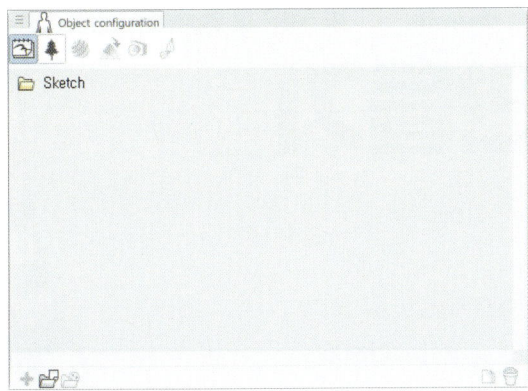

❿ 오브젝트 정보 창 (Object Information)

오브젝트의 세부 정보와 썸네일 등을 설정할 수 있는 창입니다.

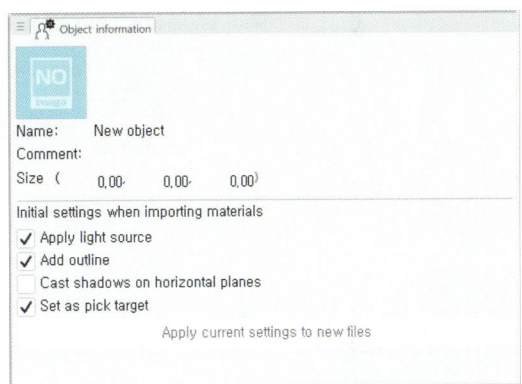

■ **창 보이기 / 숨기기**

각각의 창들은 클립스튜디오 페인트와 마찬가지로 보이기 / 숨기기가 가능합니다. 상단 메뉴에서 Window → 각 창들을 선택하시면 됩니다.

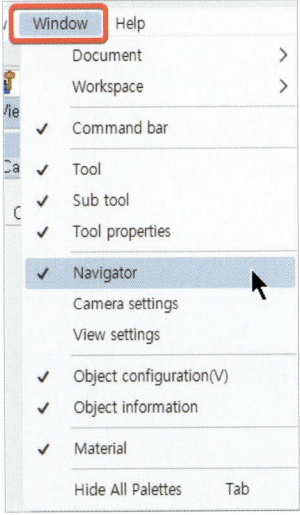

CHAPTER 10

모델러로 움직이는 소품 만들기

SECTION 01   소품이 움직이는 방식
SECTION 02   모션데스크 파일 준비하기
SECTION 03   모션데스크 텍스쳐 추가하기
SECTION 04   모션데스크 색상 추가하기
SECTION 05   모션데스크 높낮이 조절 동작 추가하기
SECTION 06   모션데스크 소재 저장하기
SECTION 07   모션데스크 소재 클립 스튜디오에서 사용하기

SECTION. 01 소품이 움직이는 방식

클립스튜디오 모델러를 이용하면, 움직이는 소품들을 간단히 제작할 수 있습니다. 접히는 안경 다리나 노트북 등을 만들 수 있으며, 오브젝트의 색상을 다양하게 설정할 수도 있습니다. 또한 일부 오브젝트를 보이지 않게 하는 것도 가능합니다. 이러한 기능들은 웹툰 작업에 유용하게 사용될 수 있습니다.

또한, 클립스튜디오 모델러에서 적용한 다양한 설정들은 클립스튜디오 내에서도 조정 가능하다는 것이 큰 장점입니다.

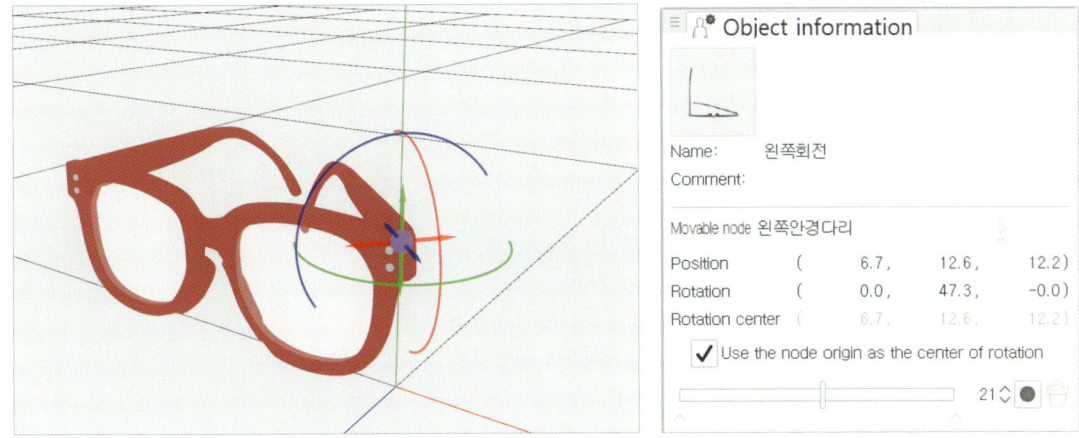

다만, 사람처럼 관절이 부드럽게 움직이는 방식은 클립스튜디오 모델러에서 제작할 수 없으며, 외부 툴을 이용해야 하는 아쉬움이 있습니다. 이번 시간에는 소품에 움직임, 재질 등의 세부 설정을 추가하는 방법에 대해 알아보도록 하겠습니다.

SECTION. 02　모션데스크 파일 준비하기

이번 시간에는 모션데스크 예제 파일을 이용해 색상, 텍스쳐 등을 추가하고, 움직임까지 만들어보는 시간을 가져보도록 하겠습니다.

■ 모션데스크 파일은 어디있나요?

모션데스크 파일은 리소스 폴더 안에 있습니다. (이미지 변경될 수 있습니다.)

■ 새 오브젝트 창 띄우기

클립스튜디오 모델러를 실행합니다. 메뉴에서 File → new를 선택하면, 새 오브젝트/캐릭터를 선택할 수 있는 창이 열립니다. 오브젝트를 선택합니다.

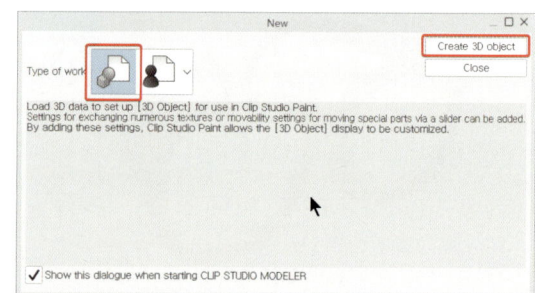

오브젝트 파일을 설정할 수 있는 새 오브젝트 창이 열립니다.

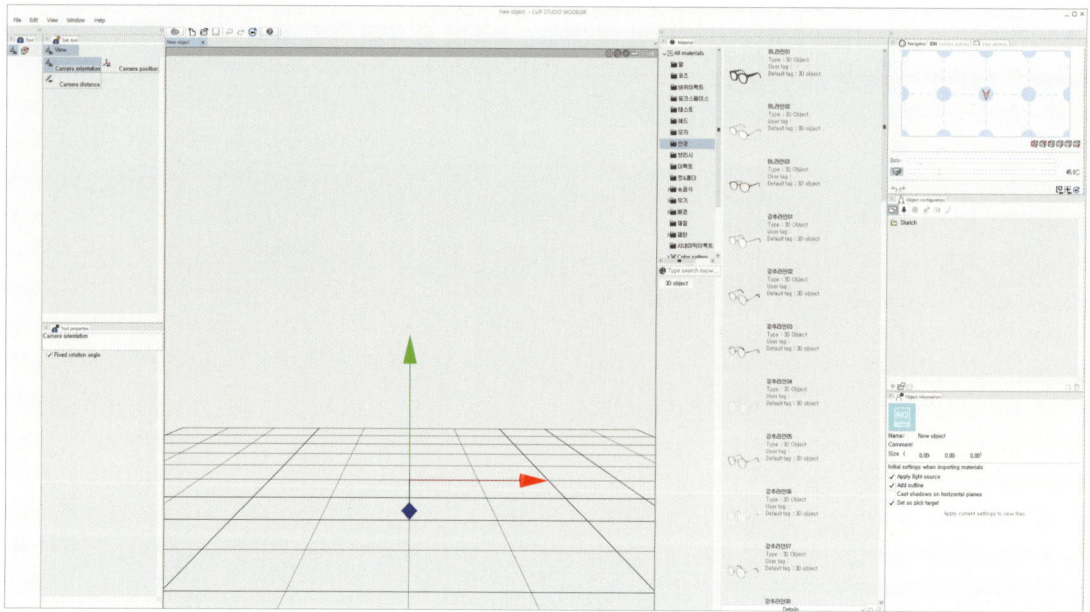

■ 모델러로 모션데스크 파일 불러오기

미리 준비한 모션데스크 파일을 불러올 차례입니다. 외부의 파일은 Object Configuration 창에서 불러오게 됩니다. Object Configuration 창에서 나무 모양 아이콘 🌲을 선택합니다. 오브젝트의 구조를 관리하는 Node 탭 아이콘입니다.

클릭하면 노드 탭으로 변경됩니다.

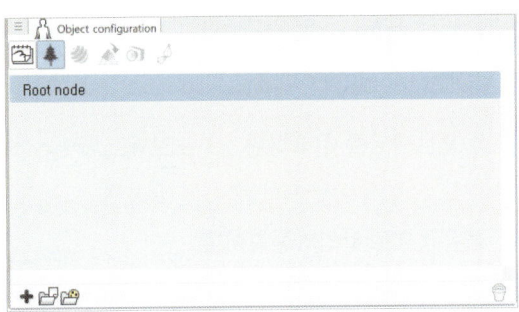

하단의 Add From File을 클릭하면, 외부의 3D 파일을 불러올 수 있습니다.

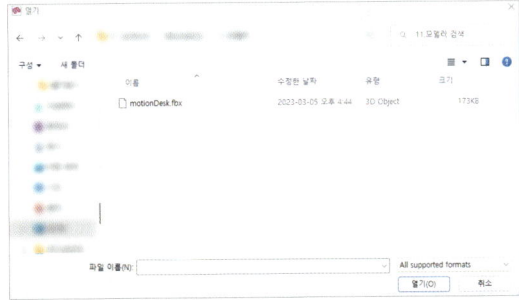

모션데스크 모델이 문서 창에 등장했습니다.

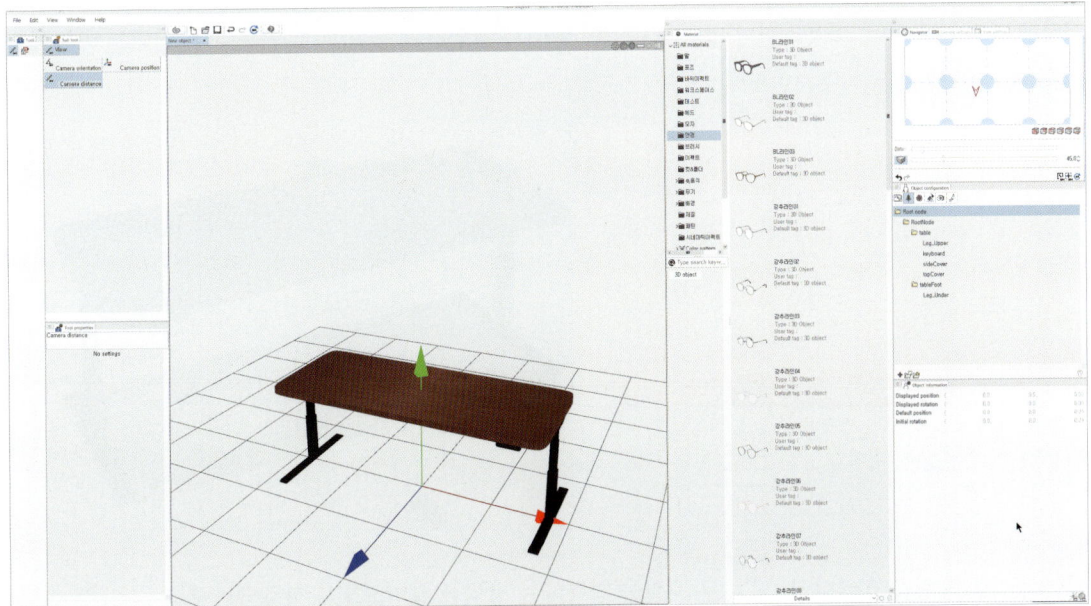

■ 불러온 모션데스트 확인하기

노드 탭에서는 테이블에 관련된 각 오브젝트를 확인할 수 있습니다.

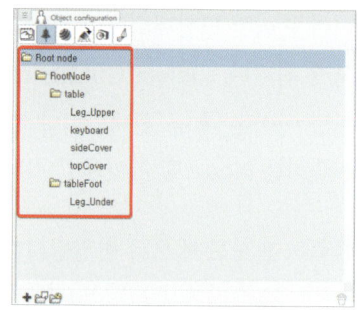

특정 오브젝트를 선택하면, 그 오브젝트가 어느 오브젝트에 속하는지 문서 창에서 붉은색으로 확인가능합니다.

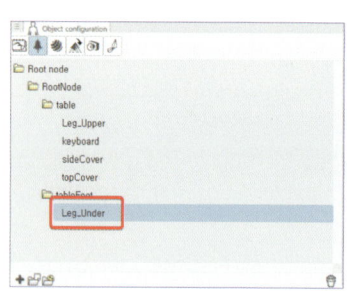
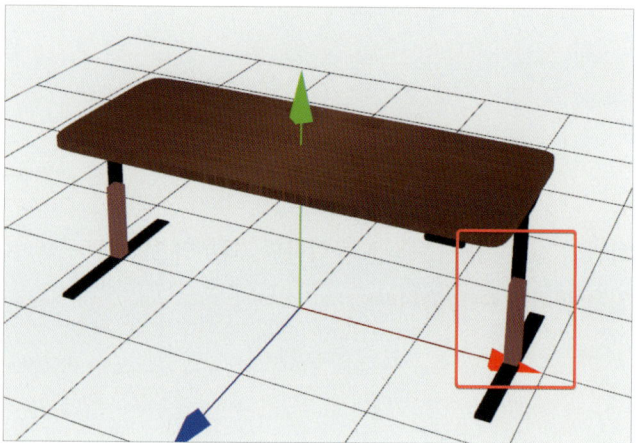

이름을 더블클릭하면 변경할 수 있으며, 드래그로 위치를 변경할 수도 있습니다. 하지만, 지금은 일단 그대로 둡시다.

■ 아웃라인, 명암 보이게 하기

사람에 따라 다르지만, 아웃라인이 없거나 명암이 없어서 작업하기 불편할 수 있습니다. 이때는 메뉴에서 view → outline 등을 켜주시면 됩니다.

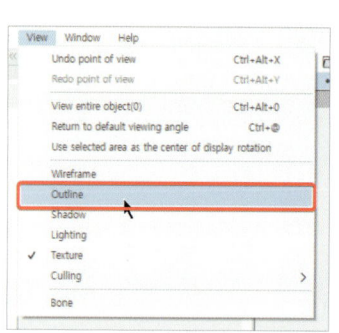
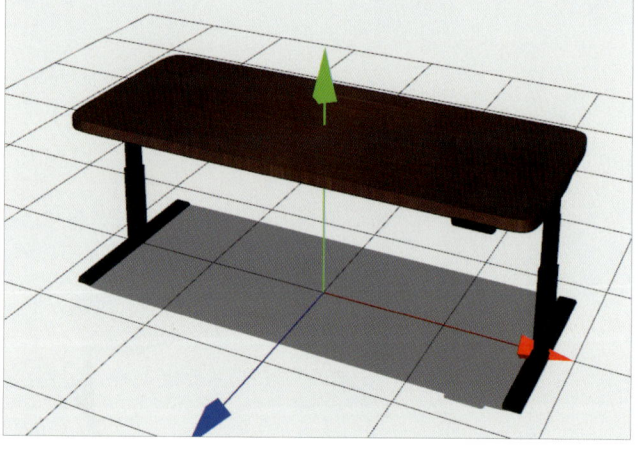

이어서 기존 재질을 정리하고, 새 나무 재질을 입력하는 방법을 알아보도록 하겠습니다.

SECTION. 03 모션데스크 텍스쳐 추가하기

진행하기에 앞서 클립스튜디오 모델러의 색상 구조에 대해 이야기를 먼저 해야 할 것 같습니다. 클립스튜디오 모델러는 현재 이미지 타입, 숫자 타입 2종류의 색상 타입을 제공합니다. 특징을 알아봅시다.

이미지 타입은 실제 텍스쳐 이미지를 사용하며, 나무 무늬, 문양 등을 적용할 수 있습니다. 반면, 색을 변경하거나 하는 것은 불가능합니다.

반면 숫자 타입은 색상을 숫자 형태로 표기하는 방법입니다. (RGB와 비슷하다고 생각하시면 편합니다.) 무늬 등을 사용할 수는 없지만, 숫자를 변경하는 것만으로 색상을 바꿀 수 있습니다. 텍스쳐에 비해 용량이 적어진다는 장점도 있습니다.

여기서는 두가지 타입 모두 다 다루면서 진행할 예정입니다. 그 중 첫번째, 이미지 타입 - 텍스쳐 이미지를 이용한 텍스쳐 추가 방법을 사용해봅시다.

■ Material 탭 확인하기

색상을 변경하거나, 추가하기 위해서는 Object Configuration 창의 Material 탭을 이용합니다. 아이콘을 클릭해서 메트리얼 탭을 엽니다.

폴더와 함께 Default material이라고 적혀 있는 것을 알 수 있습니다.

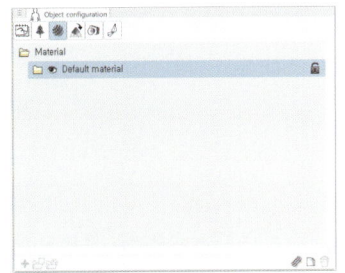

클립스튜디오 모델러에서는 이 폴더를 복사하는 방식으로, 여러 컬러 프리셋을 만들 수 있습니다. 만들어진 프리셋은 클립스튜디오 페인트에서 사용할 수 있습니다. 일일이 텍스쳐를 변경하지 않아도 되어 편리한 기능입니다.

폴더 아이콘을 클릭하면, 아래에 포함된 메트리얼이 주루룩 나옵니다.

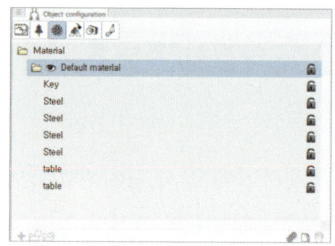

■ 중복된 재질(Material) 합치기

메트리얼 리스트를 보면, 동일한 재질이 여러 개가 보입니다. 각 부위마다 같은 재질이 적용되어 있기 때문입니다. 이 상태로 텍스쳐를 변경하면, 부위별로 텍스쳐가 변경되어 번거로워집니다. 다행히 클립스튜디오 모델러에는 하나로 합치는 기능이 있습니다.

하단의 Merge Same Material 아이콘을 클릭하면 같은 재질이 합쳐지면서, 갯수가 줄어드는 것을 확인할 수 있습니다.

갯수가 훨씬 줄어들었습니다. 깔끔해졌군요. 이제 새 프리셋을 추가해봅시다.

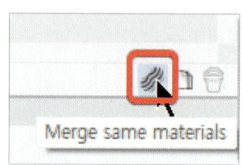
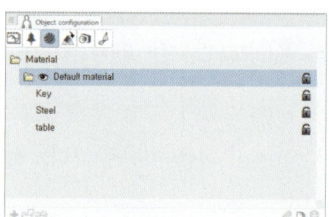

> **Tip 같은 메트리얼이 사라지지 않아요!**
>
> 두 종류 이상의 3D모델을 불러오다 보면, 같은 이름의 메트리얼임에도 불구하고, 제거되지 않는 경우가 있습니다. 이는 다른 모델의 경우 같은 이름, 실제 같은 메트리얼이라도 다른 재질로 인식하기 때문입니다. 3D모델을 처음부터 하나로 합쳐서 불러오거나, 아예 재질 이름을 신경써서 작업하시는 것이 좋습니다.

■ 프리셋 이름 변경하기

폴더명은 그대로 재질 프리셋의 이름이 됩니다. Default Material 이라는 이름은 예쁘지도 않고, 이해하기도 힘듭니다. 모션데스크에 적용된 재질은 광택이 나는 갈색으로 월넛에 가까운 것 같습니다. 이름을 '월넛'으로 바꾸어봅시다. 폴더를 더블클릭하면 편집모드로 변경됩니다. '월넛'으로 이름을 변경합니다.

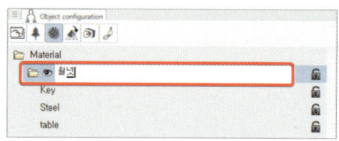
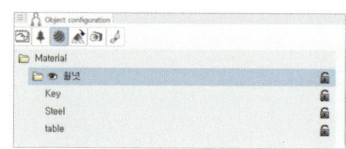

이름이 변경되었습니다.

■ 썸네일 반영하기

썸네일이 있으면, 클립스튜디오에서 선택하지 않고도 미리 색상을 확인할 수 있습니다. 썸네일을 만들어봅시다. 썸네일은 Object Infomation에서 생성합니다. Object Infomation을 보면 하늘색 NO 라고 적힌 부분이 있습니다. 이 부분이 썸네일이 보이는 부분입니다. 지금은 썸네일이 없어 NO라고 적혀있습니다.

하늘색 부분을 클릭하면, 현재 모델의 스샷을 찍을 수 있는 Capture Thumnail 창이 뜹니다.

적당히 각도와 크기를 조절한 뒤, Complete 버튼을 누르면, 등록됩니다. 잘 등록된 것을 확인할 수 있습니다.

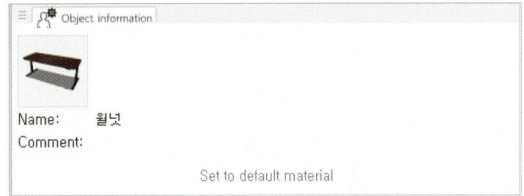

■ 기존 재질 복사해서 새 재질 만들기

진한 갈색의 월넛 재질이 있으니, 좀더 밝은 애쉬 컬러도 있으면 좋을 것 같습니다. 기존 월넛 폴더를 클릭해 선택한 다음 하단에서 Duplicate Node 버튼을 클릭해 복사합니다.

'월넛(Copy)' 폴더가 새로 생성되어 있습니다. 한편, 앞서 '월넛' 폴더는 눈 모양 아이콘이 꺼져 있습니다. 현재 월넛(Copy)로 설정되어 있기 때문입니다.

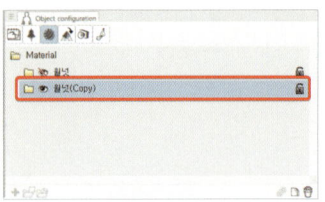

이제 테이블의 재질을 변경해봅시다. table 재질을 클릭합니다.

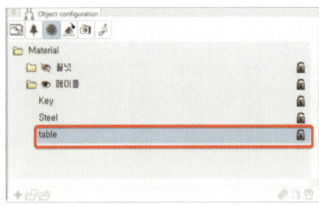

텍스쳐를 변경하기 위해서는 썸네일을 클릭하시면 됩니다. 클릭하면 열기 창이 열리며, 원하는 텍스쳐로 변경가능합니다.

더블클릭해서 이름을 '메이플'로 바꾸고, 폴더를 열어봅시다. 열어보면 월넛과 동일한 이름의 재질들이 포함되어 있는 것을 확인할 있습니다. 동일한 이름이지만, 재질을 공유하지는 않으며 자유롭게 변경 가능합니다.

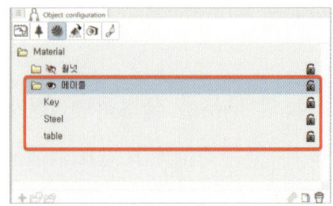

Object information 창에서 해당 재질의 정보가 보일 것입니다. 창에는 RGB 값 등이 보이지만, 텍스쳐 상태에서는 딱히 신경쓸 필요없는 요소입니다.

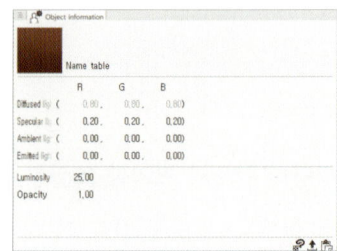

폴더에서 'wood02gr_yellowbeige.png'를 선택해 엽니다.

문서 창의 나무 재질이 바뀐 것을 알 수 있습니다.

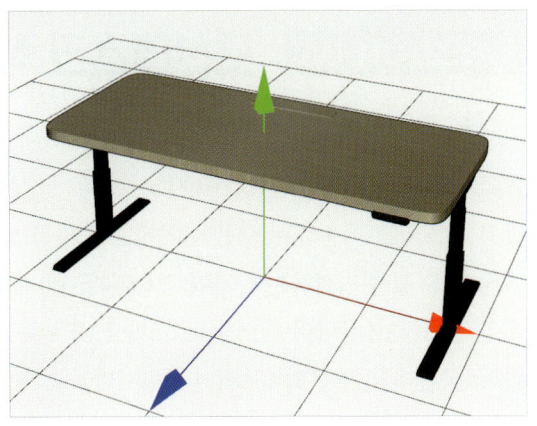

밝은 색도 잘 어울리는 것 같습니다. 하지만, 테이블 다리 색상이 너무 어두워서 튀는 느낌입니다. 이어서 다리도 화이트 계열로 수정해보도록 하겠습니다.

SECTION. 04 모션데스크 색상 추가하기

■ 모션데스크 색상 추가하기

앞서 텍스쳐를 이용하는 방법 이외에도 숫자를 입력해 색상 값을 입력하는 방법이 있습니다. 번거로운 방법이지만, 용량이 줄어들고, 그만큼 가벼워집니다. 상황에 따라 선택해보시기 바랍니다.

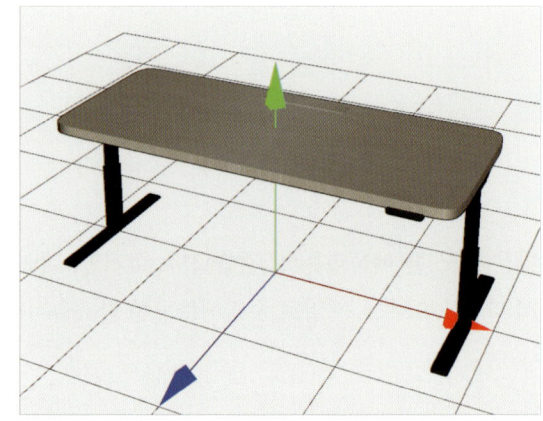

■ 다리 색상 정보 살펴보기

앞서 나무 재질은 table에 설정되어 있었습니다. 다리의 금속 재질은 steel을 변경하면 됩니다. steel 재질을 선택합니다. 테이블 나무 재질과 달리 Object Information 창에는 텍스쳐 없이 숫자만 보입니다.

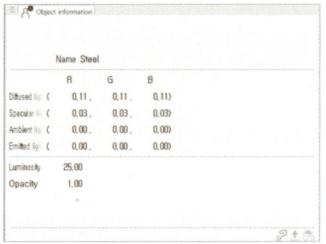

■ 각 세부 속성 설명하기

숫자와 영어가 많습니다. 간단히 설명합니다.

이름	의미
Diffused Light	오브젝트의 기본 색상입니다
Specular Light	오브젝트의 광택 색상입니다. 높일수록 번쩍거리는 금속 느낌을 냅니다
Ambient Light	주변 환경 색상입니다. 높일수록 가장 어두운 부분이 밝아집니다.
Emitted Light	오브젝트가 스스로 빛을 낼 경우, 전구 등에 적용합니다.

모든 속성은 R, G, B로 구분되어 있으며 각각 Red(빨강), Green(초록), Blue(파랑)을 의미합니다. RGB 값은 0~ 1.0 까지이며 클수록 밝아집니다.

■ 다리 색상 밝게 수정하기

다리는 적당히 밝은 색상으로 변경해봅시다. Diffused Color 를 각각 1.0, 1.0, 0.9 로 수정합니다. 금속 재질이니, Specular Color 도 조금 높여주면 좋을 것 같습니다. 0.2, 0.2, 0.2로 수정하세요.

아래와 같은 색상으로 변경되었습니다. 좀더 통일된 색상이 되었습니다. 마음에 들지 않는다면, 수치를 조금씩 조정해 원하는 색으로 조정해보세요. 텍스쳐와 달리, 수정이 쉽다는 점이 숫자수정 방식의 장점입니다.

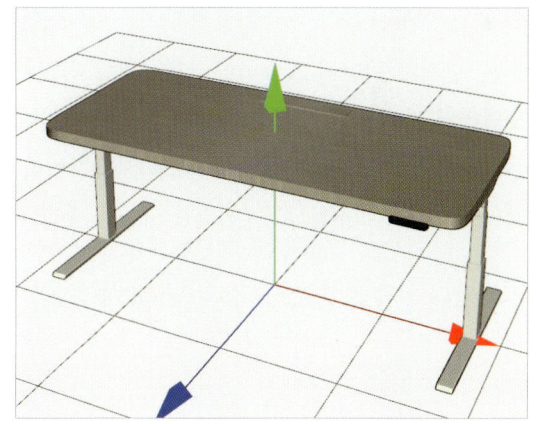

색상 입력이 완료되었습니다.

■ 변경된 프리셋 썸네일 추가하기

테이블 색상과 다리 색상을 변경했으니, 썸네일을 저장합시다. 월넛과 동일한 방식으로 '메이플' 폴더를 선택한 뒤, 썸네일을 클릭해 저장합니다

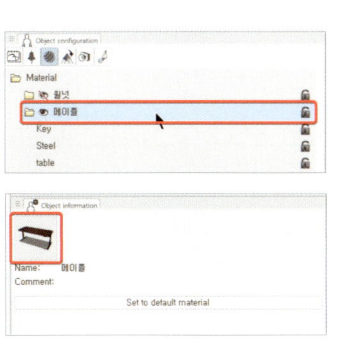

■ 재질 프리셋 변경해보기

재질 프리셋은 폴더에 있는 눈 모양 아이콘을 클릭하면 확인할 수 있습니다. 하나가 선택되면 나머지는 빨간색 사선으로 취소선이 그어지므로 쉽게 확인할 수 있습니다.

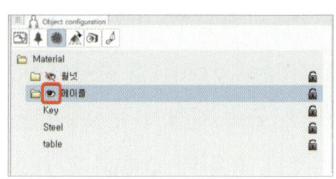

■ 색상 입력의 장단점

색상 입력의 장점은 마음대로 색상 조정이 가능하다는 점입니다. 텍스쳐는 매번 다른 툴에서 작업한다음 가져와야 해서 번거로운데 비해, 숫자입력만으로 해결할 수 있어 편리합니다. 텍스쳐 용량을 사용하지 않기 때문에, 상대적으로 용량이 적고, 시스템 부하가 줄어든다는 장점도 있습니다.

반면, 단점도 만만치 않습니다. 단순 색상 입력이므로, 무늬 등 작업이 불가능합니다. 또 클립스튜디오 모델러의 색상 입력 방식이 독특한 점도 단점입니다. 다른 툴은 0~255나 hex 값을 쓰는데 반해, 클립스튜디오 모델러는 0~1.0 사이의 값을 사용합니다. 사용하려면 일일이 값을 변환해야 합니다. 단점이 상당히 크므로, 개인적으로는 텍스쳐 사용을 좀더 권하는 편입니다

SECTION. 05 모션데스크 높낮이 조절 동작 추가하기

모션데스크의 장점 중 하나는 높낮이를 손쉽게 조절할 수 있다는 점입니다. 이번 시간에는 진짜 모션데스크처럼 책상 높이를 조절하는 방법을 알아봅시다.

■ 모션데스크 높낮이 조절 동작 추가하기

메트리얼 탭에서 🌲 아이콘을 클릭해 오브젝트 노드탭으로 변경합니다. 여러 오브젝트가 폴더로 분류되어 있습니다. table 폴더에는 상판과 중간 다리가, tableFoot에는 다리와 지지대가 포함되어 있습니다.

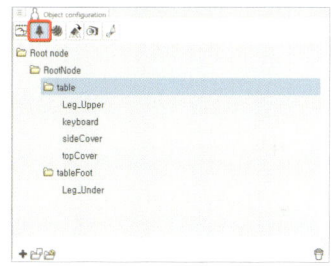

각각의 영역을 선택하면, 문서창에서도 붉은색으로 선택 영역이 보이는 것을 알 수 있습니다.

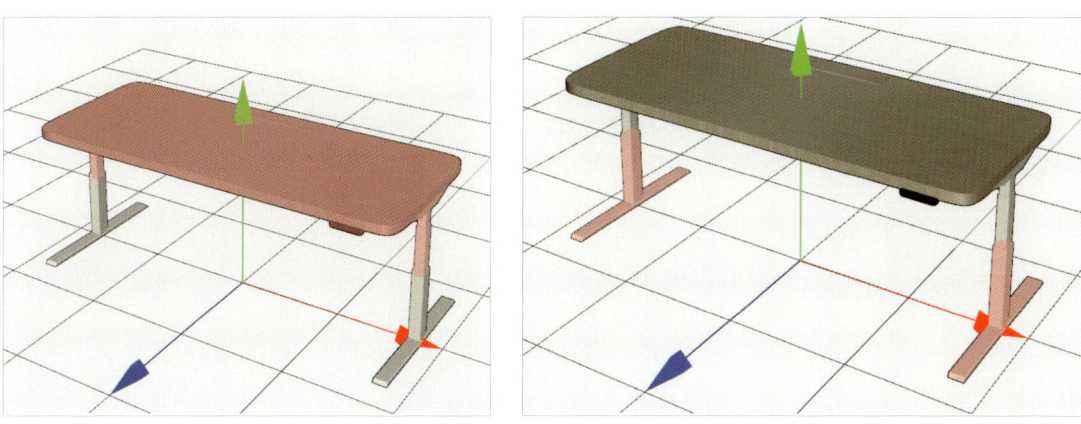

우리가 움직일 부분은 상판 table 부분입니다. table 부분을 선택해 두세요.

■ 폴더 그룹 별로 움직여보기

오브젝트 폴더를 선택하면, 오브젝트를 함께 움직일 수 있습니다. 오브젝트를 움직이는 도구는 Move 도구 중 Move parts 도구를 사용하시면 됩니다. 툴바에서 Move 아이콘을 선택한 다음 Move parts 도구를 클릭합니다.

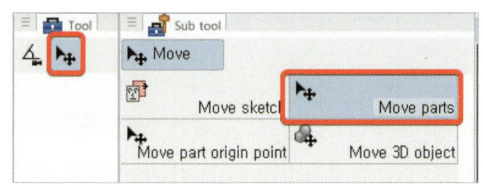

선택하면 아래처럼 움직일 수 있는 기즈모가 보입니다.

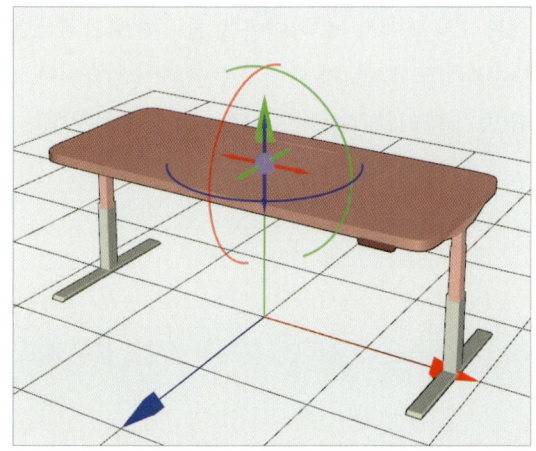

슬라이드를 조정하면 모션데스크 높낮이가 조정되는 것을 알 수 있습니다

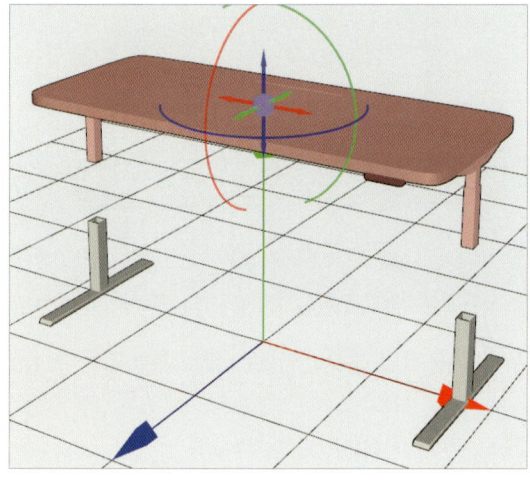

하지만, 이렇게 매번 움직이는 것은 불편하며, 클립스튜디오에서 사용하기 힘든 방식입니다. 슬라이드를 통해 적정한 범위를 움직일 수 있게 만들어봅시다. Ctrl + Z를 눌러 원래 높이로 되돌리세요.

■ **새 움직임 설정하기**

움직이는 범위를 설정하려면 Object Configuration 창의 Movabillty 탭을 선택하시면 됩니다.

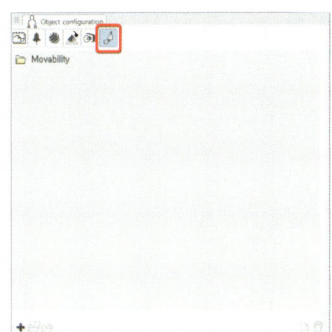

탭을 선택하면, 아직 Movabillty 폴더 이외에는 아무것도 보이지 않습니다. 별도의 움직임을 설정하지 않았기 때문입니다. 하단의 Add new 버튼을 클릭해, 새 움직임을 선택합니다.

> ⚠ **주의사항**
> 이때 움직일 기준은 앞서 선택한 영역을 기준으로 합니다.

즉, table 영역이 먼저 선택해야 합니다. 주의하세요. 문서창에서 아래처럼 붉은색 영역이 지정되어 있으면 됩니다.

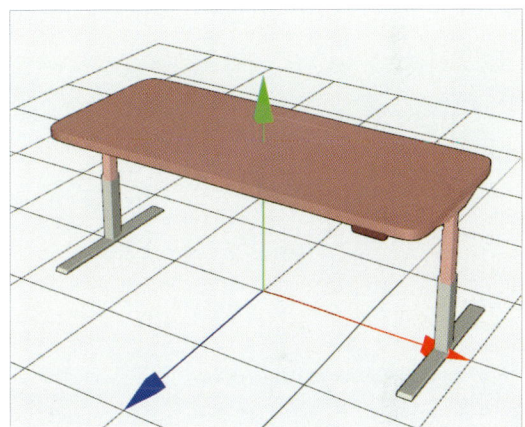

새 Movabillty 가 생성됩니다.

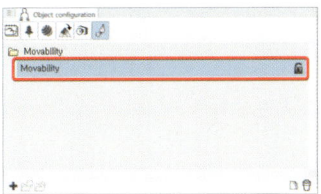

문서 창에도 기즈모가 표시되었습니다. 이제 움직임을 설정할 준비가 되었습니다.

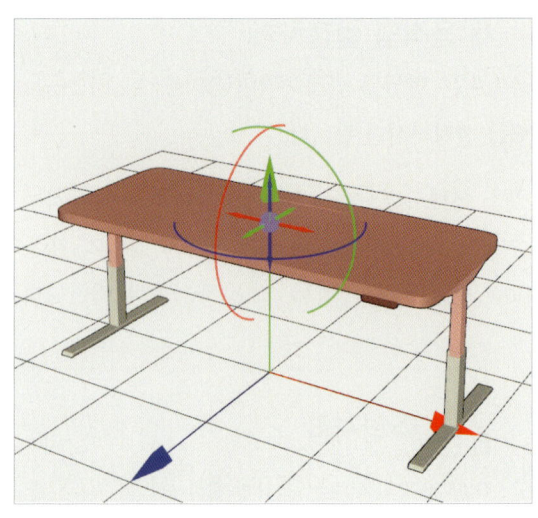

■ 움직임 설정하기

오브젝트의 움직임은 Object Information에서 설정합니다.

Object Infomation 의 슬라이드를 가장 오른쪽으로 옮깁니다.

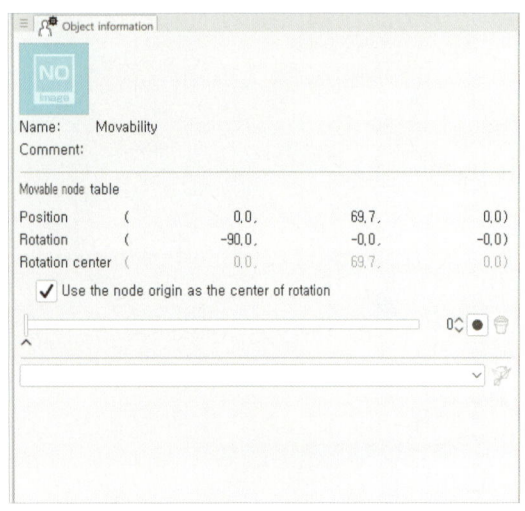

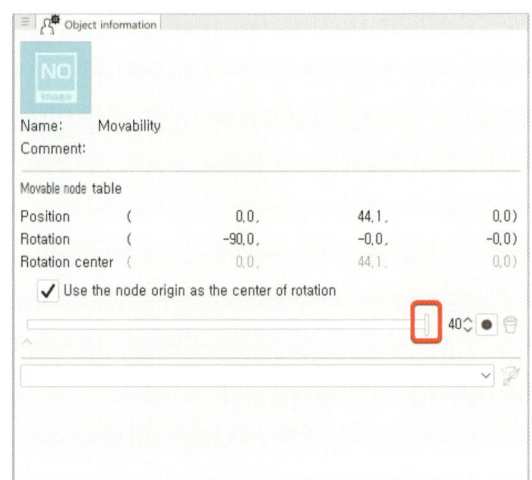

이어서 문서 창의 상판 부분을 원하는만큼 이동합니다. 전 적당한 높이로 내렸습니다.

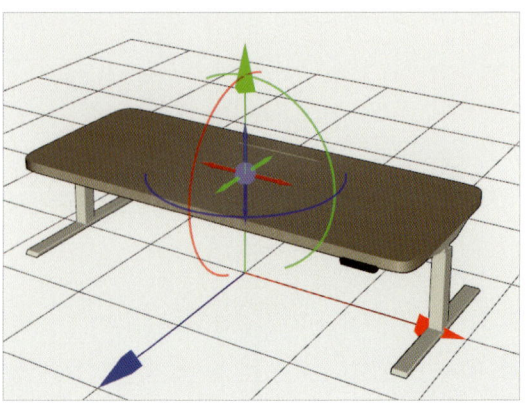

이제 상태를 기록할 차례입니다. Object Information 의 녹화 버튼을 눌러 현재 상판 위치를 기록합니다.

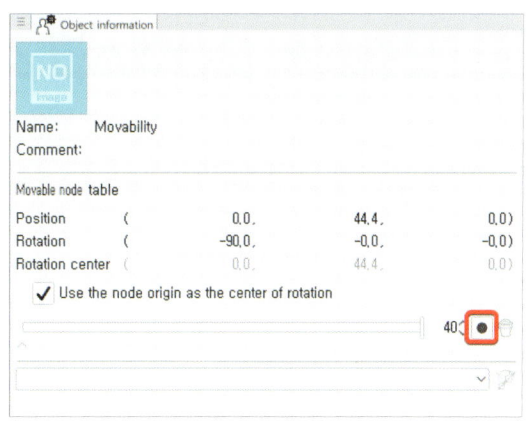

이제 슬라이드를 움직이면, 상판이 그에 맞춰 움직이는 것을 확인할 수 있습니다.

■ 이름 수정 & 썸네일 만들기

앞서 매트리얼 창에서와 동일한 방식으로 이름 변경 및 썸네일을 만들 수 있습니다. 우선, Object Configuration 에서 이름을 더블클릭해 '상판이동'으로 변경합니다.

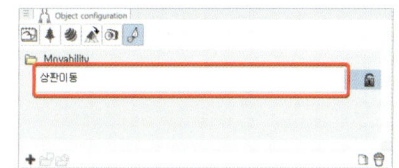

Object Information의 썸네일을 클릭해 현재의 상태를 저장합니다.

상판이 움직이면서, 드디어 모션데스크다운 모습이 되었습니다. 색상도 추가되었으니, 이제 소재로 저장할 시간입니다.

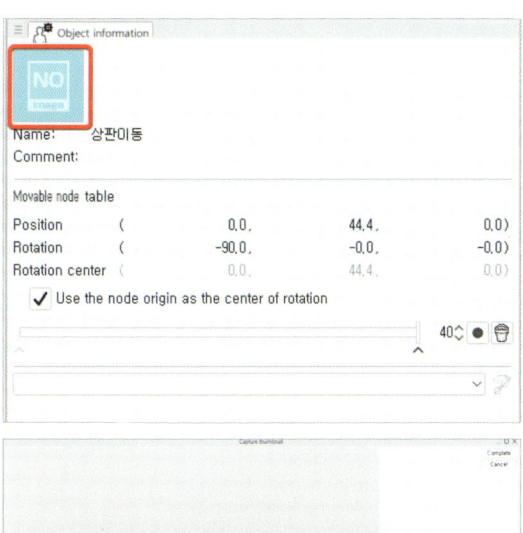
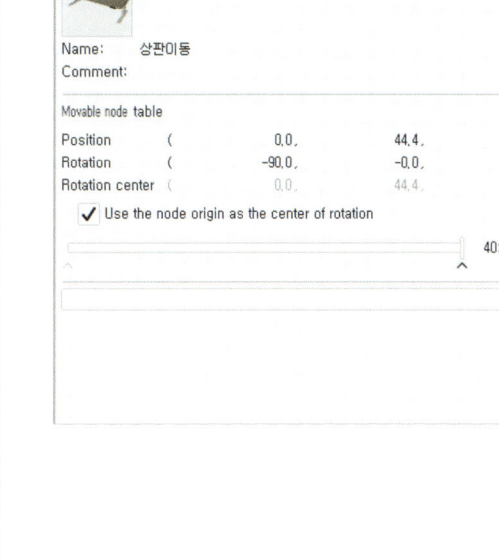

SECTION. 06 모션데스크 소재 저장하기

만든 모션데스크를 저장해볼 시간입니다. 그 전에 모델의 대표 썸네일과 이름 먼저 설정해야 합니다.

■ 모델 썸네일과 이름 설정하기

모델 썸네일은 Object configuration에서 기본 폴더를 선택할 때 보입니다. 앞서 Movabillity 창에서 기본 폴더를 클릭해봅시다.

Object information 창에 모델의 기본 정보가 보이는 것을 확인할 수 있습니다. 이름은 아직 설정하지 않았기 때문에 New Object로 표기됩니다. 빈 썸네일이 보일 것입니다.

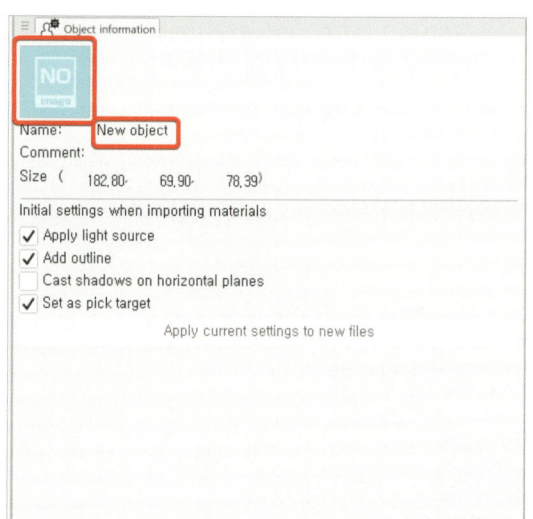

썸네일과 이름, 아래의 코멘트(설명)은 각각 클릭하면, 수정이 가능합니다. 수정해봅시다.

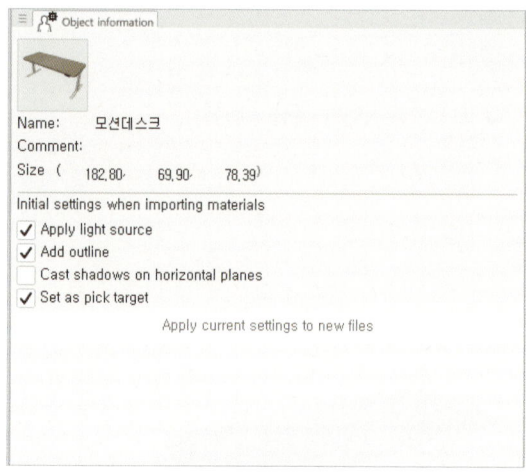

이제 저장할 준비가 되었습니다.

■ 소재 저장하기

저장하는 방법은 소재 폴더로 바로 저장하는 방법과 3D 파일로 저장하는 방법이 있습니다. 클립스튜디오 페인트에서 바로 사용하려면 소재 폴더로, 다른 사람과 공유하거나, 나중에 텍스쳐를 추가하는 등 추가 수정을 하기 위해서는 3D 파일로 저장하는 것이 좋습니다. 굳이 한가지 방법만 선택할 필요는 없으니, 양쪽 방법 다 사용해봅시다.

- **소재 폴더로 바로 저장하기**

메뉴에서 File → Register as new material 을 선택합니다.

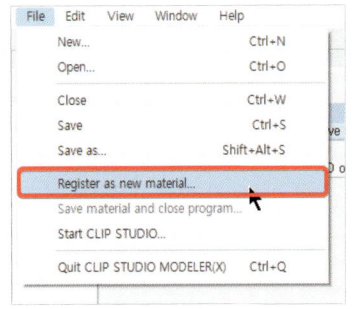

클립스튜디오 페인트와 비슷하지만, 좀더 단순하게 생긴 소재 창이 열리는 것을 볼 수 있습니다. 적당한 폴더를 선택하고 저장합니다.

소재 폴더에 등록된 것을 확인할 수 있습니다.

• 3D 파일로 저장하기

이번에는 3D 파일로 저장해봅시다. Fille → Save As를 선택하면 저장하는 창이 열립니다

클립스튜디오 3D 파일은 두 종류로 나눕니다. 차후 수정을 위해서는 모델러 파일인, csmo 파일로, 만약 다른 사람에 편하게 전달하시려면 클립스튜디오 모델 파일인 cs3o 파일로 저장하면됩니다.

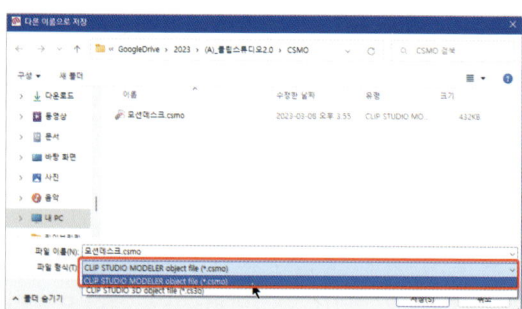

실습이므로 두 종류 다 만들어봅시다. 모션데스크.csmo, 모션데스크.cs3o 파일을 각각 만들어서 저장합니다. 끝으로, 클립스튜디오에서 사용하는 방법을 알아보도록 하겠습니다.

SECTION. 07　모션데스크 소재 클립 스튜디오에서 사용하기

이번 시간에는 앞서 만든 모션 데스크 소재를 클립스튜디오에서 불러와 사용해 봅시다.

■ 소재 폴더에 저장한 모션데스크 소재 사용해보기

클립스튜디오 페인트를 실행합니다.

소재 폴더에는 앞서 제작해서 저장한 모션데스크 소재가 있습니다.

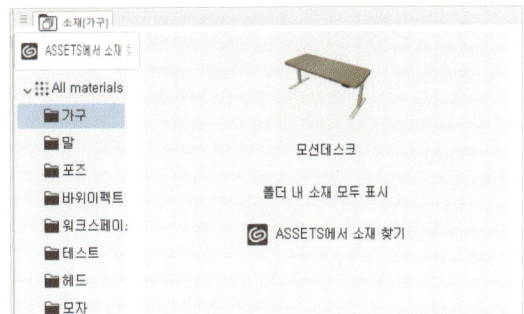

모션데스크 소재를 화면으로 드래그하면 3D 레이어로 배치됩니다.

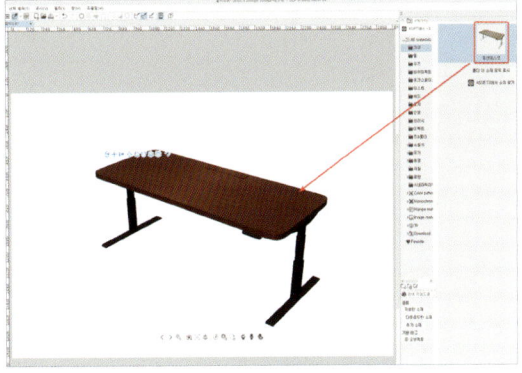

■ **모션데스크 색상 프리셋 사용해보기**

3D 오브젝트의 아이콘 중 재질 프리셋 아이콘을 클릭합니다. 클립스튜디오에서 설정한 재질을 선택할 수 있습니다.

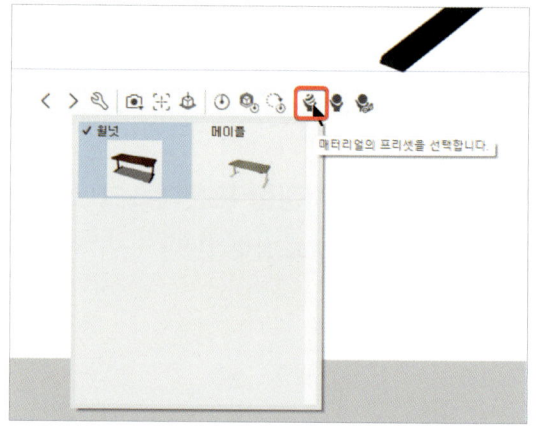

메이플로 변경한 모습입니다.

■ **모션데스크 높이 조절해보기**

마찬가지로 가동파츠 프리셋 아이콘을 클릭하면, 높이를 조절할 수 있습니다.

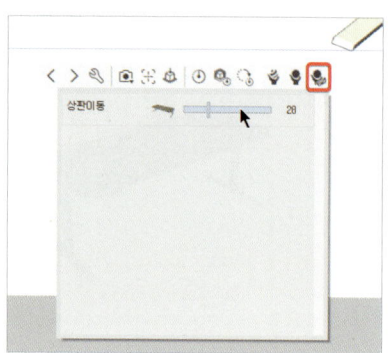

■ CS3O 파일 사용해보기

앞서 파일로 만들어진 CS3O 파일 역시 클립스튜디오 페인트에서 사용가능합니다. 지금 사용하는 화면으로 파일을 드래그해넣으시면 됩니다. 나머지 사항은 동일합니다.

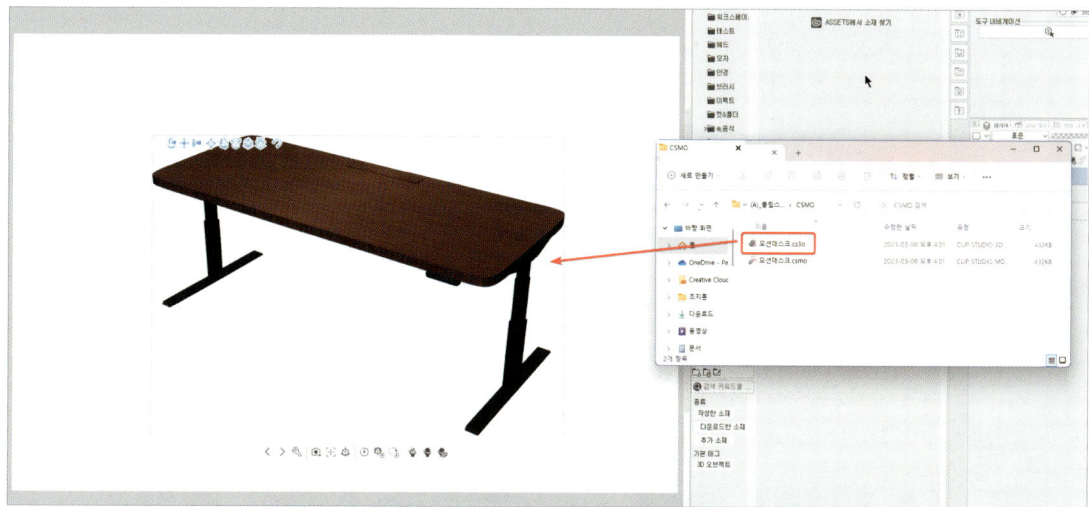

이것으로서 모션데스크 소재를 변경하고, 실제 사용하는 과정을 마치겠습니다. 여러분들도 다양한 소재를 만들고, 등록해서 편리하게 사용하시기 바랍니다

CHAPTER 11

내가 안 만들어도 돼!
웹툰 리소스 시장

SECTION 01 웹툰 리소스 시장이란
SECTION 02 각 사이트 소개
SECTION 03 어디에서 구매해야 할까
SECTION 04 리소스 시장의 어두운 부분

SECTION. 01 웹툰 리소스 시장이란

■ 한국 웹툰의 특수성

한국의 웹툰 시장은 기존의 출판 만화 시장과는 별개로 성장한 시장입니다. 기존의 출판 만화 시장이 대부분 무너진 뒤, 바닥에서부터 새로 시작한 시장입니다. 바닥부터 시작했기에, 연출 기술 뿐만 아니라, 제작 프로세스조차 기존과 매우 다르게 진화했습니다. 기존의 시장이 빠르게 무너지면서 장점이나 기술을 받아들일수 없었고, 처음부터 모든 것을 새로 고민하며 시작할 수 밖에 없었기 때문입니다. 그러한 배경으로 인해 생긴 웹툰 제작 프로세스의 특징 중 하나는 3D 배경, 2D 리소스 등 최신 기술을 거부감 없이 받아들였다는 점입니다. 아이러니하게도, 이러한 특징들은 웹툰이 고퀄리티를 유지하면서도 주간 연재를 가능하게 하면서, 세계시장에서 두각을 나타낼 수 있었습니다. 최근에도 일본 등 출판만화계 등도 3D 기술을 조금씩 사용하고 있지만, 그 적용정도나 적극성은 아직 많이 떨어지는 편입니다.

■ 스케치업과 웹툰

스케치업은 원래 건축툴로 시작되었습니다. 하지만, 수작업에 가까운 선을 표시할 수 있으며, 만화와 어울리는 각진 그림자 등, 웹툰에 어울리는 스타일을 제공합니다. 한국 웹툰의 특수성과 맞물려 스케치업은 웹툰 배경 작업에 없어서는 안될 툴이 되었습니다. 스케치업 측에서도 한국의 이러한 사용 방법은 이례적이라고 표현할만큼 독특한 특징입니다.

■ 텀블벅 웹툰 리소스 펀딩 시장의 등장

스케치업이 등장하면서, 3D 배경은 웹툰의 당연한 요소가 되었으며, 웹툰 작업자 분들의 고통을 덜기 시작합니다. 웹툰 스케치업 관련 서적도 등장하면서 많은 작가분들이 웹툰배경에 더 적극적으로 사용할 수 있게 되었습니다. 하지만, 스케치업은 3D 툴이라 다른 3D 툴에 비해 난이도가 높기는 해도 여전히 일반 작가분들에겐 작업 난이도가 높은 편입니다.

대부분의 작가분들은 원고를 하는데도 시간이 부족한 편이라, 실제 스케치업 작업을 하는 것은 현실적으로 어렵습니다. 그래서, 스케치업 전문작업자들이 등장하고, 그들에게 작업 의뢰를 하는 형태로 프로세스가 진화하게 됩니다. 문제는 스케치업을 할 수 있는 사람은 한정되고, 반면 스케치업 모델이 필요한 작가분들은 많았다는 점입니다. 공급보다 수요가 많아지면서 스케치업 전문가들의 힘이 강해지고, 갑질을 하는 현상도 발생하였습니다. 웹툰 작가분들이 스케치업 모델을 사기 위해 웹툰 작업을 중지하고, 어시 아르바이트를 하는 경우도 있었습니다. 그리 좋은 상황은 아니었지요. 그때, 엘프화가와 파사의 상생프로젝트 AB프로젝트가 등장, 동일한 스케치업 모델을 기존의 1/100 가격으로 판매하되, 여러 명이 동시에 구매하는 방식을 처음으로 시도합니다. 웹툰 작가는 저렴한 가격으로 배경을 구매해서 행복하고, 스케치업 모델 제작자도 이전과 유사하거나 더 많은 수익을 얻을 수 있게 되는 윈윈 전략이었습니다. 이 시도는 매우 성공적으로 진행되었고, 이후 텀블벅은 다양한 웹툰 배경 제작자가 모여 다양 3D, 2D 리소스를 판매하게 됩니다.

웹툰 리소스 펀딩 시장이 시작되게 된 것입니다. 그때, 엘프화가와 파사의 상생프로젝트 AB프로젝트가 등장, 동일한 스케치업 모델을 기존의 1/100 가격으로 판매하되, 여러 명이 동시에 구매하는 방식을 처음으로 시도합니다. 웹툰 작가는 저렴한 가격으로 배경을 구매해서 행복하고, 스케치업 모델 제작자도 이전과 유사하거나 더 많은 수익을 얻을 수 있게 되는 윈윈 전략이었습니다. 이 시도는 매우 성공적으로 진행되었고, 이후 텀블벅은 다양한 웹툰 배경 제작자가 모여 다양 3D, 2D 리소스를 판매하게 됩니다. 웹툰 리소스 펀딩 시장이 시작되게 된 것입니다.

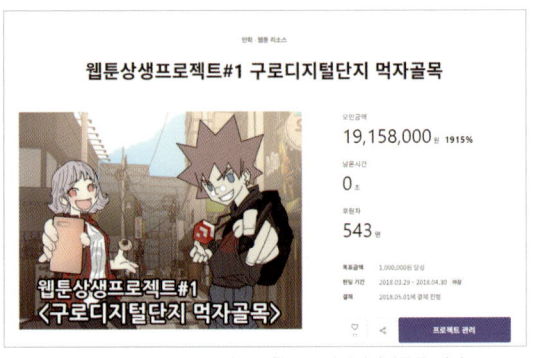

▲ 최초의 텀블벅 시장에 등장한 구로디지털먹자골목 펀딩

■ 웹툰 리소스 판매 사이트들의 등장

텀블벅 시장의 특징은 '한번만' 가능한 펀딩 시장이라는 점입니다. 반면, 스케치업 리소스 등은 디지털 컨텐츠라 계속해서 판매를 할 수 있습니다. 이러한 점에 주목해 웹툰 리소스 판매 사이트가 등장하게 됩니다. 에이콘을 시작으로, 웹툰어스, 픽셀 등 다양한 판매 사이트가 등장하면서 작가분들은 언제든 원하는 리소스를 구매할 수 있게 되었습니다.

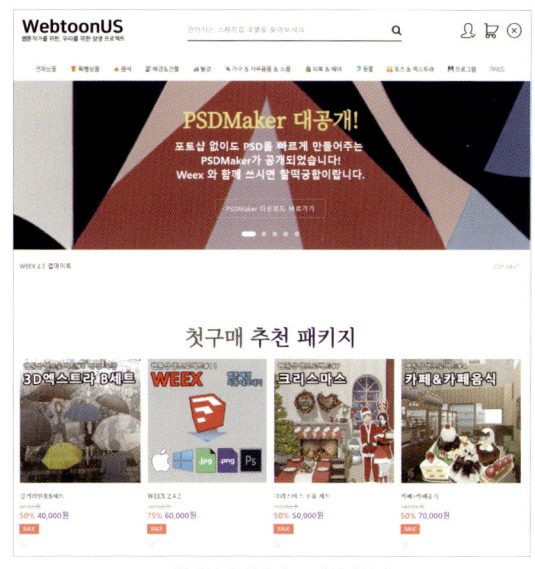

▲ 웹페이지_웹툰어스_메인페이지

■ 웹툰 리소스 시장의 의미

웹툰은 컬러풀하고 고퀄리티의 작업을 선보이면서 동시에 매주 연재를 진행해야 하는 까다로운 작업입니다. 성장하는 웹툰 시장과 해외 진출의 확산에 따라 스크롤 형식의 웹툰이 세계적으로 인기를 끌고 있습니다.

웹툰 리소스 시장은 이러한 웹툰 작가들의 주기적인 연재 부담을 줄여주며, 더 뛰어난 작품을 창작할 수 있는 기회를 제공합니다. 최근에는 3D 스케치업 모델뿐만 아니라, 다양한 클립스튜디오 리소스와 Weex와 같은 웹툰 지원 프로그램들도 개발되어 웹툰 작가들에게 큰 도움이 되고 있습니다.

다양한 웹툰 리소스는 한국만의 독특한 경쟁력을 갖춘 무기로, 해외 웹툰 작가들을 앞서 나갈 수 있도록 도와줍니다. 이러한 웹툰 리소스 시장은 작가들의 믿음직한 동반자 역할을 하며 웹툰 산업과 더불어 성장해 나아가고 있습니다.

SECTION. 02 각 사이트 소개

현재 국내에는 다양한 웹툰 리소스 시장이 존재하며, 새로 생겨나고 있습니다. 여기서는 가장 대표적인 사이트를 소개해볼까 합니다.

■ 텀블벅(Tumblbug) _ https://www.tumblbug.com

텀블벅은 펀딩을 중심으로 하는 사이트입니다. 하지만, 상생을 목표로 하는 AB프로젝트가 처음으로 저렴한 가격과 높은 퀄리티의 '구로디지털단지' 스케치업 모델을 공개해 성공적으로 펀딩을 마무리하였습니다. 그 뒤로 많은 스케치업 모델 제작자분들이 동일한 방식과 라이센스 등을 사용해 이어서 높은 수익을 얻게 됩니다. 이는 웹툰 리소스 시장의 활성화를 불러왔습니다. 시장이 계속해서 커지고 리소스 종류도 늘어나게 되자, 텀블벅에서는 아예 '웹툰 리소스' 카테고리를 새로 만들게 됩니다. 그 뒤로 웹툰 작가들은 저렴한 가격으로 웹툰 리소스를 구매할 수 있게 되었고, 제작자들도 높은 수익을 얻게 되어 원원하는 시장이 형성되었습니다. 그 첫발걸음을 내딛었던 AB프로젝트의 멤버로서 매우 기쁜 일이 아닐 수 없습니다.

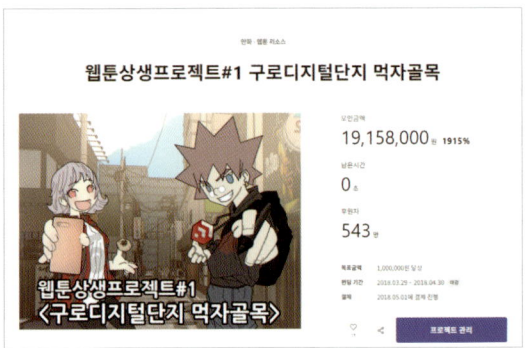

■ 웹툰어스(WebtoonUs) _ https://www.webtoonus.com

웹툰어스는 AB프로젝트의 디지털 컨텐츠 마켓입니다. AB프로젝트가 만든 다양한 모델과 프로그램이 있습니다. 무료 프로그램 및 모델도 있습니다. WEEX나 PSDMAKER, reTEXT 등 편리한 프로그램들을 이곳에서 구매할 수 있습니다.

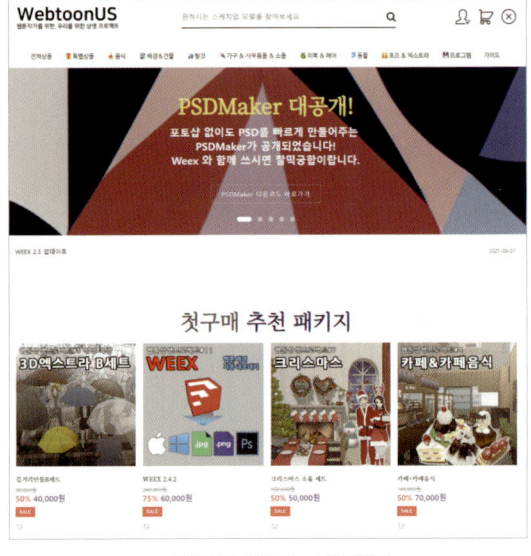

▲ 웹페이지_웹툰어스_메인페이지

■ 에이콘(ACON) _ https://www.acon3d.com/

AB프로젝트 이후, 텀블벅의 웹툰 리소스 시장이 거대해졌습니다. 언제든 추가구매가 가능한 디지털 컨텐츠 특성상 자연스럽게 텀블벅 이후로도 판매할 2차 판매 플랫폼의 필요성이 대두되었습니다. 다양한 2차 플랫폼이 있으나 그중 가장 활발하게 움직이고 있는 곳이 에이콘입니다. 블렌더를 이용한 웹툰용 툴 개발과 함께 해외 시장도 개척하고 있습니다.

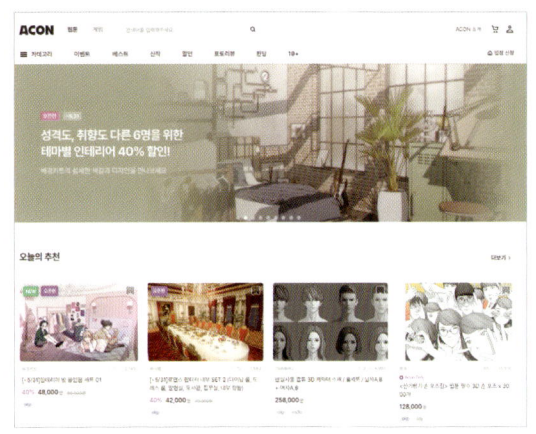

■ 스냅툰(SnapToon) _ https://www.webtoonus.com

스냅툰은 게임 엔진인 언리얼을 이용해 구현된 웹툰 배경용 툴입니다. 웹툰에 필요한 카툰렌더링과 함께, 다양한 광원이나 질감도 함께 지원해 최소한의 리터칭으로 멋진 퀄리티를 낼 수 있습니다. 처음에는 단일 배경만을 지원했지만, 점점 발전되면서 스케치업 모델도 불러올 수 있도록 진화하였습니다.

최근에는 스냅툰 웨어하우스라는 이름의 플랫폼을 만들었습니다. 스냅툰 웨어하우스에서 다양한 작업자들이 모델을 직접 공유할 수 있도록 지원하고 있습니다.

그 외에도 많은 웹툰 리소스 사이트가 생겨나고 있습니다. 그만큼 웹툰 시장이 활발해지고 있는 증거일 것입니다.

SECTION. 03 　어디에서 구매해야 할까

웹툰 리소스 종류는 매우 다양하며, 각각의 특징도 다릅니다. 그렇기에 구매에 매우 고민이 될 것이라고 생각됩니다. 약간의 팁을 이야기해 볼까 합니다.

■ 누구보다 빠르게, 저렴한 가격으로 구매하고 싶다면 텀블벅 눈팅

텀블벅이 최초의 웹툰리소스 시장이 시작된 곳이기도 하고, 후원하는 분들도 많은 편이라 많은 스케치업 모델, 2D 리소스 제작자 분들이 처음 시작하기 좋은 곳입니다. 그래서, 많은 제작자분들이 이곳에서 먼저 선보인다음, 에이콘 등의 2차 시장으로 재판매를 진행합니다. 텀블벅 후원의 경우 보통 2차 시장보다 저렴하고, 남들보다 필요한 물건을 빠르게 구할 수 있다는 장점이 있습니다. 2차 시장에 재판매를 하지 않는 리소스도 있습니다. 다만, 제작자에 따라 퀄리티가 천차만별인데다가 제작중인 것들이 많아 후원 후 속았다는 생각이 들 수도 있어 유의할 필요가 있습니다. 후원을 위해 믿을 수 있는 제작자를 고르는 것, 지속적인 모니터링이 매우 중요합니다.

■ 천천히 필요한 것만 고르고 싶다면 에이콘/스냅툰 등의 2차 시장

텀블벅에서 성공적으로 후원받은 리소스는 에이콘 등의 2차 시장에 보통 재판매됩니다. 그렇기 때문에, 텀블벅에서 불확실한 제품을 후원하기보다는, 에이콘 등에서 검증된 리소스를 구매하는 것도 좋은 방법입니다. 종종 세일하는 곳도 있으므로 타이밍을 잘 맞춰보시는 것도 도움이 됩니다.

■ Weex나 PsdMaker 등의 프로그램, 개별 상품이 필요하다면 웹툰어스

AB프로젝트의 웹툰어스에서는 Weex나 PSD Maker, ReTEXT등의 프로그램을 주로 판매하고 있습니다. 다른 곳에서는 판매되지 않으므로, 구매하려면 웹툰어스를 통해 구매하셔야 합니다. 그 외에 신발, 안경 등 소품의 단품도 판매하고 있으므로, 신발 1종류만 골라서 사고 싶다면 제격인 곳입니다. 여러 상품을 묶어 저렴하게 판매하는 상품도 있으니 눈여겨보시기 바랍니다

SECTION. 04　리소스 시장의 어두운 부분

스케치업, 클립스튜디오 2D 리소스 등 다양한 웹툰 리소스의 등장은 웹툰 작업의 속도를 높이면서도, 고퀄리티의 원고를 만들 수 있는 밑받침이 되었습니다. 하지만, 밝은 빛이 있다면, 그림자도 생기기 마련입니다. 리소스 시장의 어두운 부분은 무엇일까요?

■ 여러 웹툰의 동일한 배경, 그리고 캐슬님

현재 한국 웹툰 리소스의 장점은 하나의 모델을 여러 사람이 공유함으로써, 저렴한 가격으로 좋은 품질의 작업물을 구매할 수 있다는 점입니다. 하지만, 독자 입장에서 생각하면, 동일한 배경을 여러 작품에서 동시에 보게 되는 상황이 종종 벌어질 수 있다는 이야기이기도 합니다. 실제 해외에서는 한국 특유의 리소스 공유로 인해, 동일한 성이 여러 로판 등에 동시에 등장하는 것을 발견했고, 이슈가 되었습니다. 이렇게 자주 등장한 성은 '캐슬 - 님'이라는 이름으로 유명해졌습니다. 해외에서는 그저 재미있는 이슈였지만, 역으로 국내에 들어오면서는 한국 웹툰을 비난하는 이유가 되기도 하였습니다.

한국 웹툰은 모두 동일한 세계관을 공유하는 멀티버스라는 우스개 소리도 나올 정도입니다.

이처럼 웹툰 리소스 시장은 한국 웹툰이 빠르게 성장하는 밑바탕이 되기도 했지만, 반대로 그 한계를 보여주기도 합니다.

■ 리소스 시장의 장기적 성장

사실 답변은 간단합니다. 같은 건물이 여러 웹툰에 반복해서 등장하는 이유는, 다양한 리소스의 부족 때문입니다. 리소스 시장이 확대되고 다양한 리소스가 충분히 확보된다면, 이 문제는 자연스럽게 해결될 것입니다. 그러나 이것이 쉽지만은 않습니다.

리소스 생산자가 열심히 생산하더라도, 웹툰 에이전시가 비용절감을 위해 단순히 적당한 배경을 반복 사용하게 된다면, 문제는 여전히 해결되지 않을 것입니다. 이 문제를 해결하기 위해서는 웹툰 시장의 꾸준한 성장과 실질적인 투자가 필요하며, 리소스 시장과 상생하는 구조가 이루어져야 할 것입니다.

CHAPTER 12

웹툰의 미래

SECTION 01 웹툰 기술의 진화
SECTION 02 AI를 이용한 배경 작업
SECTION 03 최신 기술을 이용한 표지 일러스트 작업

SECTION. 01 웹툰 기술의 진화

웹툰 매체는 출판만화와 달리, 새로운 기술을 받아들이는 것이 빠른 편입니다. 웹툰 시장이 발전하면서 다양한 기술을 흡수하고 있습니다.

■ 3D 배경

만화의 배경은 제작에 많은 시간과 노력이 들어가는 데 비해, 사람들에게 상대적으로 인지도가 많이 낮은 부분입니다. 대부분 캐릭터를 그리고 싶어하니까요. 그래서인지 웹툰에 있어 최신 기술이 가장 먼저 적용된 곳은 배경 영역입니다. 저 역시, 배경을 위해 다양한 3D 기술을 익혀 원고에 적용하기도 했고, 한국에 스케치업을 웹툰용으로 국내에 처음 소개하기도 하기도 했습니다. '가장 쉬운 스케치업' 강좌 사이트를 만들어 강의를 진행하기도 했습니다.

▲ 현재 강의는 WebtoonUs로 이전했습니다.

개인적으로 이러한 3D 배경에 대한 관심은 매우 강한 편이라 필자의 첫 만화원고에는 3D studio으로 제작된 3D배경을 사용하였습니다.

웹툰용 스케치업 서적을 집필하기도 했습니다.

■ 3D 웹툰 캐릭터

3D는 배경에 집중되어 적용되고 있습니다. 배경의 역할은 현장감을 살리는 것이고, 그를 위해서는 정확한 표현이 필요하니까요. 3D는 그에 아주 잘 맞는 방식입니다. 반면, 캐릭터 표현에 3D는 어울리지 않는다는 생각이 많았습니다. 하지만, 최근 3D 기술이 발전하고 픽사 등의 회사에서 제작된 3D 캐릭터 애니메이션이 인기를 끌게 됩니다. 3D 게임도 늘어나면서, 애니메이션 스타일의 자연스러운 캐릭터들도 볼 수 있게 되었습니다. 웹툰계에서도 더 나은 퀄리티와 작업 비용을 줄이기 위해 3D 캐릭터를 활용하는 모습을 조금씩 보고 있습니다.

최근 필자의 개인 원고는 모두 Blender라는 툴을 이용해 제작한 3D 캐릭터를 사용하고 있으며, 작업 시간을 상당 부분 줄일 수 있었습니다.

▲ 3D캐릭터를 이용해 제작된 웹툰 컷들

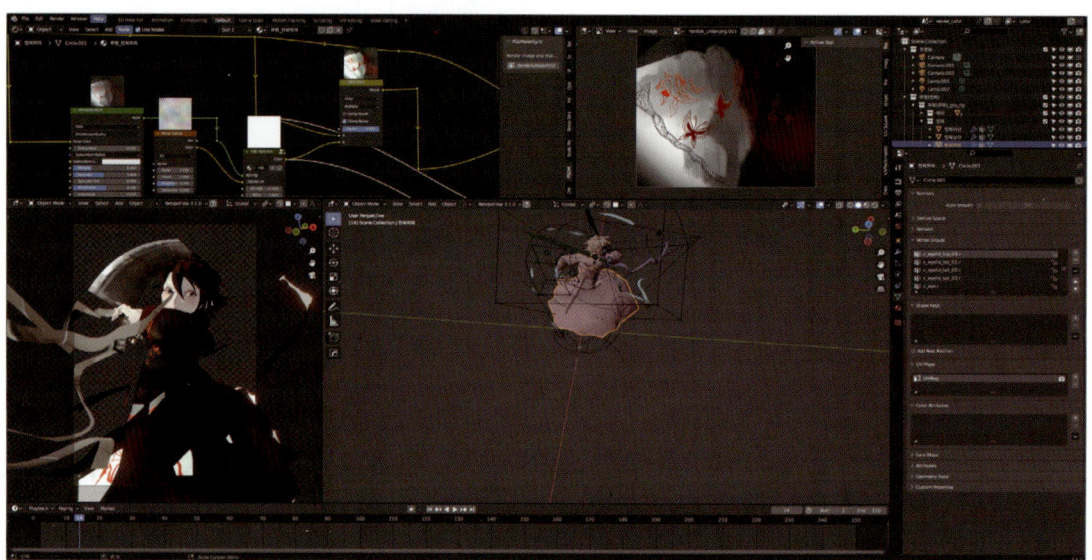

▲ 블렌더 작업 화면 이미지

송래현 작가의 웹툰 작업용 3D 캐릭터를 지원하기도 하였습니다. 한동안 3D 캐릭터가 웹툰의 미래라고 생각되던 시기가 있었습니다. 하지만, 그 방향성은 AI가 등장하면서 급변하게 됩니다.

■ AI와 웹툰

레이커즈와일은 그의 저서 '특이점이 온다'에서 AI의 지능이 인간을 뛰어넘는 시기를 2023년으로 예측했습니다. 그리고 2045년에는 인류 전체의 지능을 넘어서고, 인간이 기술발전 자체를 이해할 수 없다고 합니다. 2022년, 2023년은 이 특이점이 코앞이라고 이야기할만큼 AI가 강력히 부상하고 있습니다. ChatGPT라는 사람과 대화할 수 있고, 손쉽게 책을 쓰고, 토론을 할 수 있을만큼의 강력한 대화형 AI가 등장했으며, 2022년부터 Dall-e, MidJourney, Stable Diffusion 등 다양한 그림 AI가 등장하였습니다. 이른바 생성형 AI가 시작되었습니다.

이러한 '생성'을 전문으로 하는 AI는 지금까지 인간이 창조할 수 있는 유일한 존재라는 개념을 깨트리게 됩니다. 웹툰 작가보다 훨씬 짧은 시간에, 훨씬 고퀄리티의 결과물을 만들어내는 AI의 등장은, 웹툰을 위해 노력하던 많은 웹툰 작가들과 웹툰지망생들에게는 큰 충격이 되고 있습니다.

■ 최신 기술의 융합

웹툰 작가의 다양한 해부학공부와, 컬러 기술, 클립스튜디오와 스케치업 등 작업에 대한 연구는 계속 발전하고 있습니다. 그만큼 웹툰 시장도 끊임없이 성장하고 있습니다. 반면, 고강도의 컬러 작업와 주간 연재는 작가의 수명을 줄이는 주요 원인이기도 합니다. 작가가 가진 기본적인 기술, 다양한 3D 기술, AI는 서로 상충하거나 공격하는 존재가 아니라, 서로 융합할 수 있는 존재입니다. 스케치업, 블렌더 등의 3D 웹툰기술과 함께, AI는 작가를 위협하는 요소이기도 하지만, 반대로 작가가 잘 사용한다면 작업시간을 줄이고, 더 나은 작품을 위한 도구가 될 수 있습니다.

■ 웹툰의 미래

한국의 출판만화 시장은 한때 거의 사라지다시피 했지만, 그 명맥은 다양한 작가들의 창작 열정으로 인해 끊어지지 않았습니다. 그 창작 열정은 웹툰이라는 새로운 매체로 이어졌으며, 기존의 출판만화보다 더 거대한 시장으로 자라났습니다. 한국만의 매체이자 단어였던 '웹툰'이라는 단어. 이제 해외에서도 웹툰이라는 단어를 심심치 않게 들을 수 있게 되었습니다. 3D와 AI 등, 웹툰 작가를 압도하는 다양한 기술이 등장하고 있습니다. 인간은 창작하는 동물입니다.

새로운 기술은 인간의 창작을 좀더 다른 모습으로 바꾸게 될 것입니다. 그 미래는 누구에게는 악몽일 수도, 누군가에게는 천국일 것입니다. 이번 시간에는 웹툰에 적용될 각 기술을 자세히 살펴보고, 3D와 AI 등의 다양한 기술, 그리고 클립스튜디오를 이용해 웹툰형 일러스트를 만드는 과정을 알아보도록 하겠습니다.

SECTION. 02 AI를 이용한 배경 작업

최근 AI 기술이 발전하면서 AI배경을 이용하는 방법도 조금씩 사용되고 있습니다. 작화에 적용하기는 아직 어색한 감이 있지만, 배경작업에는 유용하게 사용 가능합니다. 짧은 시간에 고퀄리티의 이미지를 만들 수 있어 편합니다.

■ MidJourney

AI를 이용해 고퀄리티의 이미지를 만들 수 있습니다. 웹에서 사용하므로, 내 작업 컴퓨터가 좋지 않더라도, 고퀄리티의 이미지를 얻을 수 있습니다. 구독제로 한달에 1만원~3만원 사이의 가격대를 형성하고 있습니다.

■ Stable Diffusion

Midjourney의 구독금액이 부담된다면 Stable Diffusion을 사용하는 것도 좋습니다. 사용자의 컴퓨터에 직접 설치해 무료로 사용할 수 있는 AI툴입니다. 직접 설치하므로, 사용에 별도의 비용이 들지는 않지만, 성능 높은 그래픽카드가 필요합니다.

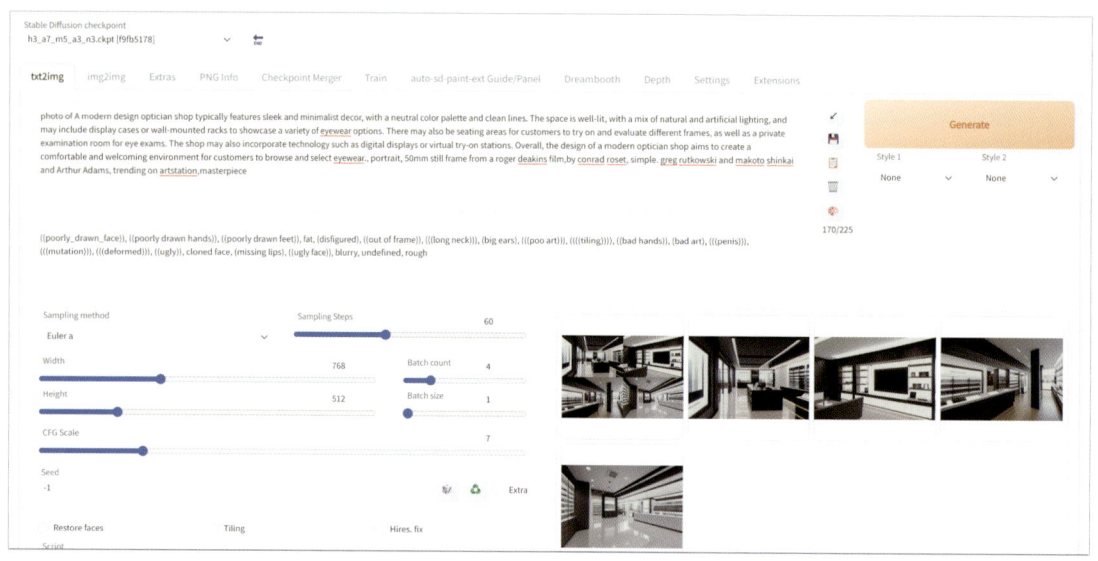

▲ StableDiffusion의 대표적인 툴. Automatic1111의 WebUI 장면

아래는 stable diffusion을 이용해 모던한 안경점 배경이미지를 만들어본 모습입니다. 4장을 생성하는 데 각 1분 이하의 시간이 걸렸습니다.

SECTION. 03 최신 기술을 이용한 표지 일러스트 작업

이번 시간에는 클립스튜디오 2.0이 새로운 기능과 그 외 다양한 최신 기능들을 이용해 표지 일러스트 작업을 진행해 볼 예정입니다.

■ ChatGPT을 이용한 배경 이미지 제안

• ChatGPT란?

ChatGPT는 OpenAI가 만든 대화형 AI입니다. 마치 인간과 대화하듯 자연스러운 대화가 장점입니다. 최근 ChatGPT에 적용된 GPT4는 인간의 평균 지성을 넘어섰다는 평을 받고 있습니다.

• 클립스튜디오에 대해 물어보기

그럼 ChatGPT와 함께 대화를 통해 컨셉이미지 방향을 잡아봅시다. 사용한 버전은 최신 버전인 GPT4입니다. 유료긴 하지만, 그만큼 뛰어난 성능을 지니고 있습니다. ChatGPT가 클립스튜디오를 모르면, 이야기가 복잡해집니다. 우선 클립스튜디오에 대해 아는지 물어봅니다.

클립스튜디오를 잘 알고 있군요. 꽤 호평을 하고 있습니다. 다행입니다. 다음으로 넘어가보겠습니다.

• ChatGPT와 표지 협의하기

ChatGPT를 통해 어떤 표지를 만들면 좋을지 이야기해보도록 하겠습니다.

클립스튜디오 아이콘, 웹툰 캐릭터, 선명한 색상 등 꽤 괜찮은 조언을 해주고 있습니다. 하지만, 표지 일러스트보다는, 표지 전체 레이아웃에 가까운 의견인 것 같습니다. 좀더 질문을 좁혀보겠습니다. 일러스트의 방향성을 요청하되, 레이아웃이나 배경요소, 캐릭터 등 세부사항까지 제안하도록 물어봅니다.

표지용 일러스트의 방향성을 3가지 제안해주세요. 앞서 요소를 충족하면서, 기본 레이아웃, 배경 요소, 캐릭터의 형태, 전체 색감 등이 포함되어야 합니다.

제안 1:
- 레이아웃: 대각선 레이아웃 사용
- 배경 요소: 추상적인 패턴이나 브러시 스트로크
- 캐릭터 형태: 웹툰 스타일의 남성, 여성 캐릭터와 동물 캐릭터
- 전체 색감: 밝은 파스텔 톤

이 디자인에서는 대각선 레이아웃을 사용하여 웹툰 캐릭터들이 브러시와 도구를 사용하는 모습을 동적으로 표현합니다. 밝은 파스텔 톤을 사용하여 포근하고 친숙한 느낌을 줍니다.

제안 2:
- 레이아웃: 수직 레이아웃 사용
- 배경 요소: 클립 스튜디오 인터페이스를 표현하는 간단한 선
- 캐릭터 형태: 특징적인 웹툰 스타일의 캐릭터가 도구를 들고 있는 모습
- 전체 색감: 선명한 색상 대비

이 디자인에서는 수직 레이아웃을 사용하여 클립 스튜디오 인터페이스를 배경으로 캐릭터들이 도구를 사용하는 모습을 보여줍니다. 선명한 색상 대비를 사용하여 활력 넘치는 느낌을 줍니다.

제안 3:
- 레이아웃: 원형 레이아웃 사용
- 배경 요소: 원형으로 배열된 브러시와 도구 아이콘
- 캐릭터 형태: 다양한 스타일의 캐릭터가 중앙에 모여있는 모습
- 전체 색감: 보색계열의 색상

이 디자인에서는 원형 레이아웃을 사용하여 다양한 스타일의 캐릭터들이 중앙에 모여있는 모습을 표현합니다. 배경 요소로 원형으로 배열된 브러시와 도구 아이콘을 사용하여 책의 내용을 시각적으로 전달합니다. 보색계열의 색상을 사용하여 전체적으로 조화로운 느낌을 줍니다.

역시 꽤 좋은 답을 이야기합니다. 하지만, 좀 무난한 것 같습니다. 다양한 최신 기술을 사용하므로, 미래에 관련된 주제면 어떨까요? 다시 물어보도록 하겠습니다.

좀더 미래지향적인 스타일로 제안해주세요.

제안 1:
- 레이아웃: 대칭적인 레이아웃 사용
- 배경 요소: 미래적인 도시 경치와 클립 스튜디오의 인터페이스 요소
- 캐릭터 형태: 사이버펑크 스타일의 웹툰 캐릭터
- 전체 색감: 선명한 네온 색상

이 디자인에서는 대칭적인 레이아웃을 사용하여 미래적인 도시 경치와 클립 스튜디오의 인터페이스 요소를 배경으로 사이버펑크 스타일의 웹툰 캐릭터를 그려 냅니다. 선명한 네온 색상을 사용하여 미래지향적인 느낌을 강조합니다.

제안 2:
- 레이아웃: 동적인 원근법 레이아웃 사용
- 배경 요소: 미래인 기술 요소와 디지털 아트 작업 공간
- 캐릭터 형태: 로봇이나 인공지능 캐릭터가 그림을 그리는 모습
- 전체 색감: 메탈릭 색상과 블루톤

이 디자인에서는 동적인 원근법 레이아웃을 사용하여 미래의 기술 요소와 디지털 아트 작업 공간을 배경으로 로봇이나 인공지능 캐릭터가 그림을 그리는 모습을 표현합니다. 메탈릭 색상과 블루톤을 사용하여 미래지향적인 느낌을 강조합니다.

제안 3:
- 레이아웃: 중앙 집중형 레이아웃 사용
- 배경 요소: 홀로그램 스타일의 브러시와 도구 아이콘
- 캐릭터 형태: 가상 현실 안에서 작업하는 웹툰 캐릭터
- 전체 색감: 빛나는 파란색과 보라색

이 디자인에서는 중앙 집중형 레이아웃을 사용하여 홀로그램 스타일의 브러시와 도구 아이콘을 배경으로 가상 현실 안에서 작업하는 웹툰 캐릭터를 그려 냅니다. 빛나는 파란색과 보라색을 사용하여 미래지향적이고 환상적인 느낌을 줍니다.

점점 좋은 방향성으로 좁혀지고 있습니다. 욕심을 좀더 내보고 싶습니다. 3D 배경과 3D 캐릭터, 블렌더, AI 등 일러스트에 사용된 기술들을 주제로 포함할 수 있는지 물어봅시다.

> 좋습니다. 미래지향적인 방향을 유지하되, 일러스트에 사용되는 기술인, 3D배경과, 3D캐릭터, 블렌더3D, AI 등을 암시할 수 있는 형태로 제안해주세요.

제안 1:
- 레이아웃: 중앙 집중형 레이아웃 사용
- 배경 요소: 3D 배경과 디지털 아트 작업 공간
- 캐릭터 형태: 3D 캐릭터와 AI 로봇이 협업하여 작업하는 모습
- 전체 색감: 블루톤과 실버톤

이 디자인에서는 중앙 집중형 레이아웃을 사용하여 3D 배경과 디지털 아트 작업 공간을 배경으로 3D 캐릭터와 AI 로봇이 협업하여 작업하는 모습을 그려 냅니다. 블루톤과 실버톤을 사용하여 미래지향적이고 현대적인 느낌을 강조합니다.

제안 2:
- 레이아웃: 대칭적인 레이아웃 사용
- 배경 요소: 3D 모델링 소프트웨어 블렌더의 인터페이스 요소
- 캐릭터 형태: 가상 현실 헤드셋을 착용한 웹툰 캐릭터와 3D 캐릭터
- 전체 색감: 주로 오렌지와 회색톤

이 디자인에서는 대칭적인 레이아웃을 사용하여 3D 모델링 소프트웨어인 블렌더의 인터페이스 요소를 배경으로 가상 현실 헤드셋을 착용한 웹툰 캐릭터와 3D 캐릭터가 함께 작업하는 모습을 표현합니다. 주로 오렌지와 회색톤을 사용하여 고급스러운 느낌을 줍니다.

제안 3:
- 레이아웃: 동적인 원근법 레이아웃 사용
- 배경 요소: 미래의 기술을 표현한 홀로그램 UI 요소
- 캐릭터 형태: AI로부터 도움을 받는 웹툰 스타일의 캐릭터와 3D 캐릭터
- 전체 색감: 빛나는 파란색과 녹색 계열

이 디자인에서는 동적인 원근법 레이아웃을 사용하여 미래의 기술을 표현한 홀로그램 UI 요소를 배경으로 AI로부터 도움을 받는 웹툰 스타일의 캐릭터와 3D

> 계속

캐릭터가 함께 작업하는 모습을 그려 냅니다. 빛나는 파란색과 녹색 계열을 사용하여 미래지향적이고 기술적인 느낌을 강조합니다.

제안 4:
- 레이아웃: 원형 레이아웃 사용
- 배경 요소: 디지털 아트와 3D 모델링 작업 공간을 상징하는 아이콘들
- 캐릭터 형태: 웹툰 스타일의 캐릭터, 3D 캐릭터, AI 로봇이 협력하는 모습
- 전체 색감: 따뜻한 황금색과 쿨톤의 보라색

이 디자인에서는 원형 레이아웃을 사용하여 디지털 아트와 3D 모델링 작업 공간을 상징하는 아이콘들을 배경으로 웹툰 스타일의 캐릭터, 3D 캐릭터, AI 로봇이 협력하는 모습을 표현합니다. 따뜻한 황금색과 쿨톤의 보라색을 사용하여 전체적으로 조화로운 느낌을 줍니다.

제안 5:
- 레이아웃: 레이어드 레이아웃 사용
- 배경 요소: 클립 스튜디오, 블렌더 3D, AI 기술을 연상시키는 그래픽 요소
- 캐릭터 형태: 미래의 아티스트로 표현된 웹툰 캐릭터와 3D 캐릭터
- 전체 색감: 푸른색 계열과 회색 계열

이 디자인에서는 레이어드 레이아웃을 사용하여 클립 스튜디오, 블렌더 3D, AI 기술을 연상시키는 그래픽 요소를 배경으로 미래의 아티스트로 표현된 웹툰 캐릭터와 3D 캐릭터가 작업하는 모습을 그려 냅니다. 푸른색 계열과 회색 계열을 사용하여 미래지향적인 느낌과 전문성을 강조합니다.

중간에 메세지가 끊어져서, '계속'이라고 요청했더니, 5번까지 만들어줍니다. 전체 내용을 정리하자면, 웹툰 캐릭터와, 3D 혹은 AI 캐릭터와 그 외의 요소들로 압축되는 것 같습니다. 이 내용을 바탕으로 Stable Diffusion 에서 러프안을 생성할 키워드를 만들어봅시다.

- **키워드 만들기**

Stable Diffusion의 키워드는 기본적으로 영어여야 합니다. 그리고 콤마로 구별되는 긴 문장이 필요합니다. 앞서 나왔던 제안들을 20개 정도의 영어 키워드로 변환해봅시다.

> 좋습니다. 이 5개의 제안을 각각 20개의 키워드로 변경해주세요. 키워드는 한 문장, 콤마로 이어져야 합니다. 영어로 답하세요.

제안 1: Central focus layout, 3D background, digital art workspace, 3D character, AI robot, collaboration, blue tones, silver tones, futuristic, modern, technology, teamwork, interface elements, design, illustration, creative, virtual reality, innovation, software, 3D modeling.

제안 2: Symmetrical layout, Blender interface, virtual reality headset, webtoon character, 3D character, working together, orange tones, gray tones, sophisticated, software, 3D modeling, collaboration, digital art, futuristic, professional, modern, technology, interface, virtual, design.

제안 3: Dynamic perspective layout, hologram UI elements, webtoon character, 3D character, AI assistance, shining blue, green tones, futuristic, technological, collaboration, innovation, virtual reality, digital art, 3D modeling, illustration, creative, software, interface elements, design.

제안 4: Circular layout, digital art icons, 3D modeling workspace symbols, webtoon character, 3D character, AI robot, cooperation, warm golden color, cool purple tones, harmonious, technology, futuristic, design, illustration, creative, software, collaboration, virtual reality, interface, modern.

제안 5: Layered layout, Clip Studio, Blender 3D, AI technology, graphic elements, future artist, webtoon character, 3D character, blue tones, gray tones, futuristic, professionalism, design, illustration, digital art, 3D modeling, creative, software, interface elements, technology.

생각보다 깔끔하게 잘 나오는군요. 이제 이걸 바탕으로 러프안을 만들어봅시다.

■ Stable Diffusion을 이용한 러프안

AI는 다양한 모델과 프롬프트 등으로 테스트할 필요가 있습니다. ChatGPT로 만들어진 키워드들을 이용해 다양하게 테스트해보았습니다.

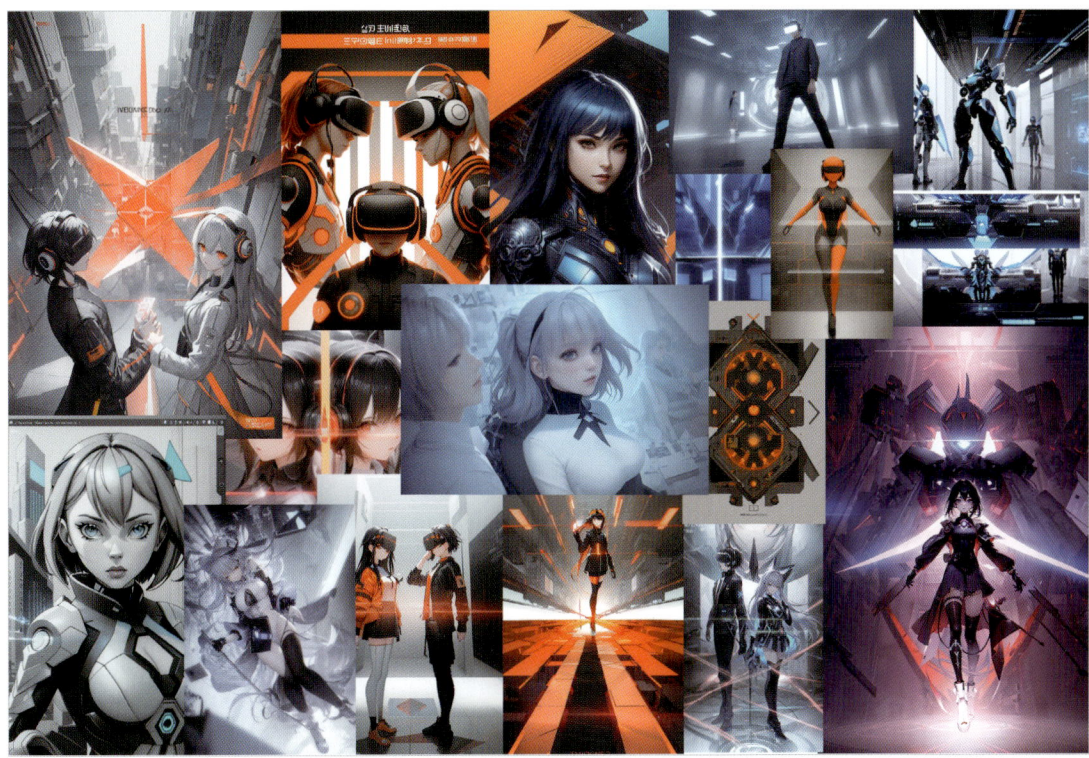

다양한 주제, 색상, 일러스트가 등장합니다. 참고할만한 디자인도 꽤 많아보입니다. 욕심같아서는 하나 골라서 표지로 만들어보고 싶은 생각도 드는군요.

하지만, 이렇게 진행하면 더이상 클립스튜디오 강의가 아니게 되는 것 같습니다. AI에서 제시한 이미지들을 기반으로 스케치를 진행해보겠습니다.

■ 스케치 진행하기

이번 시간에는 표지 일러스트 스케치를 진행하도록 하겠습니다. 클립스튜디오에서 새 일러스트를 생성합니다. 크기는 A4, 350 dpi로 설정하였습니다.

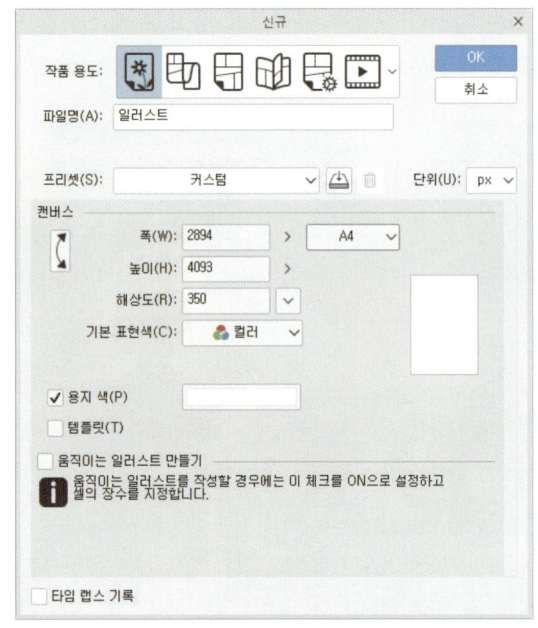

새 레이어를 만들고, 연필툴로 방향을 잡아 스케치합니다. AI로 만든 이미지외, 여러가지를 참고해서 진행합니다. 몇 가지 방향을 잡아 진행해보았습니다.

스케치를 하다보면, 항상 디테일이 높아지는 스케치가 있습니다. 그런, 스케치는 내가 '마음'에 들어하는 스케치입니다. 어떻게 그릴지 떠오르는 스케치이죠. 마음에 든 스케치를 사용해 다음 작업으로 진행해보도록 하겠습니다.

- **AI를 이용한 스케치 아이디어 테스트**

제가 고른 이미지는 아래와 같습니다. 한복과 SF적인 요소의 융합, 한국적인 배경과 클립스튜디오 패널 등의 요소가 배경이 되면 좋을 것 같습니다. 키워드를 추가하고, 스케치를 AI로 변경해 테스트해봅니다 ai를 이용하면 원하는 장면과, 디테일 등을 좀 더 빠르게 체크할 수 있어 편리합니다.

여기서 주의해야 할 점은 AI의 역할을 '참고' 용도로 한정하는 것입니다. AI는 러프를 상당히 높은 품질로 제작해줄 수 있기 때문에, 의도치 않게 자신이 원래 추구하던 방향을 잃고 AI의 결과에 이끌릴 수 있습니다. 자신이 만들고자 하는 작품의 방향성을 유지하면서, AI의 도움을 적절히 활용하셔야 합니다. 당연히, AI가 더 좋은 방향성을 제시한다면, 그 방향으로 가는 것도 충분히 고려해볼 만한 선택입니다.

매우 매력적으로 만들어주었지만, 생각했던 방향성이 아니라서 폐기한 이미지들. 키워드를 변경해가면서 자신이 원하는 느낌으로 조정합니다.

- **실제 스케치 진행하기**

어느정도 스케치 자료와 아이디어가 모였으면 그걸 기반으로 표지를 위한 스케치를 진행해봅시다. 처음의 방향성을 해치지 않는 방향에서, AI로 그린 이미지를 잘라서 붙이고, 수정하는 등의 과정을 거치면 더 빠르게 원하는 작업을 할 수 있습니다. AI 이미지를 이용한 포토배싱 기법이라고 할 수 있습니다. 필자는 참고만 하는 방향으로 진행하였습니다.

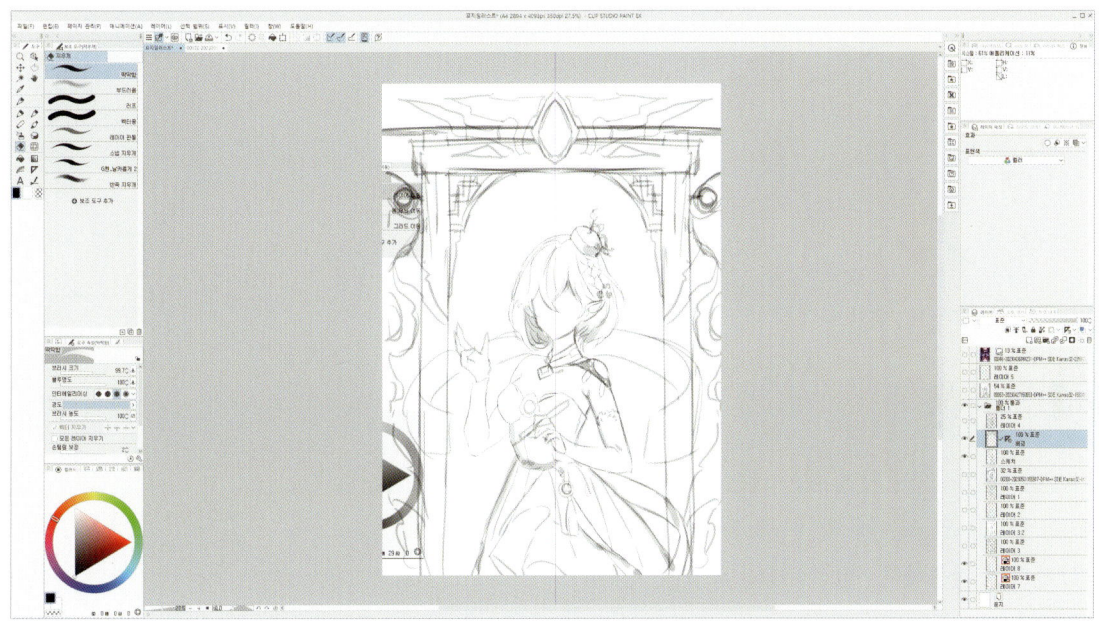

■ 헤드 기능을 이용한 얼굴 스케치

2.0에는 새로운 헤드 기능이 들어있습니다. 이번 시간에는 새로운 헤드 기능을 이용해 얼굴 스케치를 진행해봅시다. 2.0의 헤드 중 비슷한 형태를 골라 화면으로 드래그합니다.

도구 속성에서 헤드의 모양과 각도를 함께 조정해서 적절한 형태를 만듭니다

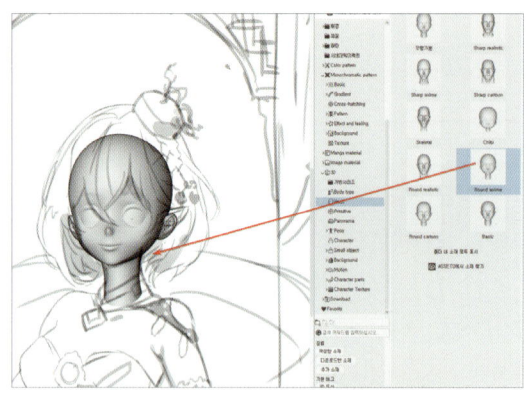

적절히 모양이 조절되면 헤드 레이어를 50% 이하로 줄이고 얼굴용 새 레이어를 만듭니다. 헤드 3D 소재를 참고하여, 얼굴 디테일 작업을 진행합니다.

3D 소재를 제거합니다.

괜찮은 느낌이군요. 이어서 2.0의 핸드 트래킹을 이용해 손의 덩어리감도 진행해봅시다.

2.0 핸드트래킹을 이용한 손작업

AI로 작업을 하든, 실제 그림을 그리든, 자연스러운 손을 그리는 것은 쉽지 않은 일입니다. 이번 시간은 2.0에 새로 추가된 핸드트래킹을 이용해 손작업을 해보도록 하겠습니다.

먼저 여성용 인체를 골라, 스케치 위에 배치합니다.

스케치에 맞춰 자세와 위치를 변경합니다. 손의 위치가 중요하므로, 해당 부분만 유의하시되 인체 위치는 적당히 세팅합니다.

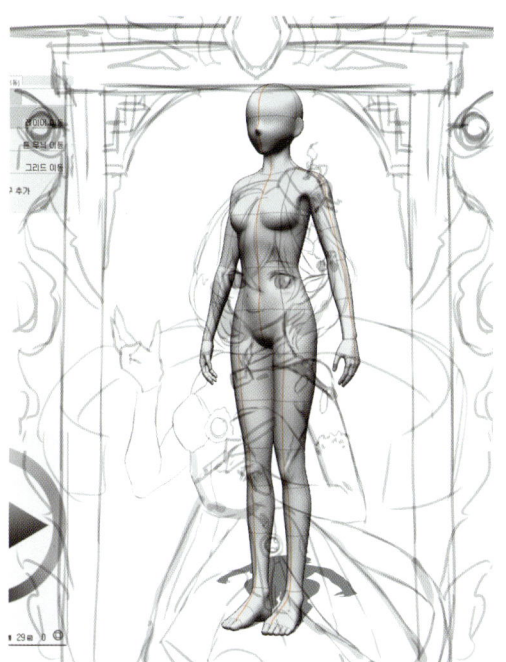

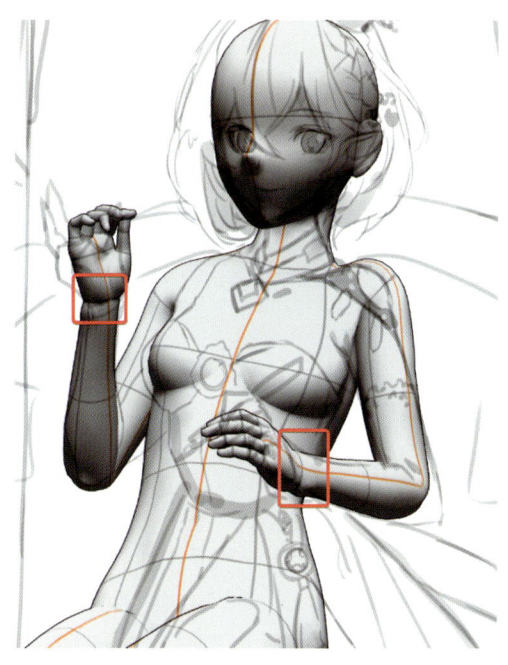

핸드트래킹과 웹캠을 이용해 손의 모양을 설정합니다.

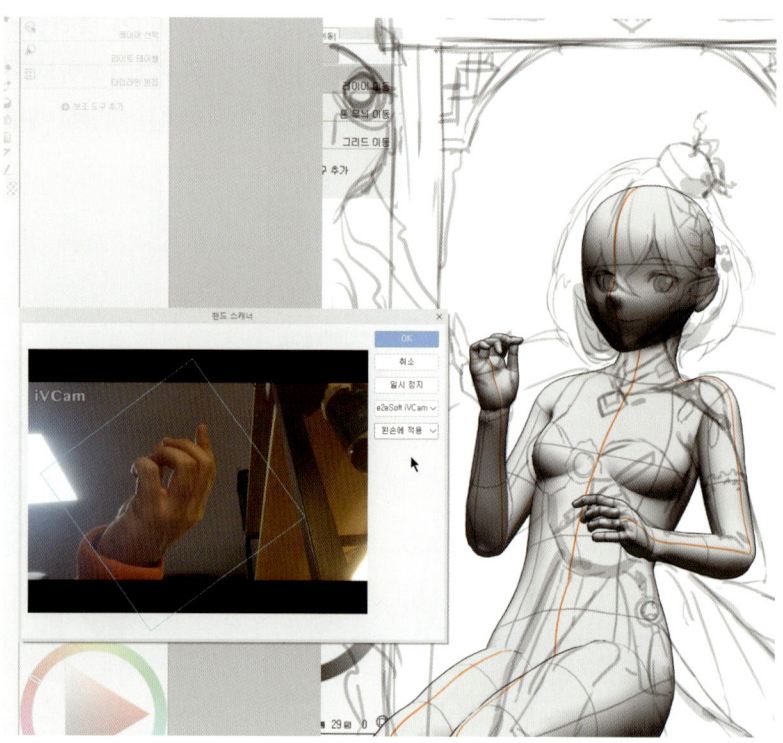

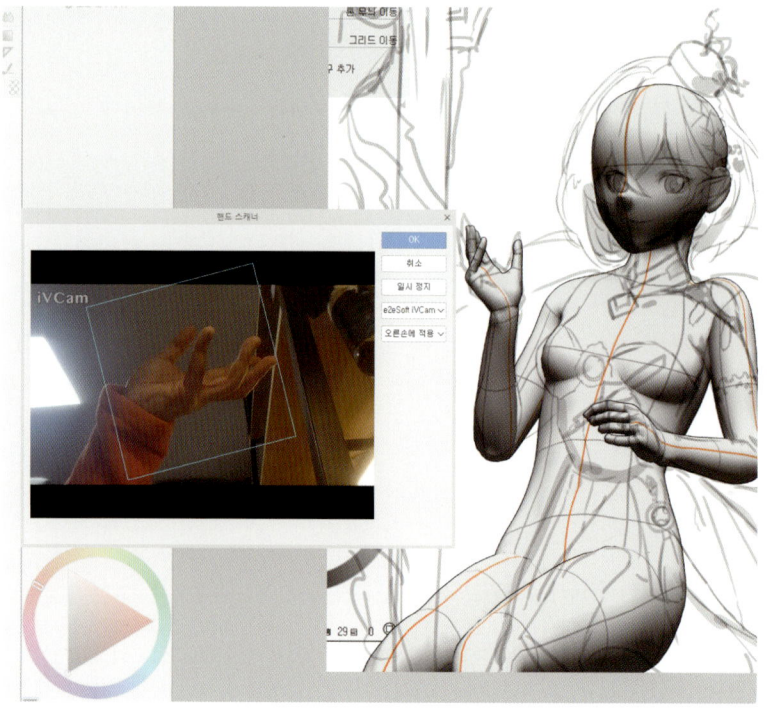

설정한 손 모양대로 스케치를 마무리합니다.

남은 부분도 디테일을 올려가며, 스케치를 마무리합니다.

■ 펜선 작업

스케치가 마무리되면, 펜선 작업을 진행합니다. 펜선의 경우, 배경, 캐릭터 등을 분리해서 진행하는 것이 좋습니다. 펜선 폴더를 만들고, 벡터 레이어를 만듭니다. 레이어 명을 '캐릭터'로 바꾸고, 펜선 작업을 진행합니다. 선의 강약을 유의해서 작업하세요.

진행하면서 헤어, 의상, 얼굴 등 목적에 따라 레이어는 분리하시는 것이 좋습니다.

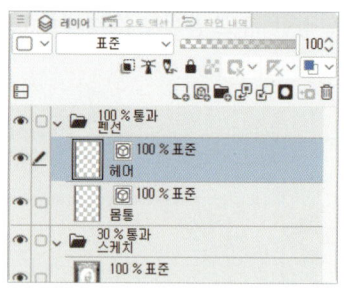

만약, 선이 모두 검은색이라 구별이 어렵다면 레이어 속성 → 레이어 컬러를 이용하세요. 레이어별로 색이 달라지므로, 구별하기 편합니다.

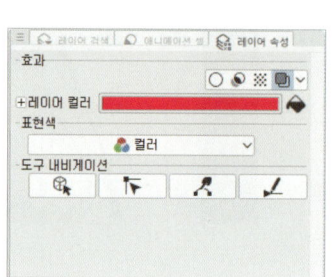

장신구의 경우 3D 작업이 더 매력있게 나올 것 같아, 보류하였습니다. 장신구를 제외하고 펜선 작업이 마무리되었습니다. 이 이미지를 바탕으로 AI를 이용한 컬러검토를 해보겠습니다.

■ stable diffusion을 이용한 컬러 검토

앞서 시간에는 펜선 작업을 진행하였습니다. 이번 시간에는 펜선을 기반으로 컬러링 방향을 검토해보도록 하겠습니다. 배경의 분위기도 함께 테스트하기 위해 스케치도 남겨서 진행합니다

펜션에 AI를 적용해 어떤 식으로 채색을 하면 좋을지, 배경의 디테일은 무엇이 좋을지 확인합니다.

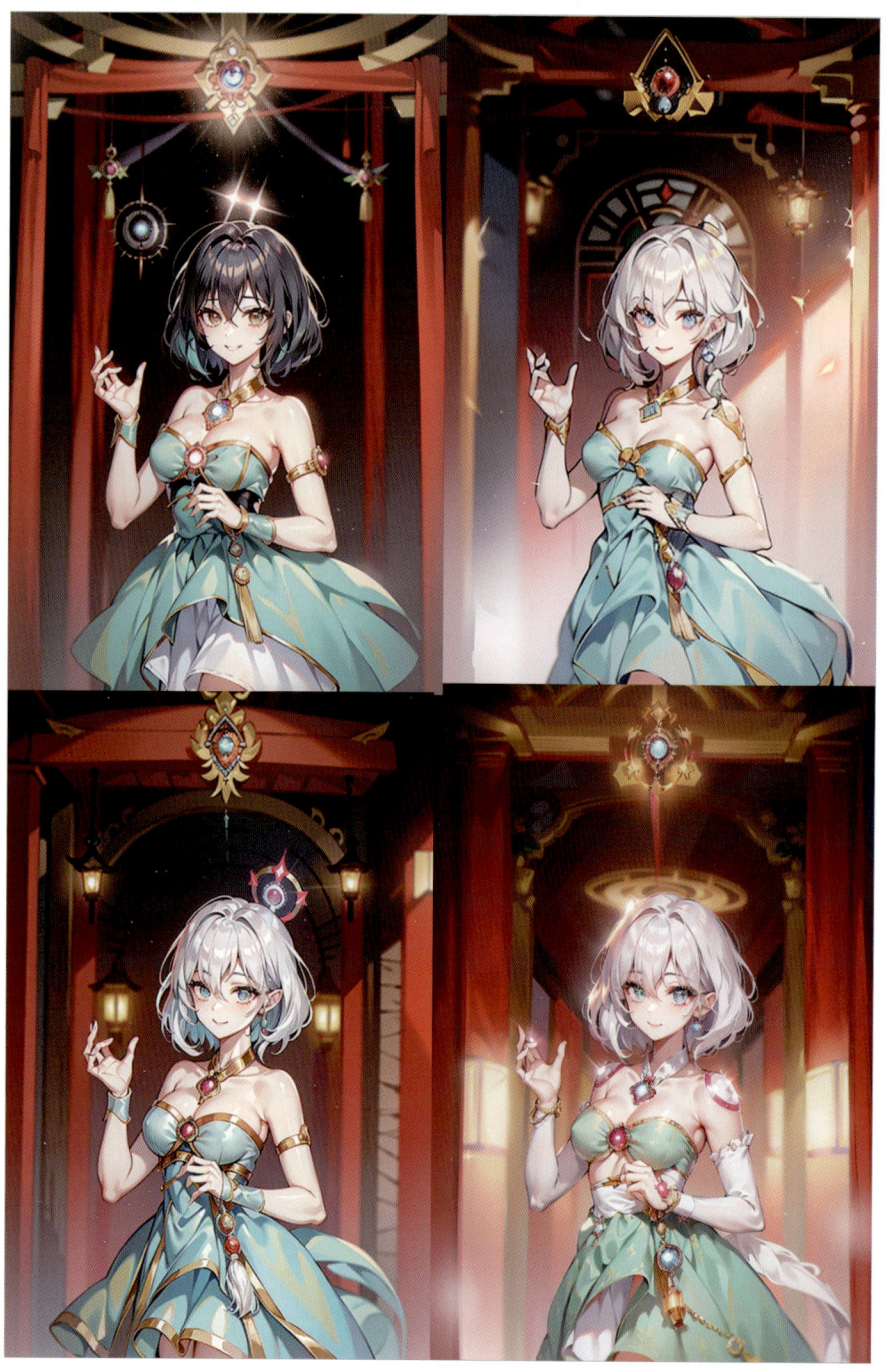

기본 컬러와 배경 디테일 등에서 참고할만한 요소가 많이 보입니다. AI를 사용하면, 나에게 딱 맞는 스타일을 제공해주므로, 손쉽게 참고할 수 있다는 장점이 있습니다. 이어서, 참고한 색상을 기반으로 컬러와 배경 3D 작업을 진행해보도록 하겠습니다.

■ 기본 색상 적용하기

이번 시간에는 기본 색상을 적용하는 시간입니다. 새 폴더를 만든 다음, '컬러'로 이름을 적용합니다. '피부' 등 필요에 맞는 레이어를 만들어 채색을 시작합니다.

앞서 테스트한 배색 중 마음에 드는 컬러들을 참고해 적용합니다. 서브뷰 화면에 참고용 이미지를 드래그하면, 스포이드 등으로 컬러를 추출할 수 있어 편리합니다.

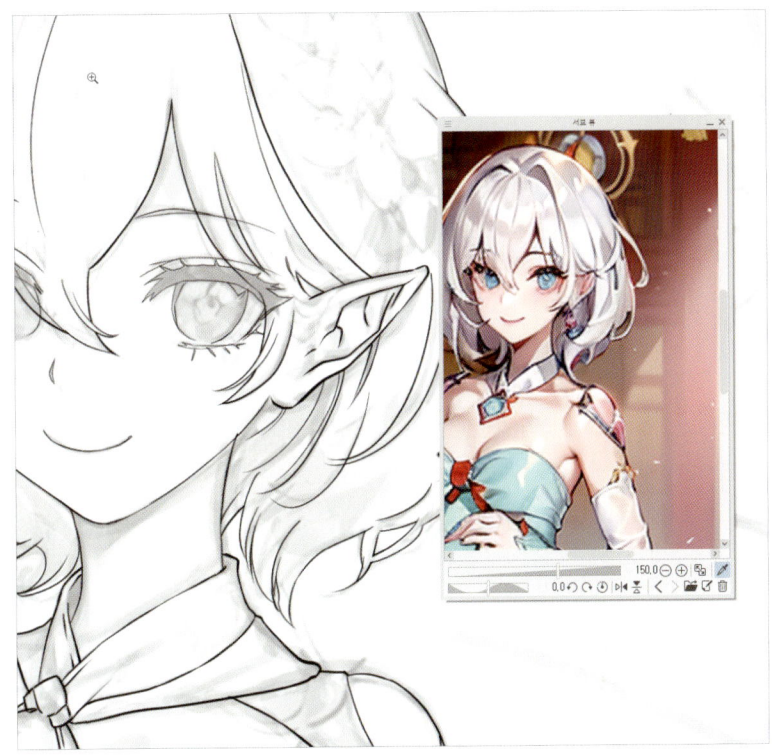

또한 기존 선화 레이어를 '참조레이어'로 설정하면 좀더 편하게 작업이 가능합니다. 폴더 역시 '참조'로 설정할 수 있으므로, 필요에 맞게 적용합니다.

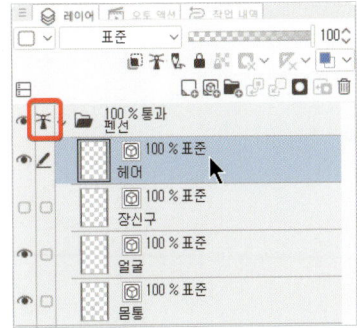

펜선이 끊기는 등의 이유로, 원하는 영역을 칠하기 어려울 경우에는 펜 툴 등으로 영역을 지정한 다음 칠하면 편리합니다.

피부에는 새 '홍조' 레이어를 만들어 붉은색 홍조를 표현합니다. 레이어를 클리핑(Ctrl + Alt + G)하면 피부 레이어에 맞게 칠할 수 있습니다.

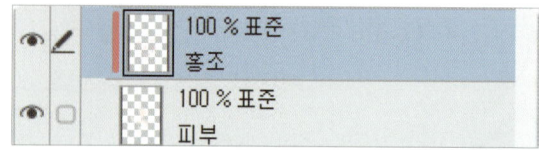

기본 색상을 적용한 모습입니다.

■ 3D 리소스를 이용한 배경 작업

AI 이미지를 통해 배경의 형태를 구상합니다. 3D 툴은 다양하게 사용할 수 있습니다. 필자는 Blender3D를 이용해서 배경을 작업했습니다. 동양적인 느낌을 주는 형태로 간단히 작업하였습니다.

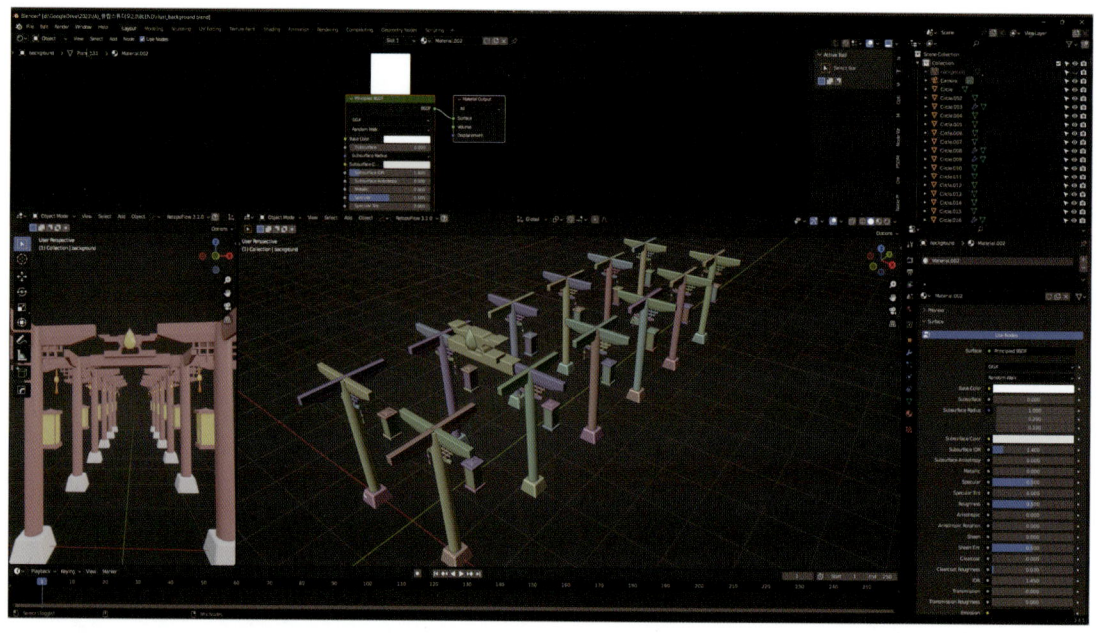

제작한 배경은 fbx 파일로 추출합니다. 작업한 배경을 클립스튜디오로 가져옵니다.

스케치에 맞춰 적절히 배치해본 모습입니다.

이번에 추가된 안개 기능을 이용해봅시다. 보조 도구 상세 창을 연 다음, 안개 탭에서 안개 유효화를 설정합니다.

적용 후, 광원 영향도 제거해 좀더 만화같은 느낌으로 조정하였습니다. 스케치와 유사한 느낌의 배경이 간단히 완성되었습니다. 이 이미지를 기반으로 디테일 작업을 진행해보겠습니다.

■ 컬러링 마무리하기

지금까지 클립스튜디오 2.0의 기능과 3D 리소스, AI 등을 이용해 전체 작업을 진행하였습니다. 새롭게 등장한 다양한 기술들을 웹툰 일러스트 작업에 접목함으로써, 더 많은 아이디어을 얻을 수 있었습니다. 그리고, 빠르게 원하는 디자인을 구성할 수 있었습니다. 하지만 새로운 기술이란 작가를 도울 뿐 작가를 대신할 수는 없습니다. 그것이 디테일이든, 방향성이든 결정하는 것은 작가입니다. 이제 남은 부분은 작가 자신의 능력을 이용해, 작업을 마무리하는 것입니다. 이번 시간은 앞서 진행한 내용을 기반으로 디테일을 완성할 예정입니다. 완성하는 방법은 작가마다 다르며, 매번 다른 상황을 만나게 되므로, 특정 프로세스보다는 직접 진행한 과정을 보여드리는 방향으로 진행합니다. 얼굴 위주로 디테일을 정리해갑니다.

빛을 돋보이게 하기 위해 배경을 어둡게 처리하고 광원을 추가하였습니다.

유화 계열의 브러시로 배경을 작업합니다. 2.0에 추가된 지각혼합 기능을 이용하면 색섞임이 안정적인 터치로 진행할 수 있습니다.

캐릭터 중심으로 리터칭합니다. 깔끔한 미소녀 형태의 실루엣이라, 터치는 좀더 거친 손맛을 강조하는 방향으로 진행했습니다.

클립스튜디오 아이콘을 추가하였습니다. 분위기에 맞게 불꽃 형태로 진행합니다.

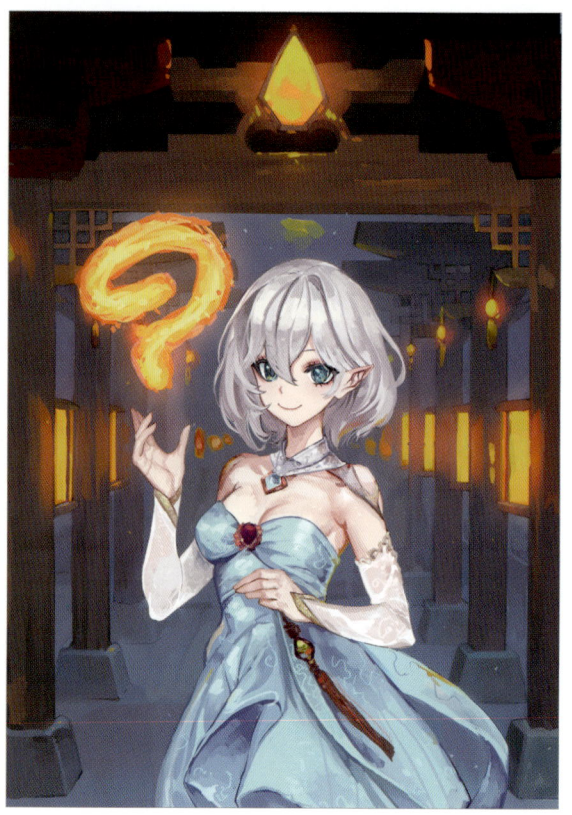

불꽃의 형태는 추가 리터칭과 유동화툴을 이용해서 정리합니다.

전체의 거친 질감을 강조합니다.

색감을 보정하고 마무리합니다.

■ 표지 일러스트를 마무리하며

진행한 과정을 보시면 아시겠지만, 전형적인 웹툰 일러스트에서 시작해서, 매우 거친 터치로 마무리하였습니다. 왜 이렇게 진행한 것일까 의문이 드시기도 하셨을 것 같습니다. 사실, 스타일을 변경한 이유는 진행하면서 중간중간 과정을 AI로 변환하는 테스트를 하였고, 저보다 잘 완성된(?) AI 작품에 좌절하기를 반복했던 경험이 컸습니다.

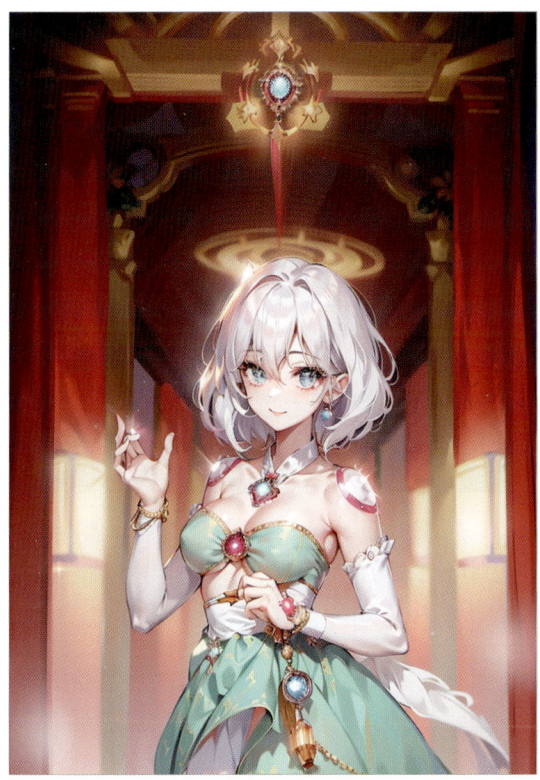 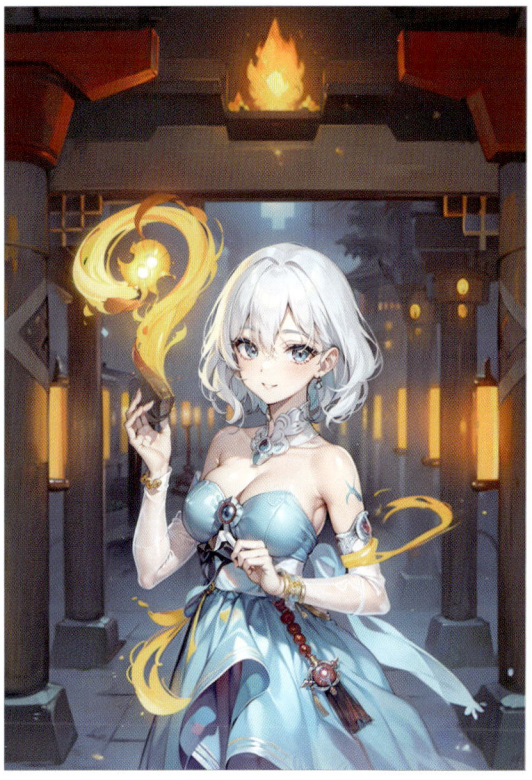

동일한 이미지를 AI로 리터칭. 더 대중적이지만, AI의 느낌이 강합니다.

그렇기에 '그림그리는 사람'으로서 어떻게 하면 AI를 벗어날 것인가? 를 계속 고민하면서 일러스트를 작업할 수 밖에 없었습니다. 그 결과가 지금의 작업 결과입니다. 매우 거칠고, AI에 비해 퀄리티가 낮아보이지만, 인간이기에 그릴 수 있는 스타일이기에 만족하게 됩니다.

앞으로 AI는 많은 부분에서 인간의 컨텐츠를 대체할 것입니다. 1800년대 등장한 사진이라는 매체가 예술계를 충격에 빠트리고, 결국엔 인물화라는 예술 장르를 멸종시켰듯이 말입니다.

최초의 사진인 1827년 Joseph Nicéphore Niépce (니엡스) '르그라의 집 창에서 내다본 조망' 최초의 사진은 매우 퀄리티가 낮았지만, 빠르게 발전합니다.

나폴레옹 초상화로 유명한 폴 드라로슈 - 사진 등장 후 예술의 멸종을 이야기합니다. "이 순간부터 회화의 역사는 막을 내릴 것이다."

하지만, 사진은 당시 작가들의 우려와 달리 예술의 역사라는 막을 내리게 하진 못했습니다. 오히려 인상주의와 추상화라는 새로운 예술장르가 등장한 계기가 되었습니다.

AI를 통해 많은 사람들이 예술의 미래에 대한 우려를 하고 있습니다. 하지만, 큰 걱정은 하지 않으셔도 될 것 같습니다. 결국 예술을 평가하고, 그 의미를 부여하는 당사자는 AI가 아닌 인간이니까요. 사진이 인상주의를 탄생시킨 것처럼, AI는 인간에게 새로운 도전을 제시하고 새로운 예술적 표현을 만드는 계기가 될 것입니다. 그러한 변화 가운데에서 여러분이 주인공이 되셨으면 합니다.

| 저자협의 |
| 인지생략 |

웹툰 클립스튜디오 2.0

1판 1쇄 인쇄 2023년 11월 20일
1판 1쇄 발행 2023년 11월 25일

지 은 이 조지훈
발 행 인 이미옥
발 행 처 디지털북스
정   가 25,000원
등 록 일 1999년 9월 3일
등록번호 220-90-18139
주   소 (04997) 서울 광진구 능동로 281-1 5층 (군자동 1-4, 고려빌딩)
전화번호 (02)447-3157~8
팩스번호 (02)447-3159

ISBN 978-89-6088-441-0 (93000)
D-23-13
Copyright ⓒ 2023 Digital Books Publishing Co., Ltd